中国职业技术教育学会科研项目优秀成果

The Excellent Achievements in Scientific Research Project of Chinese Society of Technical and Vocational Education

高等职业教育汽车专业“双证课程”培养方案规划教材

汽车营销

高等职业技术教育研究会 审定

散晓燕 主编

程越 副主编

Sales Strategy of Automobile

人民邮电出版社

北京

图书在版编目（CIP）数据

汽车营销 / 散晓燕主编. —北京：人民邮电出版社，2009.5（2012.2 重印）
中国职业技术教育学会科研项目优秀成果. 高等职业教育汽车专业“双证课程”培养方案规划教材
ISBN 978-7-115-20562-9

I. 汽… II. 散… III. 汽车工业－市场营销学－高等学校：技术学校－教材 IV. F407.471.5

中国版本图书馆CIP数据核字（2009）第040577号

内 容 提 要

本书以“必需、够用”为编写原则，突破以往的营销教材编写体系，重点讲述现代汽车的营销理念和营销技能。

本书在阐述现代市场营销理论的基础上，结合当今中国汽车市场的发展现状，系统介绍汽车销售服务流程和汽车营销人员的市场调查、市场分析、营销技巧、顾客服务、营销策划等 5 大核心技能，介绍汽车市场概论、汽车市场消费者行为分析、汽车市场细分及目标市场选择、汽车产品与定价、汽车分销、汽车促销等知识，同时，精选了多个国内外汽车营销案例。

本书可作为高职高专院校汽车技术服务与营销专业的教材，也可作为汽车营销师、汽车营销员的职业培训教材。

中国职业技术教育学会科研项目优秀成果
高等职业教育汽车专业“双证课程”培养方案规划教材

汽车营销

◆ 审　　定　高等职业技术教育研究会
主　　编　散晓燕
副 主 编　程　越
责任编辑　潘春燕
执行编辑　赵慧君

◆ 人民邮电出版社出版发行　北京市崇文区夕照寺街 14 号
邮编　100061　电子邮件　315@ptpress.com.cn
网址　http://www.ptpress.com.cn
北京艺辉印刷有限公司印刷

◆ 开本：787×1092　1/16
印张：15　2009 年 5 月第 1 版
字数：369 千字　2012 年 2 月北京第 7 次印刷

ISBN 978-7-115-20562-9/U

定价：25.00 元

读者服务热线：(010)67170985　印装质量热线：(010)67129223
反盗版热线：(010)67171154

职业教育与职业资格证书推进策略与“双证课程”的研究与实践课题组

组　长：

俞克新

副组长：

李维利　张宝忠　许　远　潘春燕

成　员：

林　平　周　虹　钟　健　赵　宇　李秀忠　冯建东　散晓燕　安宗权
黄军辉　赵　波　邓晓阳　牛宝林　吴新佳　韩志国　周明虎　顾　晔
吴晓苏　赵慧君　潘新文　李育民

课题鉴定专家：

李怀康　邓泽民　吕景泉　陈　敏　于洪文

高等职业教育汽车专业“双证课程”培养方案规划教材编委会

主　任：林　平　赵　宇

副主任：冯建东　散晓燕　安宗权　黄军辉

委　员：蔡兴旺　孟庆平　李百华　岳　江　杨永海　程　越　郑鹏飞
谢佩军　陈贞健　陈建宏　高少华　郑建通　黄俊英　许柄照　吕　玫
沈明南　刘步丰　高俊文　管卫华　陈述官　傅沈文　张南峰　江　洪
陈顺生　焦传君　张　军　曾宪均　田有为　张秋华　吴兴敏　申荣卫

审稿委员会

主　任：李春明

副主任：张西振　刘　锐

委　员：罗永前　于星胜　袁　杰　曾　鑫　刘景军　张红英　梁乃云
白　柳　丁群燕　刘新平　李华楹　胡高社　祁先来　彭梦珑　赵福水
陈玉刚　刘利胜　马明金　杨佰青　张桂华　胡　勇　张　敏　张　宇
王　琳　谢三山　张松青　朱景建　马洪军　文有华　王雅红　罗　伦
王春锋　刘照军　林　凤　姜　能

本书主审：胡如夫　刘照军

丛书出版前言

职业教育是现代国民教育体系的重要组成部分，在实施科教兴国战略和人才强国战略中具有特殊的重要地位。党中央、国务院高度重视发展职业教育，提出要全面贯彻党的教育方针，以服务为宗旨，以就业为导向，走产学结合的发展道路，为社会主义现代化建设培养千百万高素质技能型专门人才。因此，以就业为导向是我国职业教育今后发展的主旋律。推行"双证制度"是落实职业教育"就业导向"的一个重要措施，教育部《关于全面提高高等职业教育教学质量的若干意见》（教高［2006］16 号）中也明确提出，要推行"双证书"制度，强化学生职业能力的培养，使有职业资格证书专业的毕业生取得"双证书"。但是，由于基于双证书的专业解决方案、课程资源匮乏，双证书课程不能融入教学计划，或者现有的教学计划还不能按照职业能力形成系统化的课程，因此，"双证书"制度的推行遇到了一定的困难。

为配合各高职院校积极实施双证书制度工作，推进示范校建设，中国高等职业技术教育研究会和人民邮电出版社在广泛调研的基础上，联合向中国职业技术教育学会申报了《职业教育与职业资格证书推进策略与"双证课程"的研究与实践》课题（中国职业技术教育学会科研规划项目，立项编号 225753）。此课题拟将职业教育的专业人才培养方案与职业资格认证紧密结合起来，使每个专业课程设置嵌入一个对应的证书，拟为一般高职院校提供一个可以参照的"双证课程"专业人才培养方案。该课题研究的对象包括数控加工操作、数控设备维修、模具设计与制造、机电一体化技术、汽车制造与装配技术、汽车检测与维修技术等多个专业。

该课题由教育部的权威专家牵头，邀请了中国职教界、人力资源和社会保障部及有关行业的专家，以及全国 50 多所高职高专机电类专业教学改革领先的学校，一起进行课题研究，目前已召开多次研讨会，将课题涉及的每个专业的人才培养方案按照"专业人才定位——对应职业资格证书——职业标准解读与工作过程分析—专业核心技能——专业人才培养方案——课程开发方案"的过程开发。即首先对各专业的工作岗位进行分析和分类，按照相应岗位职业资格证书的要求提取典型工作任务、典型产品或服务，进而分析得出专业核心技能、岗位核心技能，再将这些核心技能进行分解，进而推出各专业的专业核心课程与双证课程，最后开发出各专业的人才培养方案。

根据以上研究成果，课题组对专业课程对应的教材也做了全面系统的研究，拟开发的教材具有以下鲜明特色。

1. 注重专业整体策划。本套教材是根据课题的研究成果——专业人才培养方案开发的，每个专业各门课程的教材内容既相互独立又有机衔接，整套教材具有一定的系统性与完整性。

2. 融通学历证书与职业资格证书。本套教材将各专业对应的职业资格证书的知识和能力要求都嵌入到各双证教材中，使学生在获得学历文凭的同时获得相关的国家职业资格证书。

3. 紧密结合当前教学改革趋势。本套教材紧扣教学改革的最新趋势，专业核心课程、双证课程按照工作过程导向及项目教学的思路编写，较好地满足了当前各高职高专院校的需求。

为方便教学，我们免费为选用本套教材的老师提供相关专业的整体教学方案及相关教学资源。

经过近两年的课题研究与探索，本套教材终于正式出版了，我们希望通过本套教材，为各高职高专院校提供一个可实施的基于双证书的专业教学方案，也热切盼望各位关心高等职业教育的读者能够对本套教材的不当之处给予批评指正，提出修改意见，并积极与我们联系，共同探讨教学改革和教材编写等相关问题。来信请发至 panchunyan@ptpress.com.cn。

前　言

我国已经成为汽车消费大国，汽车产销量和保有量持续高速增长，汽车产业在国民经济中的作用越来越重要。我国很多高职院校的汽车类专业，都将“汽车营销”作为一门重要的专业课程。为了帮助高职院校的教师全面、系统地讲授这门课程，使学生能够熟练地掌握汽车营销核心技能，我们与相关企业专家合作，共同编写了这本《汽车营销》教材。

我们对本书的体系结构做了精心的设计，按照“先理论后实践”的思路进行编排，力求把汽车营销的学科性知识和实践性知识有机地结合在一起。在内容编写方面，注重难点分散、循序渐进；在文字叙述方面，注重言简意赅、突出重点；编写中尽量选取常见车型、著名品牌的营销案例。

本书每章都附有一定数量的习题，可以帮助学生进一步巩固基础知识。本书的参考学时为32学时，后续课程中应安排48学时的汽车营销策划实训。各章的参考学时见下面的学时分配表。

章　节	课程内容	学时分配	
		讲授	实　训
第1章	汽车销售市场概论	2	后续课程：汽车营销策划实训
第2章	汽车用户购买行为分析	4	
第3章	汽车市场细分及目标市场选择	6	
第4章	汽车品牌营销战略	6	
第5章	汽车的分销渠道	4	
第6章	汽车促销策略	2	
第7章	汽车服务与客户满意度战略	2	
第8章	二手车贸易	4	
第9章	汽车推销技巧分析	2	
课时总计		32	

本书由宁波大红鹰学院散晓燕任主编，程越任副主编。其中，第1章、第6章由熊红斌编写，第2章由金耀编写，第3章、第5章、第9章由散晓燕编写，第4章、第7章由程越编写，第8章由谢佩军编写。宁波工程学院的胡如夫教授主审了全书，并提出了很多宝贵的修改意见，在此表示诚挚的谢意！

由于编写时间仓促，加之水平有限，书中难免存在错误和不妥之处，敬请广大读者批评指正。

编者

2009年2月

目　录

第1章 汽车销售市场概论

【学习目标】

1. 了解国际汽车业发展历程及当前基本状况，中国汽车工业与汽车市场发展历程及现状
2. 了解汽车营销市场的基本概念和汽车产品的市场营销观念
3. 了解几种市场营销观念及其演变
4. 掌握汽车市场营销的方式
5. 掌握汽车市场营销人员的职能与基本要求

1.1 汽车与汽车工业

汽车已经历了100多年的发展，成为人们社会生活不可缺少的工具。随着近几年汽车行业的飞速发展，我国已成为世界各大汽车厂商关注的焦点，他们纷纷开始以各种形式来我国投资建厂或设立销售网、维修站以及配送中心。一场没有硝烟的汽车营销大战围绕着争夺我国的汽车市场而展开。

汽车营销是一门新兴的学科，是建立在市场营销学基本理论基础上的，结合了汽车的行业特点、发展规律并总结了大量的汽车营销实践而发展起来的学科，是管理知识与汽车工程领域知识的有机结合。掌握好该学科知识，对如何面对竞争日益激烈的汽车市场环境具有非常重要的指导意义。

1.1.1 汽车概述

国标（GB/T 3730.1—2001）对汽车的定义：汽车是由自身的动力装置驱动，4轮或4轮以上的非轨道、无架线车辆。汽车主要用于运送人或货物，牵引运载人员或货物。

在人类历史上，第一辆以自身动力行驶的交通工具是蒸汽车，它是用蒸汽引擎来推动的。1769 年，法国陆军上尉古纳制造了一辆 3 轮蒸汽牵引机，用来拉大炮。在 1770 年最初使用时，时速仅达 5km。载人的动力车辆是英国人发明的。1801 年，英国发明家特里维希克制造了一辆 4 轮蒸汽篷车。1830 年初期，佳尼爵士制造了一辆 6 轮蒸汽马车，其最高时速达 24km。到 1830 年中期，英国的蒸汽马车已经成为一般载客的交通工具了，有的载客量甚至达 22 人之多。

美国蒸汽机车的发展，起源于一位名叫伊文思的发明家和蒸汽机工程师。1805 年，伊文思完成了一辆由蒸汽机操作的挖泥机。这辆挖泥机重 16t，是目前所知的第一辆行驶于陆地及水面的动力机器。许多美国的发明家在 19 世纪晚期开始试验制造蒸汽机车，其中，最成功的有卡哈特、道奇、罗普。在数百家美国汽车公司制造的蒸汽车中，最有名的是由多伯尔、史坦莱双胞胎兄弟所制造的蒸汽机车。但由于难以起动及操作，加之蒸汽锅炉所产生的蒸汽太缓慢不适合长途旅行，所以蒸汽机车不适合实际应用，许多人害怕驾驶开放式热锅炉的蒸汽机车。

在 1890—1900 年，电动车在美国非常流行。电动车以其安静和容易操作而走红一时。但是它的时速仅 32km，且行驶 80km 必须充一次电，很令人头疼。因此，在汽油引擎被发明后，电动车就不再为人们所喜爱了。

1860 年和 1885 年是汽车发明史上很重要的两年。1860 年，法国发明家李奥制造出一个单缸的内燃机引擎。1863 年，李奥将他所制造的内燃机引擎装到了车辆上，这辆车在两小时内行驶了 100km。于是内燃机引擎（又称为汽油引擎）汽车取代了蒸汽车和电动车。今天汽车所用的引擎最早是由德国制造的。1885 年，戈特利布·戴姆勒和卡尔·本茨分别成功地制造出汽油引擎。戴姆勒用他的引擎推动了一辆两轮的摩托车，而本茨则将引擎装到了一辆三轮汽车上，并于 1886 年 1 月 29 日进行了专利立案，人们将这一天作为世界上第一辆汽车的诞生日。

从此，汽车工业从无到有，迅猛发展，汽车技术日新月异，汽车产量大幅提高。

现代汽车的原型是在法国发展出来的。拉伐索及潘哈特是一家马车公司的合伙人，在 1890 年制造了他们的第一辆汽车。第二年，制造了第一辆前置汽油引擎的汽车。在当时，这辆汽车和其他早期的汽车一样，都是使用链条带动后轮的。1898 年，雷诺以驱动轴代替了链条，这是汽车史上的一大改进。

到 1998 年，世界汽车的保有量已超过 6 亿多辆，主要汽车生产国有美国、日本、德国、法国、意大利、俄罗斯、加拿大、英国、韩国等。一些发达国家的汽车保有量和需求量已逐渐趋向饱和，世界各大汽车公司为了在激烈的竞争中力求生存和发展，采取了将产品输出变成资本输出的对策，寻求多样化的国际合作，实现跨国经营，组建跨国集团。如 1998 年德国宝马公司收购了英国罗尔斯—罗伊斯公司；美国的克莱斯勒公司与德国的奔驰公司实现强强联合，这都必将影响世界汽车工业的发展。

经过长期的发展，各国的汽车逐渐形成了自己的特点。德国汽车沉静、深藏不露，很少以外观“哗众取宠”，其内在表现只有那些亲身感受过的人才能领略。英国汽车稳重、内向，有涵养，用料充足，讲传统，没有夸张的外形，给人一种实在的感觉。意大利汽车外形超前，功率强劲，追求速度，艺术色彩浓厚。法国汽车我行我素，性格独特。日本汽车小巧玲珑，轻便省油，用料精打细算，注重经济性能。美国汽车豪放狂野，不拘小节，注重宽敞豪华，外观大方气派。

汽车，这个由上万个零件组成的机电产品，凝结了人类智慧的结晶，推动着社会经济的发展。下面将简单介绍一下目前的几大汽车系列、世界汽车工业格局以及汽车工业的发展趋势。

1. 车系分类

汽车已经融入了人类生活，汽车的设计代表了不同地区的人们对汽车的喜好和倾向，同时也代表了当地汽车技术的发展水平，因此，不同地区的汽车均有不同的个性，经过100多年的发展，全球汽车已逐渐演变成三大车系。

（1）美系车辆

美国幅员广大，对汽车使用需求大，而许多美国人爱自己动手维护修配，也为汽车注入了一股蓬勃发展的活力。美国凭着1908年福特公司流水装配线的发明，开启了大量生产而将汽车平民化的时代。虽然经历了20世纪30年代的经济大萧条，但随着第二次世界大战的胜利，美国制造的车辆随着美国人转运至全世界，此时可以说是开创了美国的汽车时代。这种情形一直持续到20世纪70年代的世界石油危机，讲究实用的美国人为节省汽油开始购买廉价省油的日本车。

美国车宽大、悬吊柔软、大扭力、空调棒的特性，成了安全、舒适、豪华的代表。但从另一方面说，美国车因宽大而耗油，因悬吊柔软而不适合高速行驶或拐弯，而且高速行驶时缺乏需要的大马力。

目前美国车受到严厉的环保法规限制，正着力进行零排气研发，这是符合世界潮流的，如果在这方面有所突破，美国车有可能再领风骚。

（2）日韩系车辆

日系车辆在世界造车史上算是后起之秀，汽车成品在初期更多以模仿英、美产品为主。日本人独有的专注和团队精神反映在造车工艺上，使日本车从廉价车的代表发展到目前与欧洲高级车平起平坐。

日本车为使人们忘记其廉价车印象，几乎每一日系车厂都在研发世界性高级车种，并以新品牌问世，如LUXUS（TOYOTA）、ACURA（HONDA）等。至于中价位日本车，则以外形中规中矩，发动机平顺、省油，博得许多中产阶级人士的欢心。

日本车的特性是平顺、省油、好开，涂装优异，仪装细致，品质优秀。但缺乏欧洲车独有的品牌传统、引擎个性和外观美学设计以及美国车宽大、悬吊柔软、大扭力（大扭力表示其起步及加速能力强）的特性。

第二次世界大战后，韩国汽车工业异军突起。利用学习、消化国外生产技术和实现主要技术的国产化，实现了韩国汽车工业的飞速发展。韩国从1980—1997年用了18年时间成为廉价车之强，一跃成为世界汽车生产大国之一。韩国车的风格接近日本车系的风格。

（3）欧系车辆

欧洲是汽车的发祥地，自1886年德国人戴姆勒和本茨开始制造汽车以来，汽车这项现代工艺的霸主仍是欧洲人。尤其是欧洲车各厂家的优秀文化传统、高超的设计能力、典雅的外观、明显的操纵个性，更是称雄于世。

和美国车相比，欧洲车以优良的发动机见长，高压缩比、高马力的发动机设计比比皆是，在德国有名的无限速高速公路上各国名车以超过 200km/h 的时速飞奔；但在舒适性方面欧洲车就无法与美国车竞争，他们生产的高速车种的悬吊系统无法像美国车那么松软。

欧洲车仍然以高速著称，刹车系统较佳，但悬吊系统较硬；外形设计典雅，产品性能可靠，折旧较低，具有优良品牌传统。

2. 世界汽车工业格局

21 世纪世界汽车工业面临着一场深刻的革命，将使汽车工业发生巨大变化，把汽车工业推向新的历史阶段，汽车工业在世界经济中仍处于重要的战略地位。世界汽车工业发展呈现出 3 种趋势：一是汽车工业全球性联合改组的步伐越发加快，其特点是跨国界的重组和联合；二是世界汽车工业广泛采用平台战略，汽车产业链包括投资、生产、采购、销售及售后服务、研发等主要环节的日益全球化；三是新的汽车技术即将取得重大突破，技术创新能力成为竞争取胜的关键。

进入 20 世纪 90 年代以来，由于全球汽车生产能力过剩（普遍达到 30%乃至 40%），而且世界上汽车企业还在不断地新建，加之各国对安全、排放、节能等方面的法规日趋严格，产品开发成本、销售成本大幅度提高，许多企业不能适应汽车市场的激烈竞争或者竞争能力很弱，促使汽车工业全球性产业结构调整步伐明显加快，汽车跨国联盟已成为世界汽车工业发展的潮流。许多发达国家的汽车公司通过扩张、合并、兼并等手段，扩大了自身规模，降低了汽车成本，增强了自身竞争力，并为公司的进一步扩张、合并、兼并创造了条件。当前世界汽车工业的重组具有两大特点：一是跨国界、跨地区的重组与联合，特别是汽车工业先进国家间的重组。例如，西欧企业与美国企业的重组，西欧企业与日本企业、美国企业与日本企业的重组等。二是集中在具有庞大规模的跨国公司之间的重组，重组的规模远远超过了以往的案例。例如，20 世纪 80 年代法国雷诺曾经购买了美国的第四大汽车公司——美国汽车，德国宝马公司购买了英国唯一的民族汽车企业——罗浮公司，1989 年福特购买了英国生产豪华轿车的美洲虎公司。这些兼并案涉及的公司，其年产量几乎都在 30 万辆左右。而戴姆勒公司与克莱斯勒公司的合并是历史上第一次涉及两个产量在 120 万辆和 300 万辆的巨型企业之间的合并，随后出现的案例涉及企业的产量都在百万或数百万辆。20 世纪 90 年代后期，全球汽车业发生的比较引人注目和产生较大反响的重组及联合兼并事件主要有：奔驰与克莱斯勒的合并；福特收购沃尔沃轿车公司；雷诺以出让商用车公司（RVI）为代价而取得沃尔沃集团公司（AB VOIV0）20%的股份；雷诺与日产以交叉持股（前者占有后者 44%的股份，后者占有前者 15%的股份）的方式结成战略联盟等。

经过几年的演变，世界汽车工业已基本形成所谓的“6+3”竞争格局。“6”指的是通用、福特、戴姆勒—克莱斯勒、丰田、大众、雷诺—日产，6 家合计年产销量占世界总量的比例超过 80%，“3”指的是相对独立自主的本田、标致—雪铁龙（PSA）和宝马（BMW）。9 家公司的汽车年产销量占世界总量的比例约为 95%。全球汽车（尤指轿车和轻型车）工业总的竞争态势是大企业、大集团（一般均是跨国公司）主宰和垄断市场，领导发展潮流，这是不容置疑的客观现象，且将长期存在。全球汽车工业寡头垄断的格局已经形成，并有进一步强化的趋势。国际上经常讨论并形成的主流性结论是，全球将仅存五六家整车制造跨国公司，也就是所谓的 400 万辆俱乐部，其他的非俱乐部成员将不能独立生存。

3. 汽车工业的发展趋势

21 世纪，汽车工业在世界经济中的重要战略地位仍将是不可动摇的。世界汽车工业面临一场深刻的革命，将使汽车工业发生巨大变化，把汽车工业推向新的发展阶段。

从经营理念、发展战略、汽车设计、供销模式到产业政策，西方汽车工业全面领导着全球汽车工业的发展潮流。

（1）服务取胜

在国际汽车工业的竞争中，服务将是一种独特的、满意的、超值的工程产品。近年，美国通用汽车公司、福特汽车公司率先改革经营模式，由制造型企业向消费服务型企业转变。1998 年 5 月 13 日，福特汽车公司总裁杰克・纳赛尔宣布："我们并非要成为世界上第一流的汽车制造商，而是要成为伟大的、消费者满意的服务型企业。"丰田汽车公司前社长奥田硕说："'综合服务型企业'是丰田公司的目标，要知道，人们购买汽车时，不只是购买汽车的硬件物，更是以购买汽车作为媒介，向用户提供各种服务的产品，如果不能实现汽车这一角色的根本转变，那么 21 世纪就无法继续生存下去。"丰田汽车公司人士表示，有朝一日，丰田将不再是一个单纯的汽车厂家。

（2）集约平台

国际汽车界一直在研究如何用最少的基本车型最大化地满足用户的个性化要求。20 世纪 70 年代有人曾提出"世界车"的构想，发展成组合技术。但由于当时技术水平的限制，其收效甚微。到 20 世纪 90 年代中期，由于计算机技术的迅猛发展，为建立平台战略创造了条件。

德国大众汽车公司是最早实行平台战略的公司之一。该公司计划将原有的 14 个平台压缩到 4 个，即 A 级、B 级、C 级和 D 级。如 A 级平台，有奥迪 A3、高尔夫、帕萨特和西特图乐多等车型，A 级平台规模可达 200 万辆。2001 年 90%的产品将集中在这 4 个平台上。丰田汽车公司计划将原有的 40 个平台压缩到 7 个。福特汽车公司曾计划在 1999 年实现 43%的产品由 2 个平台来供应。

（3）模块供货

20 世纪 90 年代，西方国家大型汽车零部件企业推行一种模块化技术，核心是利用电子技术和多领域的高新技术进行系统集成，简化汽车零部件产品的构成，便于国际化采购。

全球最大的汽车零部件供应商——美国德尔福系统公司在 1997 年宣布将开发面向 21 世纪的 7 大模块技术，即车用媒体网络、集成化车用电气电子系统、高效的汽车能源系统、智能防撞系统、电子伺服系统、优化的车内饰系统和发动机控制管理系统，这些都是高度集成化的模块产品。福特汽车公司所属的 Visteon 汽车系统公司也宣布在环境控制、电子产品、电气及燃料处理、塑料与装饰产品、汽车安全玻璃这 5 个方面进行大规模的模块化改造。

国际汽车专家认为，模块化技术的发展将进一步推进汽车工业的分工和改组，汽车零部件厂商掌握专业化产品核心技术，有能力实现与汽车整车的同步开发和超前开发，从而改变了传统的汽车零部件厂从属于整车厂的地位，从后台走向前台，有利于整车厂开发高水平的平台，形成以汽车为主导、以零部件为基础的新格局。

（4）战略整合

十几年前，全世界有 20 余家年产百万辆级的独立的大型轿车整车生产企业，从 20 世纪 90 年代起，全球汽车业掀起一轮又一轮的资产重组和联合兼并浪潮，目前已基本上形成所谓的"6+3"竞争格局，这 9 家公司的汽车年产销量占世界总量的比例约为 92%，如表 1-1 所示。

表 1-1 兼并重组浪潮后的世界汽车产业格局

集团	公司	注册国家	2000 年全球产量（辆）	2000 年全球销售量（辆）
通用集团	通用	美国	8 182 351	8 032 872
	菲亚特	意大利	2 231 161	2 453 054
	铃木	日本	965 461	973 561
	五十铃	日本	132 549	281 533
	富士重工	日本	576 661	564 473
	大宇	韩国	1 007 080	853 855
	合计		13 095 263	13 159 348
福特集团	福特	美国	6 914 150	6 672 773
	马自达	日本	896 316	873 387
	合计		7 810 466	7 546 160
戴姆勒—克莱斯勒集团	戴姆勒—克莱斯勒	德国	4 245 847	4 393 377
	三菱	日本	1 119 706	1 384 956
	合计		5 365 553	5 778 333
雷诺—日产集团	雷诺	法国	2 354 906	2 285 748
	日产	日本	2 362 409	2 421 988
	合计		4 717 315	4 707 712
丰田集团	丰田	日本	5 200 487	5 427 115
大众集团	大众	德国	4 952 261	4 532 143
6 大集团总计			41 141 345	41 150 811
其他企业	标致	法国	2 550 565	2 498 407
	本田	日本	2 434 772	2 457 017
	宝马	德国	992 412	790 107
	现代	韩国	2 334 431	2 076 319
“6+3”总计*			49 453 525	48 964 581
全球总计			57 592 000	

*“6+3”竞争格局：即通用、福特、戴姆勒—克莱斯勒、丰田、大众、雷诺—日产 6 家跨国公司和相对独立自主的本田、标致—雪铁龙和宝马 3 家公司占据全球汽车市场的绝大部分份额。

注：① 福特公司统计中包括沃尔沃、陆虎（SUV）的数据。

② 丰田公司统计中包括大发的数据。

③ 大众公司统计中包括劳斯莱斯、斯柯达的数据。

④ 部分合资企业未计入统计数据中，如各公司在各地的合资公司。

应指出，除“6+3”外，世界还有百余家更小的独立企业，在资金和技术上并不依靠跨国公司。他们大部分存在于中国，小部分属于俄罗斯、印度以及其他国家。这些企业处于世界浪潮之外，在大风大浪中稳步发展，这种现象是由于特殊原因造成的。

世界汽车工业“6+3”的竞争格局也深刻地影响着中国汽车工业的发展，在轿车生产领域，“6+3”系统企业在华的合资合作企业控制了中国绝大部分的轿车市场。这些企业控制了汽车生产 5 个要素中的资金、知识资源和物力资源，逐步形成了寡头垄断的市场竞争格局，世界汽车市场的竞争已经由公司竞争转为跨国集团竞争，而且这一趋势正在不断加剧。

这种全球性汽车工业战略整合的内在动力，不是单纯地追求“大数法则”或规模叠加，而是通过战略整合，实现产品多样化前提下的平台规模效应，品牌、地理互补效应，以及开发、设计和销售的一体化效应。

（5）网络销售

当前，西方著名的汽车公司都在积极推行网络化，发展电子商务，通过内部网、外部网和因特网开展生产经营活动。

1998 年，美国销售了 1 500 多万辆汽车，其中通过因特网查询和选择的用户就有 200 万户，预计到 2010 年，通过因特网选择汽车的用户将增至 1 000 万户。美国通用汽车公司已在全球建立 100 多个用户网点，通过因特网与顾客保持联络。福特汽车公司收购英国汽车用品连锁店，并与美国微软公司合作，开展网络销售业务，同时也建立起公司内部网和外部网。福特和通用汽车公司还分别与美国雅虎公司签订了网络合作经销协议。丰田汽车公司建立了一个 VVC（社内创意公司），为网上交易开展筹备业务。戴姆勒—克莱斯勒汽车公司所属的斯玛特（精灵）微型汽车公司在 1999 年已在德国开展网上汽车订购业务，2000 年推广到整个欧洲。

（6）模拟技术

在美国通用、福特等汽车公司的虚拟现实技术工作室里，通过 1∶1 的大型屏幕，把立体图像的汽车与实体一样显示出来，运用模拟技术进行设计改进，由此建立起一个多维化信息空间，通过数字化信息处理和巨型多维数据库的支持，应用同步工程进行虚拟现实技术的工程验证，诸如风洞试验、道路试验、寿命及耐久性试验、碰撞试验等，从而大大减少了实地性现场试验的工作量并节约了时间。然后，把这些虚拟现实的结果放到经销网络上，通过网络征集用户的意见，进行互动性的研讨和改进设计及选型。

（7）政府参与

据预测，到 2010 年全球汽车保有量将达 10 亿辆，年产量为 7 500 万辆，平均 7 人拥有 1 辆汽车。但汽车工业的发展也带来诸多社会难题，如石油危机、道路拥堵与伤亡事故、环境污染和汽车垃圾等。

要解决这些难题，不是少数汽车厂商的力量所及的，需要政府参与组织和协调。前美国总统克林顿、副总统戈尔和美国原三大汽车公司负责人，联合宣布了“新一代汽车合伙契约（PNGV）”计划。这是一个政府与汽车业界的广泛合作，官、产、学、研大规模的统一行动的新产业化计划，主要目标是提高美国汽车未来的竞争力，如在计划中新汽车的燃料效率可比 1994 年标准轿车提高 3 倍，即每 100km 油耗小于 3 L。目前这个计划涉及 758 项高新科研项目，453 个高校、国家试验室、汽车供应商及政府有关部门，分布美国 38 个州。一些西方国家也纷纷仿效，制定大规模的政府参与汽车工业的计划。

1.1.2 汽车工业在国民经济中的地位

1. 汽车工业在世界经济发展中的地位

随着世界汽车工业的不断发展壮大，汽车工业在世界经济发展中的地位越来越重要，逐渐成为各主要汽车生产国的支柱产业，对世界经济的发展和社会进步产生了巨大的作用和深远的影响。

（1）汽车工业是创造巨大产值的产业

汽车作为一种产品，不但单位价值高，而且是批量大的产品，因而能创造很高的产值。汽车工业产值随汽车产量的增长而增长，由于汽车技术含量不断提高，其附加值不断增加。同时，汽车向高级化、多用途化方向发展，汽车产值的增长普遍高于汽车产量的增长。

① 美国汽车工业产值。在世界范围内，美国汽车产量最大，所创造的产值也最高。早在20世纪30年代，美国汽车工业产值占制造业产值的比重高达10%以上。历年来，美国汽车产值的增长一直高于汽车产量的增长。1997年与1981年相比，汽车产量为1981年的1.5倍，而汽车总产值按1990年可比价格计算，为1981年的23倍，比产量的增长高0.8倍。美国汽车业年产值达4 000亿美元以上。

② 欧洲汽车工业产值。二战后，德、法、英、意等国汽车工业高速发展。从那时起，汽车业所创造的产值也高速增长，并成为本国制造业中创产值最高的产业之一。其中德国，1998年与1981年相比，汽车产量为1981年的1.41倍，而汽车业总产值按1990年可比价格计算，为1981年的1.92倍，比产量的增长高0.51倍。这4国汽车工业年产值合计达4 000亿美元。

③ 日本汽车工业产值。1960年日本汽车业产值为8 749亿日元，占制造业产值的5.6%，落在钢铁、化学、一般机械等工业之后，为钢铁的52%，化学业的59%，一般机械的70%。到1980年，汽车工业产值达207 038亿日元，占制造业的9.5%，产值为钢铁业的1.14倍，是化学和一般机械业的1.13倍。20世纪80年代以来，日本汽车工业产量增长缓慢，但产值仍增长很快。从1980年到1995年，产量下降8%，而总产值达395 613亿日元，增长91%，占制造业的比重保持在13%左右。

④ 韩国汽车工业产值。1970年，韩国汽车工业产值不足2亿美元，随着韩国汽车工业的发展，汽车工业产值也高速增长。1980年汽车工业产值接近20亿美元，10年内增长为过去的10倍。1990年汽车工业产值突破200亿美元，10年又增长为1980年的10倍。1995年产值达到300亿美元，5年内又增长为过去的1.5倍，从而使汽车业成为韩国制造业中产值最大的产业之一。

⑤ 中国汽车工业产值。以1990年不变价格计算，汽车工业总产值为459亿元。1997年提高到2 492亿元，增长了4.4倍，同期产量从50.9万辆增加到158.3万辆，增长了2.1倍，产值比产量多增长2.3倍。汽车业总产值占制造业总产值的比重从1.9%提高到4.2%。

⑥ 全球汽车工业产值。汽车工业是全球性工业，随着汽车业全球化发展，全球汽车业产值大幅度提高。目前，全球汽车工业年总产值在15 000亿美元以上。这个数字表明，汽车工业为全球性创造巨大产值的产业。

（2）汽车工业是波及范围最广阔的产业

汽车工业是综合性产业，产量大，与其他产业相比，无论在生产过程中还是在使用过程中，波及范围更广阔。

① 从汽车生产过程看。生产汽车需要采用生产设备，从而波及到装备制造业，还需要消费原材料及配套产品。目前，全世界钢材产量的15%、铝产量的25%、橡胶产量的50%及塑料产量的10%，都用于汽车工业，从而大大地推动了原材料工业的发展。随着电子产品在汽车上的广泛应用，汽车工业对电子工业的推动作用越来越大。在21世纪，电子产品的应用成本将达到汽车总成本的1%。

② 从使用过程看。汽车行驶要有道路，通过对道路的改造和新建，提高公路的质量和等级，完善公路网，从而推动道路建设事业的发展；汽车行驶需要燃油。目前全世界年石油产量的 1/3 以上供汽车使用，从而推动石油化工业的发展；城市为了适应汽车的发展，需要不断地进行改造和建立各种相关设施，从而推动城市建设的发展；汽车是使用最广的交通工具，随着汽车的增多，又推动了客货运输业、城市公共交通业、汽车租赁业的发展；为了汽车的正常运行，需要一系列服务业，包括金融业、保险业、维修业、驾驶员培训业、加油站、停车场等为其服务，从而推动这些服务业的发展。

根据日本 20 世纪 80 年代的数据资料，日本汽车工业在生产汽车过程中的波及效果系数为 2.67［注：汽车每年增加一个单位的产值，可为制造业增加 2.67 倍（含汽车工业及相关工业）的产值］。1999 年中国有关部门运用了多部门动态分析模型分析了中国汽车生产和使用全过程中所带来的波及效果。分析结果表明，1990 年中国汽车工业制造业的波及系数为 2.0，到 1997 年波及系数为 3.5。

（3）汽车工业是推动新技术应用的产业

汽车是高新技术的结晶，汽车业所涉及的新技术范围之广、数量之多、规模之大是其他产业难以相比的。由于汽车工业的发展，推动了原材料的革命，使原材料品种不断增多，质量不断提高。许多新型材料，包括新型钢材、合成橡胶等，都是在汽车工业的推动下发展起来的。汽车工业的发展使装备制造业达到新的水平，各种高性能设备、自动化设备、数控机床、自动生产线、机器人、电子计算机等在汽车制造业获得了最广泛的应用。各种先进的配套产品不断得到发展，电子信息技术在汽车上越来越获得广泛的应用。

（4）汽车工业是强大的创汇产业

汽车工业是资金密集型、技术密集型的大批量生产产业，不是任何国家都有条件发展的。但是，世界上的所有国家和地区都需要大量的汽车，这就决定了汽车工业成为强大的出口产业的地位。

20 世纪 40 年代以前，美国汽车工业在世界汽车市场上居垄断地位，其汽车出口量占世界汽车总量的比重高于 90%以上。20 世纪 50 年代以来，德、英、法、意等国汽车工业有较大发展，迅速成为世界上的主要汽车出口国，出口量占产量的比重高达 40%～50%。从 20 世纪 60 年代起，日本汽车工业高速发展。出口量大幅增长，1980 年汽车出口量达 600 万辆，一跃成为世界上汽车出口量最多的国家。韩国 1996 年出口汽车达 120 万辆，占产量的 43%。这表明，只要汽车具有国际竞争能力，就有可能在国际市场上占有一席之地。

全球汽车出口量 1970 年是 900 万辆，占全球汽车产量的 30.6%；1980 年出口量为 1 500 万辆，占产量的 39%。20 世纪 90 年代以来出口量保持在 1 850 万辆，占汽车生产总量的比重保持在 40%。全球汽车及零部件出口总额约达 51 100 亿美元，占世界出口总值的 10%，是世界制造业中出口创汇最高的产业之一。

（5）汽车工业是提供大量而广泛就业机会的产业

发展汽车工业是提供就业机会的有效途径。提供的就业机会不仅数量大，而且面广，技术含量也高。目前，世界主要汽车生产国汽车产业及相关产业提供的就业机会，约占全国总就业机会的 10%～20%。西欧的主要发达国家，全国平均每 6～7 个就业人员中就有一个是与汽车产业有关的。也就是说，汽车工业与相关产业的就业人口的比重高达 14%～17%。德国 1997 年汽车业及相关产业就业人数为 490 万，占全国总就业人数的 16%，其中汽车业 67 万人，相关产业423万人，人数比重为1：6.3。按生产汽车与销售汽车分，生产人数为165万人，销售使用汽车人数为325万人，人数比为1：2。据日本汽车协会调查，1994年日本汽车产业及相关产业总就业人数为698.5万人，占总就业人数的10.8%，生产汽车就业人数为188.8万人，销售使用汽车就业人数为 509.7 万人，人数比为1：2.7。1997 年中国汽车产业及相关产业就业人数达2 180.9万人，占总就业人数的3.5%，汽车产业人数为181.4万人，相关产业为1 999.5万人，人数比为 1：11，生产汽车与销售使用汽车就业人数之比为 1：3.8，中国与日本、德国相比，汽车产量比较低，汽车保有量也较少，但总就业人数多，是日本的3.1倍、德国的4.4倍，其主要原因是中国汽车产业及各相关产业的劳动生产率较低，同时，中国社会各部门的专业驾驶员多，仅此一项即高出日、德1 000万人。但是，在汽车销售市场从事整车及零部件销售的人员，中国却少很多。在上述国家中，德国汽车销售业人数为65万人，占汽车产业及相关产业就业人数的13.4%；日本汽车销售业人数为76.3万人，占汽车产业及相关产业就业总人数的10.9%；中国的汽车销售市场正在逐步健全阶段，营销人员逐渐由维修业和直接生产汽车产业中分离出来，形成具有丰富的业务知识和良好的销售技巧的专业销售大军。

（6）汽车产业是创造巨额税收的产业

汽车不仅在生产过程中创造巨额税收，在销售过程中也创造巨额税收，而且后者大大高于前者。根据德国资料显示，历年来，有关汽车在生产、销售、使用过程中的税收之和占国家总税收的比重高达23%，其中销售税（含进口销售税）1994年为414亿马克，1995年为427亿马克，1996年为455亿马克，1997年为481亿马克；根据日本有关资料，历年来，仅用户购买和使用过程中所征收的各种税占全国总税收的比重保持在 7%～10%，如 1995 年汽车产量为1 020万辆，销售量为687万辆，保有量为6 685万辆，各种税收包括消费税、汽车重量税、汽车取得税、汽车税及燃油税等合计81 344亿日元（约等于790亿美元），占全国总税收的9%；中国汽车产量和销售量也在不断增加，汽车保有量不断增多，各项汽车税收有明显增长，据权威资料统计，1997年汽车产量为158.3万辆，汽车保有量为1 219万辆，汽车工业上缴税金155.4亿元，全国汽车征收购置费183亿元，公路养路费347亿元，省（市，自治区）政府批准3类收费（营业车辆附加费、车辆过路过桥费、新购车辆附加费）368亿元，上述税费合计1 053.4亿元，再包括车辆使用税、进口汽车关税及地方其他收费在内约1 100亿元。

综上所述，汽车工业是国民经济中具有战略地位及作用的产业，最根本的原因在于它能促进国民经济的发展，推进社会的进步。20世纪以来，随着经济技术的发展，汽车工业对推动社会进步发挥了显著的作用，使全球经济得到了合理的布局，形成了点、线、面相结合的局面，推进了城市的发展，使全球城市化水平达44%，汽车成了缩小城乡差别的纽带。最终，随着汽车的广泛普及和应用，汽车必将成为人们生活中不可缺少的重要组成部分。它不仅是人们的代步工具，更重要的是它提高了人们的生活质量。

2. 汽车工业是我国国民经济的支柱产业

汽车的制造和应用涉及物理、化学等多个学科和门类，是当今世界几乎所有高新技术的载体。所以汽车是改变世界的机器，是一个国家科技水平、工业水平，乃至经济实力的综合标志。

1994年6月国务院发布的《九十年代国家产业政策纲要》中指出：积极振兴支柱产业。要努力加快机械电子、石油化工、汽车制造和建筑业的发展，使它们成为国民经济振兴的支柱产业。同年7月国务院颁布了《汽车工业产业政策》，其中指出：到2010年我国汽车工业将成为国民经济的支柱产业。

"九五"期间国家对汽车工业重点规划了9个专项：轿车关键零部件、经济型轿车、大中型客车、专用汽车、新型发动机、摩托车、模具、铸锻件毛坯、科研开发。

汽车工业的发展战略是：统筹规划、分类指导、集中力量、突破重点，逐步形成大集团优势，面向国内外两个市场；集中增量投入；优化现有存量；支持大型企业（集团）和骨干企业形成经济规模。为此，"九五"期间应集中力量进行5个方面的突破。

（1）积极开拓国外汽车市场

国家将从政策上健全国内市场。鼓励个人购买汽车，实现从集团购买为主向个人购买为主的市场结构的转变，开拓轿车工业发展的市场环境；同时采取各种措施，促进汽车产品的出口，形成适应国内外竞争的大市场格局。

（2）改变汽车生产的分散局面

积极支持组建具有竞争实力的大型企业集团，实现规模经营，着重从轿车和轻型载货车入手，提高生产集中程度，倡导加强联合，增强企业综合实力，使之有能力根据市场需求，有效地组织系列化、多品种、大批量生产。

（3）迅速改变零部件工业发展滞后的状况

国家在资金投入和优惠政策方面向零部件工业倾斜，提高投资力度和集中度，扶持一批重点零部件骨干企业尽快步入高起点、专业化、大批量的规模经营，促进行业结构调整，逐步建立与整车发展相适应的零部件生产、开发体系，为汽车工业发展奠定基础。

（4）摆脱不能自主开发产品的被动局面

建立自主研究开发体系，借助国际合作从车身开发入手，走出一条联合开发车身、动力总成、关键零部件，直至开发整车产品的路线，形成自主开发产品的能力。

（5）建立新的投资机制

多渠道筹措资金，实现向国家重点项目大规模集中投入，并充分利用折旧、利润留成等自有资金，加大投资力度，并通过改造股份制、债券、按规定转让产权、利用外资等多种手段拓宽融资渠道。围绕上述目标，"九五"期间汽车工业新增投资1 462亿元。这将为汽车工业成为国民经济支柱产业奠定好的基础。

3. 建立以"经营为中心"的汽车企业发展模式

汽车工业的发展是推动国民经济增长的核心，全世界汽车进出口贸易占总贸易额的20%以上，是最大的国际贸易行业。自20世纪80年代以来，汽车工业的发展逐步确立了以"经营为中心"的发展模式，汽车产品的大量生产和出口，奠定了诸多经济强国的霸主地位。

日本是一个狭长的岛国，物资匮乏，出口贸易就是他的"生命"。1990年日本汽车出口693亿美元，占出口总额的21.5%。以丰田公司的发展过程为例：1947年第10万辆汽车出厂，1962年第100万辆汽车出厂，这一时期，经历了11年漫长的恢复期，以扩大产业规模为中心的经营理念初见成效，之后，1965年第200万辆汽车出厂。1976年第2 000万辆汽车出厂，至此，丰田汽车公司已建立了庞大的产业规模。但此时有规模才会有效益的传统经营理念受到挑战，汽车产量提高，市场竞争剧烈，丰田公司积极进行产业结构调整，并首先在日本建立有着全新经营理念的丰田汽车销售总公司，在全球130个国家，建立5 600多家销售店，直接雇佣从事汽车市场研究和产品销售的员工2万多人。在经营过程中一切以消费市场的需求为出发点。积极开展市场调查、市场研究和市场预测，为企业运作确立了“订单式”（即在保证汽车产品品质好的基础上，在接到订单后适当的时间（约 5 天），向客户提供所要求的产品，而丰田公司向市场只提供适量的新产品）经营方式，这使得以“经营为中心”的企业经营理念得到基本确立。1978 年丰田公司已形成基本车型 300 多种、年产量 350 万辆，专用车型（升降插车等）300 多种、年产量 3 万辆、出口汽车 150 万辆，居世界第一的可喜成就，1978 年年底累计出口汽车产品已达 1 600 万辆。同一时期，据统计在日本每 7 个劳动者中就有 1 人，他的工作直接或间接与汽车的生产和贸易有关。可见汽车工业的崛起为日本建立仅次于美国居世界第二的经济强国立下了汗马功劳。

4. 以“经营为中心”是汽车行业发展的必然趋势

汽车行业必须上规模才会有效益，以“经营为中心”的汽车生产模式是生产力水平提高和生产规模不断壮大的必然产物。19 世纪 80 年代戴姆勒（Dimler）和奔驰（Benz）制造了世界上第一辆内燃机汽车。由于当时产量低、成本高，在相当长一段时间内汽车仅是贵族的玩物。后来，美国的亨利 · 福特（Henry Ford）推出了 T 型车，并发明了大规模工业化流水线的汽车生产方式，汽车产量快速增长，制造成本迅速降低，汽车的售价降至 1 000～1 500 美元，进而又降低到 850 美元，到 1916 年甚至降低到 360 美元，也终于兑现了他本人开办企业之初曾许下的诺言：“要让福特公司的员工用一到两个月的薪水购买一台福特生产的汽车”，“强大的规模效应+高额薪水”就是当今世界奉为神明的所谓“美国模式”。这种“美国模式”以扩大企业生产规模为核心，最终将各国企业定型为传统的生产型企业。

传统的汽车生产型企业是以生产为中心的，实行以产定销的政策，把市场作为企业运作的终点，一般称为卖方市场，企业生产什么就供应什么，用户对产品的需求没有什么选择的余地。因此在企业内部，总是强调先有设计和制造，然后把产品销售出去就算完事。其经营作风往往是“货物出门，概不负责”，根本不提供售后服务。这种经营模式在早、中期的资本主义企业和我国照搬前苏联模式、市场供应紧张的情况下普遍存在。主要原因是生产力水平低，社会产品供应不足，市场供应紧张，企业只要把产品生产出来，就不用担心市场需要，生产什么就能销售出去，根本谈不上市场调查和研究用户的需求、加强服务工作了。改革开放以来，我国经济形势一天比一天好，绝大多数消费品和生产资料已由卖方市场转变为买方市场，用户对商品的需求已有越来越多的选择余地。在这种情况下，如果企业的产品继续保持几十年的“一贯制”，或是质次价高，就得不到用户的欢迎，产品就销售不出去，就会造成严重的积压和浪费，企业就无法维持再生产。随着经济建设的发展和人民生活水平的日益提高，传统的生产型企业转变为经营型企业已成为历史发展的必然趋势。

经营型企业以经营为中心，实行以销定产或按需生产的政策，把市场作为企业经营的始点和终点，即通常所说的买方市场。它把用户的需求放在第一位，强调首先要有市场。也就是说首先开展市场调查，充分掌握和了解用户的需要，然后进行产品的设计和制造，最后组织销售及售后服务工作，从而实现服务社会、开拓市场、获取利润和良性发展的企业经营目标。

1.1.3 我国汽车的发展历程

我国的汽车工业起步较晚。1929 年 5 月，我国的第一辆国产汽车在辽宁省沈阳市问世。该车由张学良将军掌管的迫击炮厂制造，由民生工厂厂长李宜春对从美国购进的“瑞雪”牌汽车进行了拆卸，除发动机、后轴、电器设备和轮胎等采用原车部件外，对其他零件进行了重新设计制造，终于试制成功我国第一辆“民生”牌汽车。随后，沈阳民生工厂进行小批量生产。1931年“九一八”事变爆发，日本入侵东三省，扼杀了我国汽车工业的萌芽。日本却乘机盗取成果，成立了同和汽车株式会社，到1945年日本投降，年产量已达5 000辆。直到20世纪50年代，新中国成立后才开始建立自己的汽车工业。我国汽车工业经历了从无到有、从小到大，创建、成长和全面发展3个历史阶段。

1. 创建阶段（1949—1965年）

新中国成立后，毛泽东主席、周恩来总理等第一代国家领导人亲自筹划建立中国自己的汽车工业。1953年7月，第一汽车制造厂（简称“一汽”）在吉林省长春市奠基。1956年7月，第一辆国产“解放”牌4t载货汽车在“一汽”诞生。“一汽”也因此被誉为中国汽车工业的摇篮。

1958年先后试制成功CA71型“东风”牌小轿车和CA72型“红旗”牌高级轿车。1964年，我国试办了中国汽车工业公司，组织和规划全国汽车工业的生产和发展。其下属公司有：以“一汽”为主体，生产“解放”牌汽车的长春汽车分公司；以南京汽车制造厂为主体，生产“跃进”牌汽车的南京汽车分公司；以济南汽车制造厂为主体，生产“黄河”牌重型汽车的济南汽车总厂；以北京汽车制造厂为主体，生产“北京”牌吉普车的北京汽车分公司；以四川汽车制造厂为主体，生产“红岩”牌重型越野车的重庆汽车公司。此外，还有轴承制造分公司、物质供应公司、汽车配件销售公司、武汉汽车制造总厂等。

1966年以前，汽车工业共投资11亿元，形成“一大四小”5个汽车制造厂，年生产量近6万辆、9个车型品种。1965年年底，全国民用汽车保有量近29万辆，其中国产汽车17万辆（“一汽”累计生产15万辆）。经历15年的发展，我国汽车工业的雏形已经形成。

2. 成长阶段（1966—1980年）

这个历史阶段，主要是贯彻中共中央的精神，建设“三线”汽车厂，以中、重型载货汽车和越野汽车为主，同时发展矿用自卸车。出于备战考虑，国家确定在“三线”的山区建设以生产越野汽车为主的第二汽车制造厂（简称“二汽”）、四川和陕西汽车制造厂。

1967年4月1日，第二汽车制造厂在十堰的深山沟里正式破土动工。第二汽车制造厂是国内自行设计、国内提供装备的工厂，主要生产中型载货汽车和越野汽车。与此同时，“川汽”、“陕汽”和与“陕汽”生产配套的陕西汽车齿轮厂，分别在原四川省重庆市大足县和陕西省宝鸡市（现已迁西安）兴建和投产，主要生产重型载货汽车和越野汽车，满足了冶金行业采矿生产装备的需要。

20世纪60年代后期，我国提出调动地方生产积极性建设地方工业体系的方针。全国各省、自治区（除西藏外）均建设汽车制造厂，有的省建了八九家汽车制造厂。地方发展汽车工业几乎全部仿制已产车型，重复生产，据粗略统计，生产“解放”牌车型的有20多家，生产“北京130”车型的有20多家，生产“跃进”车型的有近20家，生产“北京”越野车的有近10家，改装车生产向多品种、专业化方向发展，生产厂近200家。这些工厂技术水平低、规模小，形成汽车生产“小而全”的分散局面。到1980年，汽车生产厂家56家，汽车生产行业企业总数为2 379家。

在汽车工业成长阶段，1980 年生产 22.2 万辆，是 1965 年产量的 5.48 倍；在 1966—1980 年生产各类汽车累计 163.9 万辆；1980 年全国民用汽车保有量 169 万辆，其中载货汽车就有 148 万辆。

3. 全面发展阶段（1981—2008 年）

十一届三中全会确定了改革开放的政策，加速了经济发展，提高了人民生活的水平。汽车需求量的激增对汽车工业提出了加快发展的要求。由于国际形势的缓和，一些大型军工企业也转为生产汽车，这些企业有资金、有设备、有技术，成为我国汽车企业的一支主力军。

1984 年我国把汽车工业作为发展国民经济的支柱产业。1987 年我国针对汽车“缺重少轻，轿车几乎空白”的不利局面，又把轿车工业作为我国汽车工业发展的重点，中国汽车工业开始了战略转移，一举建成了生产 3 万辆新型“红旗”轿车和 15 万辆合资轿车的生产基地，轿车成为企业创利的主导产品。中国汽车工业结束了多年来主要生产载货车和越野车的历史，进入崭新的“轿车时代”。中国轿车工业发展的步伐，是乘着改革开放的春风前进的。1984 年年初，中美合资北京吉普汽车有限公司成立，开创了我国合资生产整车的先河。上海大众、一汽大众、神龙公司、上海通用……一个个大型中外合资轿车企业迅速崛起，并成为中国轿车工业的主力军。

1994 年颁布了我国第一部《汽车工业产业政策》，中国汽车业自此进入了快速发展时期。在 1992—1996 年，中国汽车工业的快速发展主要体现在：一是固定资产投入大幅增长，一批国家重点项目竣工，5 年间多渠道筹资投入近 700 亿元，重、中、轻、微型轿车的主要生产企业综合生产能力达到年产 160～170 万辆。二是汽车、摩托车产量稳步提高，经济效益有所提高。1992 年全国汽车年产量首次跨越 100 万辆之后，1996 年产量达到 149 万辆，全球排名第 11 位。三是产品品种增加，开发能力增强。四是生产集中度明显提高，规模经济初见端倪。1996 年，“一汽”、“东风”、“上海”和“天津”4 个企业集团的年产量均超过 15 万辆，其总和为全国汽车年产量的 52.1%（其中轿车为 87.7%）。五是市场结构、产品结构趋向合理，产品质量进一步提高。1996 年轿车、客车、载货汽车这三类产品年产量比例分别为 26.6%、26.8%和 46.6%；5 年间汽车产品抽查平均综合得分提高了 7.6 分，可靠性等主要指标大幅度提高。

1998 年全国汽车年产量为 162.8 万辆，全球排名第 10 位；2000 年全国汽车生产跨越 200 万辆（207.7 万辆），全球排名第 8 位；商用车生产 146.5 万辆，全球排名第 3 位：轿车生产 61.2 万辆，全球排名第 13 位。

在这一时期，汽车消费的市场主体开始由政府、集团公款购买为主逐步向私人购买为主转变。1995 年私人购买占 30%，到 2000 年私人购买达 50%以上。汽车消费市场和产品结构的变化，极大地促进了汽车工业针对市场需求进行产品结构调整。2001 年，汽车工业已成为拉动中国工业发展的重要支柱产业，由汽车工业直接带动的钢铁、塑料等相关产业就达 36 个之多。据统计，汽车工业每投入 1 元钱就能带动 10 多元相关产业的投资。现在，整个汽车工业从业人员达 187 万，带动相关产业就业岗位 2 000 多万个，这意味着每 8 个城镇人口中就有一个人从事与汽车有关的工作。

从 2001—2003 年的 3 年间，我国汽车产量每年以百万级的数量递增，到 2003 年年底，总产量达到 444 万辆，平均增速达到近 30%，其中轿车产量在 2002 年突破 100 万辆后，2003 年突破了 200 万辆，平均增幅达 52%，而 2002—2003 年的平均增速达到了 70%。

2001 年以后，中国汽车市场总体呈现快速发展势头，轿车工业的“井喷”式发展尤其引人注目：2002 年中国汽车产量达到 325 万辆，其中轿车生产达到 109 万辆，销售 112 万辆；2003 年汽车产量 444 万辆，其中轿车生产达到 202 万辆，销售 197 万辆，这一时期汽车生产平均增长 33%以上，轿车达到近 60%，增速比 1998—2001 年的平均增速分别提高 23 和 50 个百分点。轿车占整个汽车工业产量的比例从 1990 年的不到 10%增长到 1997 年的 30%，到 2002 年，轿车产品所占比例在 30%左右，2003 年，轿车产量比例则更是迅速达到 45%。但是，2004 年 5 月以后，轿车增长呈现出明显的疲态，而价格调整的力度和频度均明显加快。2004 年，全国轿车累计生产 2 226 329 辆，同比增长 10.3%；累计销售 2 240 902 辆，同比增长 13.2%。

随着中国汽车市场需求的迅速膨胀，各厂商新产品的推出速度也大大加快。据有关方面不完全统计，在 1999—2008 年的 9 年间，我国轿车每年上市的新车型由 6 个迅速上升到了 50 多个。截至 2008 年年底，市场上主流的乘用车品牌包括红旗名仕、红旗世纪星、马自达 6、桑塔纳、桑塔纳 3000、帕萨特 B5、POLO 两厢、POLO 三厢、GOL、别克君威、GL8、赛欧、赛欧 SRV、凯越、凯越 HRV、景程、捷达、宝来、奥迪 A6、奥迪 A4、高尔夫、雅阁、奥德赛、飞度、夏利、威姿、威乐、威驰、花冠、富康、富康 988、爱丽舍、毕加索、赛纳、长安奥拓、羚羊、福莱尔、华普、江南奥拓、Jeep2500、BJ2020、大切诺基、帕杰罗·速跑、欧蓝德、蓝鸟、阳光、风云、旗云、QQ、东方之子、派力奥、周末风、优尼柯、新雅途、西耶那、千里马、嘉华、豪情、美日、优利欧、美人豹、百利、赛马、路宝、北斗星、爱迪尔、猎豹黑金刚、猎豹 2.4、猎豹飞腾、富利卡、菱帅、菱绅、普利马、福美来、瑞风、阁瑞斯、风行、中华、华晨宝马、中兴驰野、中兴旗舰、中兴福星、索纳塔、天籁、远舰、伊兰特、幸福使者、特锐、嘉年华、蒙迪欧、帕拉丁、Spark、陆风、宝威、陆地巡洋舰、霸道、赛弗、赛影、风景冲浪、风景海狮、本田 CRV、标致 206、特拉卡共有 100 多种，汽车品牌迅速丰富起来。

改革开放 20 多年来，中国汽车行业高速发展，全国建立了 600 多家中外合资汽车企业，积累了 200 多亿美元资本，占全国汽车工业资本的 40%以上。近 10 多年来汽车产销量以每年 15%的速度增长，是世界平均速度的 10 倍。中国已成为世界 7 大汽车生产国之一，中国汽车工业已经成为世界汽车工业的重要组成部分。

1.1.4 我国汽车市场的发展

20 世纪初，国外汽车开始进入我国，有了汽车维修业，但我国汽车制造工业是在新中国成立之后逐步发展起来的，特别是改革开放之后，汽车工业的发展突飞猛进，我国汽车工业的产销系统由封闭转为开放，汽车生产的市场导向取代了计划指导。多渠道、高效率的汽车商品市场流通体系已初步形成。

1. 我国汽车市场的形成与发展

我国汽车市场的建立与发展经历了从计划经济到市场经济的过程，并经历了一个“双轨制”运行时期，目前，多渠道、少环节的汽车商品市场流通体系已初步形成。

（1）汽车计划供销体制

改革开放之前，我国对物资实行集中管理、整体平衡的分配制度。汽车属一类物资，执行严格的计划控制下的分配制度。其分配过程为：国家计划部门编制分配计划，下达给主管汽车生产的部门，由主管部门组织召开汽车产品供需订货会，按分配的指标签订供货合同，汽车生产企业负责汽车产品的生产和供货。汽车产品的需用单位按照行政隶属关系申请指标，获得批准后列入国家指令性计划分配供应。

（2）计划供销与市场经济“双轨制”运行

改革开放之初，国家将一定的生产自主权下放给地方和企业，汽车生产企业在完成国家下达的指令性计划后，可自行安排生产，地方和企业可支配的汽车数量有了较大的增长。1976 年由地方支配的汽车达 3 万辆，约占全国产量的 1/4，20 世纪 80 年代，国家指令性计划指标进一步缩小，到 1984 年，国家指令性计划分配的汽车占汽车资源的比重由 1980 年的 92.7%下降到 58.3%。企业产销自主权不断扩大。

随着企业自主权的扩大，有一部分汽车产品就要进入市场。由于当时汽车产品供求矛盾十分突出，经销商将价格层层加码，通过转手获取利润。物资部门为了规范这部分汽车市场，规定只有汽车贸易中心和汽车销售服务公司才能从事汽车交易活动，各地投放到市场的汽车和汽车生产企业的自销车必须进入上述市场进行交易，销售的汽车发票必须经过工商局验证盖章，据此办理汽车行驶执照。

1985 年 2 月，国家经委、物资部联合下发了“关于向市场投放汽车和建立汽车贸易中心的通知”，决定先在北京、上海、沈阳、武汉、重庆、西安 6 个中心城市建立汽车贸易中心，由所在城市的省市机电公司、机电产品贸易中心和国家物资部所属的机电产品管理处联合组成，并受国家物资部的委托负责国家指令性汽车计划分配，同时也经营进口汽车业务。

1988 年，国家又成立了中国汽车贸易总公司，上述 6 个汽车贸易中心改为汽车贸易分公司，加上天津、广州两家公司，全国共有 8 个汽车贸易分公司，并在全国成立了 1 000 多家汽车销售网点，基本上形成了一个全国性的汽车贸易主干网络。在这一时期，汽车流通中出现了指令性计划、指导性计划、市场自由流通、实物交易等几种形式，形成了计划内价格、计划外价格的双重价格体制。

（3）主体多元化的汽车营销体制

随着改革开放的不断深入，社会主义市场经济的建立与逐步完善，汽车产品流通体制进入了突破性发展阶段，双轨制运行的汽车营销体制也逐步向以市场为主的体制转变，市场机制开始成为汽车产品流通的主要运行机制。各种灵活多样的汽车营销形式纷纷出现。在一些城市，出现了汽车超级市场、露天市场、自选市场、4S 汽车专卖店、永久性汽车交易市场、汽车贸易城等。汽车生产企业也采取以销定产、按订单组织生产，或实行产品外包销售的政策。消费者购车可以货比三家，双方议价，权衡利弊，自由选购。政府部门购车也实行招标方式，由采购中心组织实施，拟好标书，公开发布，投标、开标、评标、定标按规定程序公平、公开、公正地进行。经营主体多元化的汽车营销体制已逐渐形成。

2. 中国汽车市场营销环境分析

（1）汽车需求的现状分析

所谓轿车需求，就是在一定价格下消费者愿意而且能够购买的轿车商品的数量。影响轿车需求的因素概括起来主要有：消费者的收入水平；轿车商品本身的价格；其他相关商品的价格；消费者偏好和对未来的预期；轿车消费环境。

① 消费者的收入水平。由于近年来国内经济的快速发展和居民收入水平的提高，轿车市场

进入需求高增长阶段。轿车是需求收入弹性较大的产品，伴随着收入的增长，需求增长会更快。人均收入水平与汽车普及率存在显著的相关关系。现阶段中国轿车拥有率是严重偏低的，在人均 GDP 为 1 000 美元左右的国家中，每千人轿车保有量一般在 10～20 辆，2003 年我国人均 GDP 超过了 1 000 美元，有近 3 亿人的年收入超过 2 000 美元。我国京、沪以及我国沿海发达地区的部分城市居民收入更高，国内主要大城市人均 GDP 已超过 3 000 美元，国内经济发达地区已具备了轿车购买和消费能力。

发达国家的经历表明，随着居民收入水平的不断提高，汽车的需求主要是由家用轿车的需求拉动的，其需求将经历一个快速增长阶段，然后在较高水平保持低速平稳增长的态势。我国轿车在经过近两年的高速发展后正处于这一转变中。国务院发展研究中心课题组以中国城镇居民人均年收入与不同收入水平上每百户家庭家用轿车拥有量的数据为基础，结合国际经验，对 2009 年至 2020 年我国轿车市场的总规模做了推算，结果如表 1-2 所示。

表 1-2　　2010 年和 2020 年家用轿车预测总保有量

GDP 年均增长率预测值	6%	7.1%	8%
2010 年家用轿车总保有量（万辆）	2 170	2 344	2 388
2020 年家用轿车总保有量（万辆）	8 233	9 476	10 193

② 汽车商品本身的价格。汽车的价格是影响消费者对汽车需求的主要因素之一。降价一直是近几年来我国汽车市场的主要热点，每次降价后汽车需求都有明显增加。推动轿车价格下降的因素主要有如下几个。

- 供给能力的增长超过需求增长。
- 规模经济初步显现，随着汽车产量的增加，生产成本也持续下降。
- 消费者对产品选择的日益理性化。
- 汽车厂商的价格策略行为。
- 进口产品的比价效应。

汽车价格的下降将有利于需求的增长和汽车进入家庭。

③ 相关商品的影响。汽车燃油、润滑油、备品备件、车辆维护保养和修理的价格无疑会直接影响轿车的运行成本，也是影响家用汽车需求的一些重要因素。随着我国汽车保有量的不断增长，对相关商品的需求也将增加。如燃油，受国内石油储量和开采量的制约，将越来越多地依赖进口，而国际市场石油价格又不断上涨。轿车需求必将产生新的变化。环保节能和新能源轿车将是未来发展的方向。

④ 消费者偏好和对未来的预期。汽车的价格、预期价格、品种、颜色、外观、内部装饰效果、品牌、行驶性能、安全性能、性能价格比以及舒适性、经济性等都是影响消费者对汽车需求偏好的因素。由于不同消费者的偏好不同，从而对汽车产生了差别化需求。

消费者对未来的预期，主要是对收入和价格的预期，也将对需求产生影响。对未来汽车的价格下降的预期，在一定程度上会造成消费者观望的态势，减少对汽车的当前需求。由于我国汽车的价格水平总体偏高，消费者对降价抱有较大期望。

⑤ 汽车消费环境。汽车的消费环境是制约中国汽车需求的重要因素。汽车的消费环境可分为“硬环境”和“软环境”，前者包括道路、停车、能源供应等，后者主要指汽车消费政策和包括汽车金融服务在内的汽车服务体系、消费者权益保护等。目前，我国汽车

消费的软硬环境方面仍存在诸多问题，如交通设施相对滞后，交通管理水平不高；消费政策尚待完善；汽车金融服务尚处于起步阶段；消费者权益尚未得到切实保护。但通过对汽车从生产到服务领域的调整，近年来我国汽车消费环境从总体上来看正在逐步改善，对公路运输设施和城市基础设施投资的增加以及鼓励汽车消费政策的逐步实施，必将促进汽车需求的增长。

（2）汽车市场规模分析

中国汽车市场增长潜力巨大，预计到2015年中国的汽车市场规模将超过美国。目前中国每1 000人拥有41辆汽车，而全球平均水平为120辆，美国为750辆。因此，中国的汽车市场还有很大的增长潜力。

① 汽车市场总体规模。经过20余年的发展，我国汽车工业，在国家对汽车产业政策的支持与保护下，通过合资合作，引进技术资金，已达到了一定的生产规模，并形成了新的管理体制和经营机制，其车型品种、质量和生产能力大幅增长。随着我国国民经济的快速发展和人均收入水平的提高，从1999年起，中国汽车工业开始进入高速增长期，每年的增长保持在两位数以上。近年来，我国私人汽车拥有量年均增速在20%左右，大大快于经济增速。

表1-3　　1992—2007年我国国内生产总值与汽车、轿车的产量

年份	全国国内生产总值（亿元）	城镇人均可支配收入（元）	汽车产量（万辆）	轿车产量（万辆）
1992			106.67	16.17
1993			129.85	22.29
1994			136.69	26.87
1995	57 733	3 893	145.27	33.70
1996	67 795	4 839	147.52	38.29
1997	74 772	5 160	158.25	48.60
1998	79 553	5 425	163.00	50.71
1999	82 054	5 854	183.20	57.10
2000	89 404	6 280	207.00	60.70
2001	95 933	6 860	234.17	70.36
2002	102 398	7 703	325.10	109.20
2003	116 694	8 473	444.39	202.01
2004	136 515	9 422	507.41	231.40
2005	182 321	10 493	570.00	277.00
2006	209 407	11 759	728	387
2007	246 619	13 786	889.24	510
2008	300 670	15 781	1 040.86	613.69

② 轿车市场。我国的轿车产量已从1993年的22万辆上升到2008年的613万辆，到2007年我国汽车产销双双超过880万辆，同比增长高达22.02%，成为仅次于美国的第二大汽车消费国。

轿车工业伴随汽车工业的发展也发生了重大变革，在汽车产量中的比例不断上升。从20世纪80年代起，引进国外先进生产技术建立合资企业。轿车产品品种增加，开发能力增强，具有一定的生产能力，形成了高级、中级、经济型和微型等各个系列产品。

③ 货车市场。国家汽车工业“十一五”规划重点强调，载货车重点发展适应高速公路需要、

功率在 220 kW 以上的重型车。此外，近年来还颁布了一系列对重型汽车市场影响深远的政策法规，促使重型汽车驶入了“大吨位、大马力、重型化”的轨道。国家重点工程，如西气东输、西电东送、南水北调、奥运工程、世博会等建设项目给重型车带来了无限商机。在今后几年内，重型车生产厂家将更加关注产品的经济性、耐久性和可靠性，低油耗、大吨位、大功率、适于专业化运输的高端重型载货车，将是今后产品发展的主要方向。载重 15t 以上的中高端重型载货车的市场需求较大，特别是载重 20t 以上的重型载货车，仍将保持高速增长的态势。

（3）汽车拥有量现状与前景

① 汽车保有量。汽车保有量增长的快慢与经济发展、国内生产总值、人均收入水平、道路建设等密切相关。近几年我国持续 8%左右的经济高增长带动了汽车需求的扩大，汽车产销高速增长，汽车保有量增加。

2004 年中国汽车产量和销量均突破了 500 万辆，销量居世界第三，销售收入 10 850 亿元，全社会汽车保有量达到 2 709.5 万辆，其中私人汽车保有量占总保有量的近 60%，汽车消费市场实现了从公款消费向私人消费的转变。在 2004—2010 年这一阶段轿车年均需求增长将达到 13%左右，标志着轿车开始大量进入家庭。2020 年，中国的民用汽车保有量将比 2003 年增长 6 倍，达到 1.4 亿辆左右。到 2010 年，国内汽车市场需求量将达到 800 万至 900 万辆，其中轿车占 53%，汽车保有量将达到 6 000 万辆左右，如表 1-4 所示。汽车保有量为 40 辆/千人（发达国家汽车保有量为 600 辆/千人，而我国最高地区仅为 94.12 辆/千人），汽车工业增加值占 GDP 的比重提高到 2.5%。汽车保有量还与地区经济发展密切相关。在中国，东部地区汽车保有量的增长明显快于中西部地区。东部地区汽车保有量占全国汽车保有量的 48%，中部和西部地区分别占 30%和 22%。

表 1-4　　我国 2009—2020 年汽车保有量预测（单位：万辆）

年　份	轿　车	货　车	客　车	微 型 车	合　计
2009	2 955	1 405	470	690	5 520
2010	3 410	1 445	500	730	6 085
2015	5 860	1 610	625	910	9 005
2020	8 155	1 760	725	1 050	11 690

根据国家统计局的数据分析，2008 年年底，我国民用汽车保有量达到 17 078.6 万辆，比上年增长 5.9%，净增 1 100 万辆，年增量为历史新高。汽车保有量突破 17 000 万辆大关预示着我国在迈向汽车时代的进程中跃上了一个新的台阶。2009 年 3 月全国汽车保有量超过 100 万辆的城市有 10 个，分别是：北京、上海、广州、深圳、成都、杭州、青岛、天津、重庆、昆明。我国广东省汽车保有量已增至 600 万辆大关，其汽车保有量是我国内地 31 个省（市、自治区）中最高的，为全国第一。

② 汽车拥有量的前景。汽车是一种物化的文化，也是现代化水平的反映。在发达国家，汽车已成为人们生活中的一部分。中国汽车工业自 20 世纪 80 年代迅速发展以来，势头迅猛。中国仅用了两年时间就完成了从 200 万辆到 300 万辆的跨越，且在接下来的两年里还将以每年百万辆的高速增长。中国是全球最大的潜在汽车市场，随着中国人民收入的不断增加和生活水平的不断提高，将有越来越多的汽车进入普通人的家庭。最近几年，在全球汽车产销增长很慢的情况下，中国的汽车产销连续几年保持了两位数的增长，拉动了全球汽车产销的增长，而且这一增长势头还会长期持续下去。

1.2 市场与市场营销

市场营销是现代企业的重要职能之一，只有通过市场营销活动在市场上实现交换，企业才能在满足顾客需求的过程中获取利润，才能完成其所承担的社会分工职能，才能体现出企业的社会存在价值。正因为如此，市场营销受到了广大企业的高度重视。市场竞争越是向纵深发展，企业所面临的环境就越复杂，市场营销的作用就越重要。因此，企业必须全面深入地分析市场与市场环境的现状、特点，把握市场变化的趋势，通过市场营销活动参与市场竞争。市场营销能力与水平决定着企业在市场经济大潮中的兴衰命运。

1.2.1 市场的概念

市场是商品经济的产物。随着生产力的发展，社会出现分工，自己所生产的产品有消费结余，产生交换的需要，从而使市场得以产生与发展。市场的含义随着商品经济的不断发展，内容得到不断丰富和充实，一般可以从 3 个方面来理解市场的含义。

1. 市场是商品交换的场所

在商品经济初期，商品交换不发达，人们总是在某个时间、某个地方聚集在一起进行商品交换，市场更多地强调交换空间与地理的含义，因而，市场被看做买卖双方进行商品交换的场所，如建材市场、农贸市场、中关村汽车交易市场等。这样的理解目前仍十分普遍。

2. 市场是商品交换关系的总和

市场的作用在于使产品转换为商品，促进商品交换。它反映商品供求关系，实际上，商品交换关系如买卖双方、卖方与卖方、买方与买方、买卖双方与各自的中间商、中间商与中间商之间等，这些关系已经渗透到了社会生活的各个方面，市场代表着各种商品交换关系的总和，反映着商品交换关系和商品供求关系。

3. 市场是消费者对商品的总需求

随着社会生产力的发展，商品日益丰富，更多的商品处于供大于求的状态。在商品交换关系中，买方的需求成为商品交换的决定性因素，在商品交换关系中居于主导地位。因此，更为重要的是研究企业如何通过整体市场营销活动，适应并满足消费者的需求，促进商品的交换，以实现经营目标。市场营销就是在这个意义上来理解和运用市场概念的。

因此，市场是对某种商品具有需求和支付能力的人或组织。市场就是指消费者对某种商品的总需求，包括现实购买者与潜在购买者需求的总和。市场包含 3 个因素：有某种需要的人、为满足这种需要的购买力和购买欲望，也就是：

市场=人口+购买力+购买欲望

市场中的这 3 个因素是相互制约的，三者结合起来才能决定市场的规模与容量。比如，尽管一个国家或地区人口总数大，但人均收入低，购买能力有限，则不能构成大容量的市场；或是虽然人均收入高，平均购买能力很大，但人口少，同样也不能构成大容量的市场；只有人口基数大，收入高，平均购买能力强，才能成为一个有较大潜力的大市场。但是，如果产品不能引起广大消费者的注意，不能激发他们购买的欲望，对于企业来说，仍然不能成为现实需求的市场。所以，市场是人口、购买力和购买欲望3个因素的统一。

1.2.2 市场营销的含义

1. 市场营销的概念

市场营销是由英文 marketing 一词翻译过来的，它包含两层意思：其一是指一系列的经营销售活动；其二是指一门研究市场营销问题的经济学科。菲利普·科特勒认为：营销是个人和集体通过创造，提供并同他人交换有价值的产品，实现其需求和欲望的一种社会与管理过程。美国市场营销协会（AMA）将市场营销定义为：市场营销是关于构思、货物和劳务设计、定价、促销和分销的规划与实施过程，目的是创造能实现个人和组织目标的交换。

市场营销的中心是交换，是买卖双方为了实现各自的目标而进行的交换过程。这是综合性的商业活动，包括：市场调研、市场分析与预测、目标市场选择、产品开发设计、价格制定、销售渠道选择、销售促进、售后服务等活动。

2. 认识市场营销的出发点

从市场营销学的产生和发展可以看出，市场营销的概念具有动态特征。对于市场营销要在市场中去体会，不能超时空抽象地去理解，应当从市场营销实践中去把握它的内涵。占有市场并从市场中获取利益是市场营销确立的基本思想。但在不同的环境条件下去领会这一基本思想，存在差别是肯定的。因此，市场营销的内涵也必然会发生很大变化，企业的经营者只有及时地捕捉这些变化，调整自己的认识与观念，才能促进企业在市场竞争中健康发展。

在卖方市场状态下，企业处于市场交易的主导地位，这时，不是没有营销问题，而是经营者很难从本质意义上体会市场营销的内涵。有些企业没有及时地调整经营观念，这就给企业在以后的市场竞争中埋下了失败的种子；在进入买方市场之后，消费者处于市场的主导地位，企业要千方百计地将产品卖出去，否则，生产的越多赔的越多，这时企业自然要重视销售工作，但往往会简单地将市场营销理解为卖东西，正是由于受这样的观念影响，不少企业聘用大量素质低下的人员承担市场营销工作，严重制约了企业的进一步发展。当前，市场经济体制逐渐完善，市场经济迅速发展，产销矛盾进一步加剧，市场已经从企业末端走到了企业的前端，不是生产出来再去卖，而是生产之前就要考虑消费者的需求，企业营销必须按照消费者需求变化来调整策略，这应当是企业把握市场营销的基本出发点。企业市场营销活动过程实质上是企业不断适应消费者需求变化、适应市场营销环境变化的动态过程。

在市场营销实践中，没有一成不变的、万能的具体方法，任何营销方法要实用而有效，就必须根据企业所处的具体营销环境来调整操作方式，而不能简单地重复。从这一意义上来看，营销无定式，虽然营销没有固定不变的模式，但却有着共同的规律。营销方式越是千变万化，所体现的基本规律就越深刻。而人们越是从深刻意义上把握住市场营销的基本规律，就越能有效地驾驭竞争激烈、瞬息万变的市场，就能更加灵活地运用各种市场营销方法，而且还能不断地创造出新的营销方式与方法。所以，在市场营销方法的研究中，要特别重视对典型案例的收集整理与分析研究，通过不断地总结经验，去理解并把握市场营销的基本规律。

1.2.3 市场营销的形成与发展

市场营销学是作为系统研究市场问题的一门独立学科，是在资本主义工业革命以后才出现的。由于生产迅速发展，生产效率大为提高，生产能力增长的速度超过市场需求增长的速度，商品交换处于供过于求的状态。一些企业开始重视商品推销和刺激需求，一些经济学者开始注重对推销和广告的研究，着手从理论上探讨产品的销售问题，从而开启了市场营销学研究领域之河。

具有基本理论框架的市场营销学是20世纪50年代以后发展起来的，第二次世界大战结束后，以美国为代表的发达资本主义国家将战争期间用于军事的设备与技术转向生产民用品，生产力水平大大提高，经济实力迅速增强。商品生产供过于求的矛盾加剧，卖方之间的竞争愈加激烈，买方处于可以选择和左右市场的主导地位。原来建立在卖方市场基础上以研究商品推销术为主体的旧的市场销售理论和方法面临严峻的挑战。于是销售在理论研究上发生了重大变革，研究的范围突破了流通领域，逐渐与企业生产经营的整体活动密切结合起来，许多市场营销学专家和企业家从不同的角度提出了以消费者为中心的新的市场理论，研究的重点转变为买方市场条件下的企业经营活动，形成了以市场需求为中心的现代营销观念并指导下一系列现代企业经营战略与方法。把市场作为生产过程的起点，以市场为导向来组织企业的生产经营活动，这是市场营销学上的“市场学革命”。20世纪60年代以后，反映这些市场营销理论的研究成果相继问世，特别是美国市场营销学家麦卡锡（E.J.Mccarthy）的《市场学基础》和菲利普·科特勒（Philip Kotler）的《营销管理》两本论著，全面介绍了现代市场营销理论，强调了市场营销的管理导向作用，把市场营销学发展成为指导企业经营决策的科学，形成了现代市场营销学的概念、方法与理论体系。到了20世纪70年代以后，市场营销学又进一步与经济学、社会学、组织行为学、心理学、公共关系学等学科相互渗透，成为一门边缘应用科学。

在我国，由于长期受到“左”的思想的影响，把商品经济同计划经济对立起来，将竞争看成是资本主义的经济现象，把市场看做是滋生资本主义的“温床”，否定了与商品经济相关的科学与方法。在新中国成立后30年的时间里，使得市场问题成为了我国经济科学的“禁区”。加之，我国长期处于产品供不应求的状态，人们不重视对市场营销学的研究。现代市场营销理论只是在改革开放之后才传入我国，特别是20世纪90年代以来，我国的市场营销理论研究取得了十分迅速的发展。随着国内经济结构的变化，买方市场逐渐形成，市场竞争加剧，强化营销和营销创新成为企业研究的重要课题。我国的汽车企业也是在这一时期才真正认识到运用现代市场营销理论的重要性，逐渐学会运用营销理论成果的。

1.2.4 汽车营销学研究的对象与方法

1. 汽车营销学研究的对象

美国市场营销协会关于市场营销学研究的对象的定义是：“引导商品和劳务从生产者流转到消

费者和使用者中所实行的一切企业活动”。著名的市场营销专家菲利普·科特勒认为：市场营销学的研究对象是企业的这样一种职能，即识别目前未满足的需求与欲望，确定需求量的大小，选择本企业能最好地为它服务的目标市场，并且决定适当的产品、服务和计划，以便为目标市场服务。不同的表述所强调的角度和具体方法不同，但是在本质上是一致的，都强调了以消费者为中心来开展企业的营销活动。市场营销学就是以消费者需求为中心，研究企业经营策略和技巧的学科。

一般市场营销学研究的对象基本上也是汽车营销学研究的对象，只是要与汽车企业和汽车产品的具体特点相结合，它的基本内容包括如下方面。

① 汽车营销概述。讨论市场与市场营销的内涵，以及汽车市场营销观念的变化，总结并介绍我国汽车工业及汽车市场形成与发展。

② 汽车营销市场环境分析与汽车市场调研。影响汽车营销的环境分为宏观环境与微观环境，前者是指那些对于汽车企业来说不可控制的外在因素，包括政治和法律环境、经济与市场环境、社会与人口环境、文化和科技环境等；后者是指那些汽车企业可以控制的内在因素，比如企业的经济实力和经营能力等。

通过对汽车市场的调查，掌握市场容量、消费需求特点、顾客购买行为特征，以及市场竞争程度，寻找营销机会。

③ 汽车营销战略。讨论汽车市场的细分化，确定汽车企业的目标市场，从而进行汽车企业市场的定位的方法，以及汽车企业市场营销的战略的确定与策略的选择。

④ 汽车市场营销策略。包括汽车产品策略、汽车定价策略、汽车渠道策略、汽车促销策略和汽车服务策略。

⑤ 汽车营销管理。包括汽车企业市场营销管理的过程及优化、汽车营销管理的实施与控制。

2. 汽车营销学研究的方法

① 产品法。这种方法针对具体的汽车产品进行研究，这也是汽车营销学主要研究的方法之一。

② 职能法。它研究企业在市场中的相关营销职能以及执行这些职能所遇到的问题及解决方法。

③ 决策法。它是将企业营销决策分为目标市场和营销组合两大部分，研究企业如何根据汽车市场营销环境的发展变化，结合企业自身控制的资源，进行准确的目标市场定位和营销组合决策。

1.3 汽车产品市场的营销观念

市场营销观念是指企业进行经营决策、组织和开展营销活动的基本思想与行为准则，也就是企业所奉行的哲学和理念。市场营销所涉及的基本内容是怎样处理企业、顾客和社会三者之间的关系。企业经营者根据对这些关系的理解，来确定市场营销所承担的责任和追求的结果。市场营销观念是在营销实践基础上产生的，随着生产力的进步和市场形势的变化而不断发展和演变。

市场营销观念的发展可以划分为5个阶段，即生产中心观念、产品中心观念、推销中心观念、市场营销观念和社会市场营销观念。其中，生产中心观念、产品中心观念和推销中心观念是“以企业为中心的观念”，也就是传统的营销观念。而后两种观念是“以顾客为中心的观念”和“以社会长远利益为中心的观念”，合称为现代市场营销观念。

1.3.1 汽车产品市场营销的演变

1. 生产观念

在资本主义工业革命之前，社会总体处于卖方市场条件下，厂商认为消费者会接受任何买得到且买得起的产品。“我能生产什么，就卖什么”。企业的主要精力都集中于增加生产，以生产为中心，重点放在扩大生产，提高产量，以降低成本适应消费者的购买力。如20世纪初，美国福特汽车公司生产的产品供不应求，亨利·福特曾傲慢地称：不管顾客需要什么颜色的汽车，我只生产黑色的汽车。这就是典型的生产观念在企业经营中的表现。

1908年以前，各汽车公司的产量很低，汽车是少数富人们的奢侈品，当亨利·福特推出一款廉价而易于生产的“T型车”时，订单像雪片般飞向福特汽车公司，这是因为他采用流水线进行生产。到了1925年10月30日，福特厂一天就能生产9 109台“T型车”，每部车售价由首批的850美元下降到265美元，成为当时世界上最大的汽车公司。亨利·福特曾开玩笑地说：“无论顾客想要什么颜色的福特车，我只提供黑色的。”亨利·福特的营销观念就是典型的生产观念，认为降低了成本，大量地供应市场，客户就会购买。到了20世纪20年代中期，随着美国经济增长和人们收入、生活水平的提高，形势又发生了变化。公路四通八达，路面大大改善，马车时代坎坷、泥泞的路面已经消失，消费者也开始追求时髦。简陋而千篇一律的“T型车”虽然价廉，但已不能招徕顾客，因此福特“T型车”销量开始下降。面对现实，福特仍自以为是，一意孤行，坚持其生产中心观念，置顾客需要的变化于不顾。就在福特固守他那种陈旧观念和廉价战略的时候，通用汽车公司（GM）却时时刻刻注视着市场的动向，并发现了良机，意识到有机可乘，并及时地做出了适当的战略性决策：适应市场需要，坚持不断创新，增加一些新的颜色和式样的汽车（即使因此必须相应提高销售价格）上市。于是“雪佛兰”车开始排挤“T型车”。1926年“T型车”销量陡降。到1927年5月，福特不得不停止生产“T型车”，改产“A型车”。这次改产，福特公司不仅耗资1亿美元，而且这期间通用汽车公司乘虚而入，占领了福特车市场的大量份额，致使福特汽车公司的生意陷入低谷。后来，福特公司虽力挽狂澜，走出了困境，但福特公司却从此失去了车坛霸主地位，让通用汽车公司占据了车坛首席宝座。

2. 产品观念

产品观念的出现，是由于消费者的购买力有所提高，市场竞争也在深化，但从总体上看，仍处于卖方市场。持这一观念的企业认为消费者喜欢高质量、多功能和具有某些特色的产品。因此，企业千方百计地提高产品质量，不断增加产品的功能，努力使产品功能日臻完善。从本质上说，产品观念只是生产观念的另一种表现。

20世纪30年代，美国以生产大型轿车著称，而且车越大利润越高，逐利的美国老板一味求大，从来没有碰过钉子。

1957年丰田在美国开设第一家全资子公司，开始正式进入美国市场，陆续推出“丰边”、“皇冠”、“光冠”等系列车型，表现非常不理想，直至1966年，8年间丰田几乎一无所获，第一轮进军美国市场失败了。于是，丰田准备开始第二轮进军。首先，丰田展开大规模的市场调查，委托美国当地的专业市场调查公司访问大量的“大众”汽车的消费者，调查了美国特性、道路条件和顾客对物质生活用品的兴趣所在等几个方面，发现了美国市场由于需求趋势变化而出现的产销差距。1966年10月，丰田推出了“花冠”，1967年进入美国市场，立即引起巨大的反响，销量直线上升，20世纪60年代后半期，在美国的销量达到百万辆以上。

1973年10月，第四次中东战争爆发，阿拉伯石油输出国组织（OPEC）发出了原油产量削减25%的通告，石油价格上涨了近3倍。突如其来的石油危机给了美国汽车工业沉重的打击，1979年，第二次石油危机接踵而来，石油价格又一次大幅上涨，丰田充分利用这次机遇，发挥自己节能价廉的优势，一路高歌，当年在美国的市场占有率就达到了17%，1980年上升到24%。在日本车的冲击下，美国一些小厂损失惨重，纷纷倒闭，“美国汽车公司”依靠雷诺公司的追加投资才勉强维持生计，克莱斯勒公司处于破产的边缘。从此以后，丰田登上了世界第二的宝座。日本通用认为，日本车的成功主要是由于美国车厂对于美国汽车市场偏好小型车的快速变化没能及时做出反应所致。美国通用汽车公司总裁就曾说过：“在消费者没有见到汽车之前，他们怎么会知道需要什么样的汽车呢？”这种典型的产品观念无疑使通用在日本进入美国市场的较量中丧失了机会：在石油价格飞涨时期，美国设计师们仍然还在忙于如何把车做得更长，如何设计更多闪闪发光的镀件，如何设计更大排量的汽车，完全不顾消费者的使用成本和产品需求的变化。

产品观念与生产观念类似，同样不能脱离具体条件，如果产品确实有市场，但因质量太差而影响销路，供应商坚持这种质量第一的观念就会大有作为。但是，其他因素不能满足顾客需要，即使质量再好的产品也不会畅销。在现代市场经济高度发达的条件下，这种产品观念也是不适宜的。因为现代市场需求的层次是不断提高的，能够更好地满足市场需求的产品层出不穷，如果供应商的产品不能及时满足市场的更高要求，质量再好的老产品也不可能持久地占领市场。

3. 推销观念

这一观念认为，消费者在通常情况下不会主动购买某种商品，或在没有意识到某种商品的功能特点时，还可能对它产生抗拒心理。企业应加强生产后的推销活动，激发消费者的购买欲望，引导消费者购买其产品。具体表现为：我卖什么，就设法让人们买什么。这种观念的产生，说明企业意识到卖方市场已经向买方市场转化。

4. 市场营销观念

这一观念认为，实现企业经营目标的关键在于把握目标市场的需求，以目标市场需求为中心组织企业的生产营销活动，有效地满足消费者的需求和欲望。其具体表现为：顾客需要什么，我就生产什么。产生这一观念的客观条件是生产力快速发展，消费者有了更大的选择权，消费者的需求趋向多样化和差别化。它要求以顾客需求为导向，是消费者主权论在企业市场营销管理中的具体体现。

通用汽车公司战胜福特汽车公司而成为汽车业霸主，就是因为关注到消费者的需求和欲望的变化而取得了战略性胜利。随着时间的推移，当福特千篇一律的“T型车”已经为人们所厌倦时，通用汽车公司发现，此时的美国已产生第二代驾车族，他们多数是由年轻人组成的，他们更喜欢色彩鲜艳、富有激情的汽车，不同的人由于地位不同、职业不同、个性爱好不同而需求不同，因此，专门成立了“产品政策研究特别委员会”，下设“色彩与美术部”专门研究设计满足不同个性消费者需求的汽车，成功推出五彩缤纷的雪佛兰汽车，让人们眼前一亮，迅速成为了福特“T型车”的替代者。“一切从顾客出发”的观念帮助通用汽车公司就此成为汽车业的霸主。

随着生产力与科学技术的迅速发展，缩短了产品更新换代的周期，市场产品日新月异，供应量大大增加；人民生活水平提高，使市场需求变化日益加快；产品供大于求，市场由卖方市场转变为买方市场；供应商的产品由以往的地区性销售发展到全国，甚至国际性行销，国内外供应商的市场竞争更加激烈，不少供应商的产品虽经推销，但销量仍在下降，失去市场份额，影响供应商的生存和发展。因此，很多供应商在形势逼迫下逐渐领悟到供应商的生产必须适应环境的变化，满足顾客需求，以增强供应商在市场上的竞争力，求得供应商的生存和发展，从而促使供应商不得不改变过去的营销观念，接受市场营销的观念。

市场营销观念或市场主导观念，是一种全新的经营哲学，它是一种以顾客需要为导向、“一切从顾客出发”的观念。它把供应商的生产经营活动看做是一个努力理解和不断满足顾客需要的过程，而不仅仅是生产或销售产品的过程；是“发现需要并设法满足”而不是“将产品制造出来并设法推销”的过程；是“制造适销对路的产品”而不是“推销已经制造出来的产品”的过程。因此，市场营销观念是在推销观念的基础上发展起来的，首次将满足消费者的需求和欲望提高到指导供应商经营活动的层面上，“顾客至上”、“顾客是上帝”、“顾客永远正确”等口号成为现代供应商的座右铭。

5. 社会市场营销的观念

这是营销观念的进一步延伸。社会营销观念认为，企业提供产品和服务，不仅要满足消费者的需求和欲望，而且还要考虑维护广大消费者和社会的长远利益。而在市场营销观念中企业回避了消费者的需要、利益与社会长远利益之间隐含的冲突。由于环境恶化、资源短缺、人口爆炸、经济滞长、社会公众服务缺失等问题，要求企业必须重新调整自己的营销活动，自觉承担企业相应的社会责任。

近年来，中国以火箭般的速度由单纯的汽车制造基地转变为巨大的汽车消费市场。来自世界各地的汽车商人，瞄准中国消费市场发动一轮又一轮的冲锋。但在中国汽车业高速发展的光环背后，尾气排放引发环境污染、能源消费吃紧的苗头也逐渐显现。

当刺激的价格战不再是促进消费者购买决策的唯一途径时，品牌的魅力便开始发挥越来越大的作用。政策倾向，消费者环保意识增强，中国新能源汽车市场的商机日见明显，这些因素都促使国际汽车制造商纷纷在中国市场发动以环保为重点诉求的品牌攻势。

（1）丰田展开“环保之旅”

尽管不是最早提出环保理念的汽车制造厂商，但在品牌的环保宣传方面，日本丰田汽车早就展开了品牌“环保之旅”，成为世界汽车环保意识觉醒的受益者。

宣称“没有环保就没有汽车的未来”的丰田汽车公司自2003年起开始推广“今天、明天、丰田（Today，Tomorrow，Toyota）”系列广告。该广告以开阔的绿色环境中飞驰的车影，与蓝天、白云、草地融为一体的汽车等场景，直接体现其产品的环保特征。

同时，丰田与中国汽车技术研究中心联手，开展关于混合动力车的研究活动，探讨将混合动力车引进中国的问题。丰田希望通过合作，提高在中国销售混合动力车的可能性。据悉，丰田公司新款混合动力轿车Prius已经停在了中国市场的大门口。

专家分析，混合动力车有可能成为未来国内销售的主要车型，而蛰伏着的丰田正是看准了中国新能源汽车市场的巨大商机。

（2）大众力推“D”文化

柴油车技术不仅是德国大众在汽车环保研发中着重研发的核心，也是其进行品牌推广的利器。当下，大众正积极地在中国推行其品牌的“D”文化，即柴油机文化。

大众轿车品牌，是最早推出多款柴油轿车并进行市场培育的国际汽车品牌。一汽大众先是推出柴油发动机的捷达 SDI，开始在中国市场破冰；随后又派出宝来 TDI 大张旗鼓地宣传柴油轿车的众多环保优点；接着是奥迪 A6 柴油版继续探路；柴油版高尔夫和柴油版 POLO 也在其合资供应商的生产计划之中。

据悉，大众还参与了国家环保总局的《柴油车排放污染控制技术政策》研究工作，为其在中国的发展赢得技术上的空间。

专家认为，中国可能成为未来世界上最大的柴油车市场。依靠大众在国际柴油轿车领域的领先地位，加之在中国市场的捷足先登，如果中国消费者能够接受柴油轿车，大众至少可以占据 50%的份额。

（3）通用绘制“氢”蓝图

众所周知，通用的主攻方向是氢燃料电池车的研发。通用以“环保动力先锋”的品牌标签，竭力向中国消费者绘制“氢经济”时代的未来交通系统。

2003 年 11 月，通用汽车全球范围内规模最大的一次高新科技巡展——2003 能源动力高新科技全球巡展活动在北京开展，首次全面地向中国观众展现其在新能源新动力利用方面的近期、中期和远期的研发成果、目标及战略。通用研发的未来轿车“氢动 3 号”燃料电池车也在北京长城亮相。

据悉，目前美国通用公司和上海通用正在研究向中国市场推出混合动力车的可行性，如果开始实行，将会引进一款小型 SUV 混合动力车。

汽车环保意识的提升使得中国消费者对一个汽车品牌代表的环保内涵有了更高的期待。人们更愿意看到，汽车制造商，这个汽车环保系统中的一员，对汽车环保的承诺不止是在树立、推广品牌方面，而是以市场实际为基础，持之以恒地将汽车环保进行到底，让更科学的、实际使用功能更好的环保汽车走进中国寻常百姓的生活。

汽车市场营销观念代表的是汽车制造商决策者对于汽车市场的根本态度和看法，是指导制造商开展一切经营活动的出发点，因此，汽车市场营销观念的正确与否直接影响汽车供应企业的兴衰。随着社会的不断进步，市场竞争在不断发生着变化，市场营销观念也在不断发生着变化。由于制造商决策者的更替等因素，也会导致制造商营销观念发生变化，从而导致企业向不同的方向发展，就像前面讲述的各个案例，通用汽车公司历任总裁的观念是不同的，企业的发展也是不同的。

1.3.2 几种市场营销观念的比较

市场营销观念通常作为企业开展市场营销实践、指导企业营销活动的基本思想。科学的企业经营思想与企业中的人、财、物一样，也是企业的一种资源，而且是能动的、活跃的、更为宝贵的资源。汽车企业在不同的市场营销观念下，其营销活动的表现不同，几种不同的市场营销观念的比较如表 1-5 所示。

表 1-5　几种市场营销观念的比较

市场观念	出发点	方　法	目　标	汽车企业的表现
生产观念	产品产量	降低成本，提高生产效率	在销量增长中获利	“我只生产黑色的汽车”
产品观念	产品质量	生产高质量、多功能产品	用高质量的产品推动销售量的增长	“我要生产最好的汽车”
推销观念	产品销售	加强推销和宣传活动	在扩大市场销售中获利	重视广告和人员推销活动，服务的主动性增强
营销观念	顾客需求	运用整体营销策略	在满足顾客需求中获利	生产的汽车花色品种多，以迎合消费者的需求
社会营销观念	社会利益	运用整体营销策略	满足消费者需求，同时维护社会的长远利益	生产污染小、低油耗、安全性好的环保型汽车

1.4 汽车营销方式

1.4.1 一般方式

1. 批发与零售交易

汽车生产厂商将产品出售给汽车经销商或商业组织，这种交易为批发交易。而汽车经销商或商业组织将产品出售给消费者，即为零售交易。在商品流通过程中，从生产商到消费者之间需要经过多次交易，交易的次数越多，最后到消费者手中的商品价格就越高。如何减少商品流通的中间环节，降低商品的零售价格，是营销渠道研究的一个很重要的问题。

汽车批发市场有综合性批发市场、专业性批发市场等。批发市场在经济活动中具有联结产需、集散商品、向外辐射、调剂余缺等功能。它是城乡之间、地区之间商品流通和经济联系的纽带，是沟通产销、联结生产企业与零售企业之间的桥梁，是调节市场供求、保证产需平衡的“蓄水池”。

汽车营销中的批发与零售形式大致有以下三种。

① 批发为主，兼营零售。如中国汽车贸易总公司及其各地的汽车贸易分公司，中国汽车销售总公司及其各地的分公司，以及大型汽车集团的销售公司。上述这些单位基本上以批发业务为主，也兼营零售业务。

② 批零兼营。即批发交易与零售并举。如生产资料公司、农机总公司、原中央各部委领导的销售公司等。它们批发交易的汽车数量不少，零售交易也很活跃，销售额也很可观。

③ 以零售为主，兼营批发。这样的公司有汽车配件公司，兼营汽车；还有大城市专门设立的大型零售市场，如北京的亚运村汽车市场。这些单位主要从事零售交易，也进行批发业务。北京市自 1998 年以来，已形成三大汽车交易市场的鼎足之势：东北部有亚运村汽车交易市场；

西南部有北方汽车交易市场；西北部有中联汽车交易市场。

批发交易与零售交易，一般使用一手交款一手提货的办法，但有的批发交易付定金，货到后付款。对于平销车和滞销车，有时实行售后付款或分期付款。

2. 地区总代理与代购代销

汽车生产厂商为了大规模占领市场，在一些地区选择某公司作为该地区汽车营销总代理。生产企业与总代理公司事先签订合同，在供货价格、付款方式、供货数量和供货时间上给予种种优惠。总代理在该地区建立销售网，及时将运来的汽车批发到各销售网点。地区有了总代理，生产企业一般不再自设销售公司，全权委托总代理销售。但有时在国内几个特大城市，如北京、上海，生产企业除委托总代理之外，仍在该市设立专营该厂汽车的销售公司。

代购代销是受生产厂家或批发商的委托，从事某些汽车产品的交易业务，但对汽车产品不具有所有权的营销商。一般在新产品投放市场时，客户对该产品还不太熟悉，常采用代购代销的方式。另外，为打开有些平销车或滞销车的销路，厂家也会先把汽车发往营销单位，预先订好协议，待汽车售出后付款，即采用代购代销方式。代购代销协议最重要的是规定利润分成的形式及比例，通常有 3 种形式：一是利益分成，即规定最低价，售出后扣除税费，利润按协议规定的比例分成。二是多赚多得，即规定每辆车售出后付给厂家多少钱，高于此进价的部分为代理商所得利润，销售中多赚多得。三是定额报酬，即只按规定价格出售，每辆车付给定额酬金。

3. 销售集团与联营销售

为了密切产销关系，一些汽车生产厂家为适应市场经济发展需要，组织汽车营销集团，其对象是各地的汽车营销单位。集团制定章程，各营销单位事先交付一定的储备金，供货时保证一个最低限度的基数，提供集团成员营销汽车时作为周转车用。这种营销集团是专业性的，营销对象是该厂生产的各种汽车。生产厂家对集团成员在数量、价格、付款方式、维修服务、配件供应等方面按不同情况实行不同程度的优惠。

此外，还有一种类似于销售集团的形式，是由地区实力较强的汽车营销公司牵头组织本地区汽车销售单位和主要用户的主管部门组成营销网络，凡是有资源的主办单位都可在本销售网内营销；在资源分配上常采用“组车”分配方式，也称为捆绑式销售，即对于紧俏车、滞销车与平销车，按一定比例搭配，主营单位对各成员在供货数量、付款方式等方面实行优惠政策，这种方式不叫销售集团，而是称为销售网络。

联营销售是在一个地区重点推销一个工厂生产的某几种汽车，通常是生产厂家与有关地区的汽车营销单位之间合作，建立起紧密关系，设立汽车经营销售部。工厂可派常驻代表到该经营公司，双方订立合作协议，规定工厂供货的计划、优惠办法、结算方式、利润分配比例等。联营销售的原则是利益共享，风险共担。

4. 区域性汽车交易市场

为了适应汽车贸易大流通、大市场发展的需要，搞活流通领域，国内一些大型城市建立了区域性汽车交易市场，集中经营展销，方便顾客选购车辆，搞好售后服务。这种汽车交易市场内有面积较大的存车广场，存放各种品牌待售车辆，品种规格多，便于顾客挑选。每个营销单位在场内设立窗口，进行营销活动，集中展销，有一套方便顾客的一条龙服务机构，市场代办工商验证、临时牌照、车辆移动证、保险、养路费等多种业务。

交易市场收费低，一般存放展销车辆不收费，成交一辆汽车买卖双方交纳管理费1%～1.5%。前面提到的北京三大汽车交易市场，即北京亚运村汽车交易市场、北方汽车交易市场、中联汽车交易市场，就属于此类汽车交易市场。其规模大、服务好、汽车成交额大。例如，北京亚运村汽车交易市场开业两周年，交易额达50亿元，占市场份额的20%，在全国几大汽车交易市场中位居第二位，仅次于上海联合汽车交易市场。该市场已实现工商、公安、交管、税务一条龙服务，已成为全国汽车交易市场的“晴雨表”。

1.4.2 特别方式

1. 特许专卖

一汽大众的捷达和长安铃木的奥拓、羚羊汽车，都在北京设有特许专卖店。特许专卖有利于汽车生产厂家的管理，也可强化售前、售后服务工作的开展，还可以保证零配件的供应。特别是在假冒伪劣汽车零配件充斥市场的情况下，这样的销售举措可保证用户购买到正宗的零配件，还可起到净化市场的作用。

近年来，在我国的汽车市场由特许专卖引申出了品牌专卖，品牌专卖是从上海别克、广州本田、奥迪A6上市开始的。他们率先在全国精选代理商，实施品牌专卖。可以说，他们开了中国汽车品牌专卖的先河。品牌专卖对代理商要求很严格，精选规模大、实力强、业绩优的代理商，并对专卖店实行统一风格、统一标准、统一价格、统一服务规范等。品牌专卖店的建设投资较大，所获利润也十分丰厚。

对一些陌生的汽车品牌，必须首先让消费者认识它、了解它。这些店正是消费者了解其品牌的窗口。因此，这些专卖店的战略意义远大于其销售功能，这正是品牌专卖店注重汽车文化与品牌理念传播的原因所在。

品牌专卖店风格一致，服务到位，一般是汽车生产厂商根据地区人口分布情况来布点的，区域性很强，店的规模不大，但是先进的服务意识是这些店的本质。所以国内兴起的品牌专卖店，应注意学习其先进的服务理念与服务意识，不可盲目地追求豪华的装饰、高额的投入，否则会导致生产成本与流通成本提高，从而使汽车的价格提高，产品失去竞争优势。

2. 买断销售

买断销售是指销售商和生产厂家就某产品在一定区域内达成协议，以非常优惠的价格从厂家批量采购产品，然后以低于市场价的价格对外销售，从而实现短期内大批量销售该产品的一种营销方式。买断销售的实质就是一种变相的价格战，只不过价格战发动者由厂家转换成了某些经销商。买断销售可以帮助经销商俘获商家、俘获消费者。尽管买断销售风险巨大，但为了占领市场，“买断”销售模式是经销渠道从完全依附厂家走向独立的重要标志。

经销商买断车型后自由定价，把最大的利润空间让给消费者。这样，厂家消化了大量库存，经销商完成任务赚到了钱，消费者也能买到心仪很久的车型，表面看来是一件“三赢”的好事。但买断销售使经销商的阵营可能出现两极分化。有资金实力的经销商通过买断销售稳赚不亏，而那些没有资金实力的经销商，很可能最终被这些有实力的经销商“买断”。买断销售是我国汽车经销领域发展的一个突破。经销商通过买断销售能够迅速积累客户，为售后服务带来更多的客源，很可能在经销领域造就汽车销售“巨无霸”，这也标志着国内汽车经销商正在摆脱和厂家之间的依附地位。买断销售给消费者带来的是实惠和好处，既能便宜几万元买到新车，又能摆脱价格战的困扰，而且，优胜劣汰出的精华经销商在售后服务上又能提供更多的保障。更重要的是，买断销售对于汽车销售的刺激作用给了人们一个良好的信号，因此，更多的厂家出现这种买断销售将是消费者乐意看到的。

买断销售存在着 5 大风险：①价格多变的风险；②卖不出去的风险；③威胁新车销售的风险；④资金链断裂的风险；⑤买断价格不可控的风险。此外，买断销售对经销商资本运作能力的考验在于：使用自有资金很有可能降低公司抗风险的能力，而银行贷款势必增加项目成本。为此，经销商要准确地把握资金回笼时间性、周转率，融资方式的选择、资金链条等情况，就算一个小小的偏差，都会让经销商处于骑虎难下的窘境。2002 年中视买断 5 000 辆（单价：26.9 万元）帕萨特 VX052，以每辆车 23.9 万元的价格让利消费者，被抢购一空；2006 年，中视独家买断的高尔车型，以大众品牌在国内有史以来破纪录的低价 5.98 万元，以一天 100 余辆的销量再创销售奇迹。

到目前为止，上海大众、一汽大众、东风雪铁龙、一汽夏利、东南汽车、奇瑞、吉利等陆续加入到买断销售的阵营。可见，在买断销售的“危与机”面前，经销商如何取舍显得生死攸关。这实际上是经销商开始尝试用巨资买断车型来重构其在销售市场的版图——经销商买断那些市场上表现波澜不惊却暗藏机会的车型，以此击败竞争对手。

3. 汽车租赁

在日益激烈的竞争形势下，各地的汽车销售公司纷纷推出汽车租赁业务。有的销售公司联营成立租赁有限公司，根据客户需要，租车方式灵活。私人或单位租车，一般只出示户口本或单位营业执照，本人驾驶证、身份证或介绍信，并交一定的押金，就可以租到一辆适用的车辆，然后按照租期的天数，交付一定的租金。如果客户方没有人能驾驶，又急于用车，公司还可派专人随车为用户服务，这种情况就不收或少收押金，只计算租用期间的费用。随着我国加入 WTO，世界著名的汽车租赁公司已首次进入中国市场，世界著名的汽车租赁公司——欧洲汽车公司与我国第一家实行汽车联网租赁的北京世纪通汽车俱乐部签署全方位合作协议，标志着国外汽车租赁知名品牌首次进入国内市场。

目前在汽车市场上还出现了汽车租售业务，并成为汽车销售的新热点。汽车租售是介于分期付款和租赁之间的一种新的售车形式，它把租赁和销售巧妙地结合起来。消费者只需通过出示身份证、驾驶证，交纳一定的押金，再买一份汽车保险，就可以向汽车销售商“租”辆新车，以后再按月交一定的租金，就拥有这辆车的使用权和“准”所有权了。平时，汽车的常规保养由销售商负责，消费者只管开车。租用期满，如果想买下来，就可将以前的租金抵作购车款，再补足余额，即可成为这辆车的合法拥有者。若不想购买，则把车退回即可。

在一般情况下，汽车租售需要消费者与汽车经销商签订一份租赁合同，规定租用期限（一般为 4 年）、每个月交纳的租金（1 年大约是整车价的 1/5）、每年限定使用的千米数（一般为 2 万千米以内），以免双方发生纠纷。汽车租售与分期付款相比，每月租金支出明显减少，租赁使用期要长得多，更诱人的是最后还可以得到汽车所有权，一举两得。在一些国家，汽车租售业务已占到整个汽车市场销售业务 1/3 的比例。

4. 以旧换新

近年来，二手汽车交易日趋活跃。为把旧车市场纳入有序轨道并通过二手车的置换来拓展新车市场，进而推动全国汽车行业的全面发展，一些汽车集团也随后成立车辆置换公司。开展以旧换新、旧车在全国各地的良性互动，从而加快现有车辆的更新速度，满足不同层次消费者的购车需求。

富康轿车在京开展的以旧换新业务是通过北京汽车服务公司和北京兵工汽车贸易公司联合推出的，为那些想把旧车卖掉再买新车的消费者提供便利条件。旧车车主可将欲出售的任何一种旧车交由北京机动车交易市场驻北京市场专业人员进行鉴定、评估，在旧车经过作价后由车主补足余额，就可开走任意一款全新的富康车。旧车经由北京汽车服务公司的专业人员检修处理后，再以拍卖的形式出售。

5. 分期付款

分期付款的售车形式是由国有银行为主体，多种金融机构参与的汽车金融组织体系。金融服务功能近几年有较快发展，特别是与汽车分期付款相关的汇总结算等金融服务已比较成熟。分期付款可以促进汽车销售，完善汽车销售流通体制。

6. 降价补偿

为了取得消费者的信任，在买车的时候，消费者会得到一些经销商的保值承诺，所购车型在约定的某段时间内，若是生产厂家下调所购车型的指导价，经销商将补偿这个差价。2004 年 12 月 14 日，东风汽车有限公司乘用车公司（简称东风日产）为了保障用户利益，在 2005 年“3 · 15 中国消费者日”期间，如果消费者购买了任何一款东风日产的汽车之后，厂家有降价行为发生，东风乘用车将会全价补偿其实际购车价高于厂家公布的价格的差额。

降价补偿无疑是要刺激消费者的购买欲，特别是那些持币待购的消费者，如果相中某一款车而又打算持币观望，唯恐到手之后价格也随之下调，那么商家这种降价补偿行为对于这些持币待购的消费者将是一个很大的诱惑，在一定期限内即便是厂家降低指导价格，那么多花的钱还会给退回来。降价补偿让老用户的损失得以弥补，让潜在用户的担心得以消除，有助于建立起客户与企业之间的信任关系。

7. 动态营销

所谓动态营销，是把传统的静态营销展示到马路上或者公共场所，让消费者在现实中体验、在运动中进行感知，以实际感受向用户传递品牌文化。作为动态展示这一策略的最早受益者，东风雪铁龙仍将继续坚持这一策略，并将文化、服务和创新等手段有机结合起来，打造出真正的“中国家轿第一品牌”。

动态营销增加了顾客的到店率，并提升了整体销量。但是“东风雪铁龙动态营销概念”的目的和意义远不止此，它对潜在目标客户的了解和把握、对提升东风雪铁龙品牌的影响力具有重大的意义。通过组织潜在客户的试乘与试驾、驾驶技巧课程等互动性的推广活动，消费者即使不买东风雪铁龙的车，也可借此了解更多的相关知识和驾车技巧，从而做出适合自己实际需要的购买判断，这无论对消费者还是厂家，都是一个良性的互动。

1.5 汽车营销人员的职能与要求

1.5.1 汽车营销人员的职业特点

① 专业化。对于许多消费者，汽车的购置属于专业性极强的一次性购买。因此，从事汽车营销的人员除了要具有一般的市场营销知识外，还应掌握汽车运用的专业理论与技能。

② 参谋性。正是由于汽车购置不同于一般的日常生活用品，大多数消费者不具备汽车专业知识，因此，要针对消费者的购车目的与经济能力，为他们购买汽车提供咨询与参谋，以协助汽车选购。

③ 服务性。在销售汽车产品时，要向顾客提供产品信息、咨询、试驾与试乘，以及产品售后的相关服务，由于汽车产品专业性强，所以，在销售过程中更强调服务性，只有具备良好的销售服务才能提高产品的品牌及公司的信誉。

日本著名的市场营销学家夏日志郎认为："真正优秀的销售员，往往不是推销产品。而是推销自己。"因此，要成为一名能干的销售人员，必须让别人真心实意地喜欢自己。

成功的销售人员应该表现为：健全的心智，整洁的仪表，良好的习惯，亲切的微笑，热心与正直的品格，良好的商业道德规范和职业道德规范。用诚信换取交易的成功，才是对企业及从业人员真正有益的成功。例如，日本丰田公司在神谷正太郎的领导和影响下，丰田汽车销售公司推行"用户第一、销售者第二、生产者第三"的经营思想，并获得很大成功。该公司要求推销员在顾客面前，首先要使对方产生信赖感，取得良好的第一印象，给人以有诚意的感觉，也就是用良好的职业道德规范与消费者进行沟通和交流。

1.5.2 汽车营销人员的基本要求

1. 具有良好的职业道德

职业道德是人们在一定的职业活动中所遵循的、具有职业特点的公共准则和规范。从事汽车营销的人员必须具有良好的职业道德。良好的职业道德是确保市场经济运行规则正常发挥的前提。没有良好的职业道德，通过不正当的竞争，采取不正当的商业行为，往往对市场经济的良性运行造成致命的危害。现代市场经济在市场体系和市场机制日益成熟的基础上，逐步加强国家对市场经济运行的宏观调控，弥补市场调节的不足。但是，任何调节手段都难以挽回不道德竞争行为所造成的损失，建设市场经济时首先要开展职业道德的建设。在我国社会主义市场经济条件下，发扬社会主义精神文明，建立良好的商业道德，养成文明经商的职业道德，是一项长期而艰巨的任务。

汽车营销人员在从事经营活动时，所必须遵循的准则与规范如下。

① 遵守国家法律法规，遵守公平竞争、公平交易的市场规则。

② 讲求商业信誉，诚实守信，抵制假冒伪劣产品，合法经营。

③ 维护企业与客户的正当利益，不损人利已，不损公肥私。

④ 耐心周到，热情服务，平等待人，文明经商。

⑤ 有强烈的市场开拓精神，工作认真负责，严于律己，能吃苦耐劳。

2. 掌握基本的业务知识

汽车营销和管理工作的技术性强，从业人员要“懂管理”、“会经营”、“有技术”，是商业管理与汽车专业知识相结合的复合型人才。

① 熟悉汽车构造及汽车配件知识。了解汽车总体构造，汽车发动机的工作原理、总体构造及型号的编制规定，熟悉国产汽车分类规则及产品编号方法。

② 了解汽车使用技术。了解汽车的品种、规格、型号、产地、质量、结构特点、技术参数、竞争车型比较，有利于帮助顾客进行挑选，能与顾客从技术角度进行交流，及时回答顾客的各种问题，消除顾客的各种疑虑，当好消费者的“参谋”。当然，汽车产品的知识与技术对于营销人员和各类管理人员来说，要求掌握的程度有所不同。

③ 了解汽车市场。了解国内外汽车市场的动态信息，具有搜集市场信息的能力。掌握目标顾客信息、汽车价格、汽车信贷利率、仓储成本、运输费用、汽车使用费税、付款方式等一系列业务政策的规定以及市场营销知识。

④ 熟悉汽车销售工作。熟悉汽车销售过程中的各个环节，包括进货、验收、运输、库存、定价、促销、交车、售后服务、信息反馈等，以及签订合同、开票出库、工商验证、牌照办理等环节。

⑤ 熟悉交易手续及核算方法。交易最后是结算，要求准确、迅速地做好收付，对涉及汽车的进、销、存货款的贷、收、付以及费用中包括的进货费、利息、洽谈费、差旅费等各种费用与消耗都要清楚，懂得承包部门的经济核算，才能随时了解本部门的经济效益，及时采取措施和对策，确保营销任务的完成。

⑥ 具有一定的营销公关能力。熟悉顾客心理，由于顾客的职业、社会地位、年龄、习惯、兴趣爱好不同，对汽车有不同的需求。掌握一定的营销心理学知识，能根据顾客挑选汽车时的表象，来分析判断不同顾客的特殊心理活动，引导其进行选购，促成交易顺利进行。对待顾客要做到热情、和气、诚恳、耐心、礼貌。俗话说：和气生财，语言艺术关系到营销人员与顾客之间的关系，关系到每一笔交易的成败，影响公司在公众中的形象，最终关系到公司的商业信誉。

1.6 案例分析

【案例一】

丰田汽车公司的“营销战”

营销就是战争。在这场战争中，敌人就是竞争对手，目标就是要赢得胜利。

1. 丰田汽车公司面临的营销环境

日本丰田汽车公司20多年前开拓美国市场时，首次推向美国市场的车型“丰田宝同”仅售出228辆，出师不利。当时，美国几家汽车公司名声显赫，实力雄厚，丰田汽车公司在技术、资金方面无法与之相抗衡。丰田汽车公司面临的营销环境具体说明如下。

① 美国汽车公司的经营思想：汽车应该是豪华的，因而其汽车体积大，耗油多。

② 除了美国几家大型汽车公司外，较大的竞争对手还有先期进入美国市场的日本大众汽车公司，该公司已在东海岸和中部地区站稳了脚跟。该公司成功的原因主要有：以小型汽车为主，汽车性能好，定价低；有良好的服务系统，成功地打消了美国消费者对外国车“买得起，用不起，坏了找不到零配件”的顾虑。

③ 大众汽车公司忽视了美国人的一些喜好，许多地方还是按照日本人的习惯设计的。

④ 日美之间不断的贸易摩擦，使美国消费者对日本产品有一种本能的不信任和排斥。

⑤ 美国人的消费观念正在转变，将汽车作为地位、身份象征的传统观念逐渐减弱，开始转向实用化。他们喜欢腿部空间大、容易行驶且平稳的美国车，但又希望大幅度减少用于汽车的耗费，如价格低、耗油少、耐用、维修方便等。

⑥ 消费者已意识到交通拥挤状况的日益恶化和环境污染问题，乘公共汽车的人和骑自行车的人逐渐增多。

⑦ 家庭规模正在变小。

2. 面对着市场威胁和机会丰田汽车公司做出的反应

（1）利用机会

① 抢先。在市场营销活动中，抢先利用机会包含两个方面，一是先，二是快。企业在利用市场机会的过程中，谁能“抢先”谁就赢得了时间和空间，就赢得了胜利。丰田汽车公司抢先利用了美国汽车公司生产体积大、耗油多的豪华汽车以及美国家庭规模变小和美国人购买汽车转向实用化带来的市场机会，开发小汽车并成功地将其打进美国市场。

② 创新。企业在利用市场机会时一定要大胆“创新”，如果说“抢先”利用市场机会是力求做到“人无我有”，则“创新”就是“人有我优”。

③ 应变。包括：会有哪些竞争者发现同一市场机会；它们会怎样利用这一市场机会；企业和竞争者先后利用了该市场机会之后，竞争者和本企业实力差不多、产品差不多时应该怎么办；比本企业实力强，产品好时应该怎么办；这一市场机会是否会变成环境威胁；是继续利用这一市场机会，还是寻求新的市场机会。

（2）化解威胁

① 反抗。即努力设法限制或扭转不利因素的发展。丰田汽车公司可以同竞争对手展开直接的正面竞争，即同美国的大汽车公司比豪华、比档次、比实力，这种对抗式竞争过于激烈，在一般情况下不宜采用，当初丰田汽车进入美国市场时就没有采用这种方式。而针对大众汽车公司的威胁，丰田汽车公司的反抗是全面的。针对大众汽车比美国汽车价格低的特点，丰田汽车公司本着“皇冠就是经济实惠的原则”，毅然将价格定得更低，每辆“皇冠”只有2 000美元，而随后推出的主要产品“花冠”系列每辆还不到1 800美元；丰田汽车公司吸收了大众汽车公司售后服务系统很完善的优点，做得比大众更出色，力所能及地在自己的销售阵地设立各种服务站，并且保证各种零配件“有求必应”，消除了顾客的后顾之忧。

② 减轻。威胁总是存在的，实在无法对抗的可以设法减轻环境威胁的严重性。丰田汽车公

司在当时广告设计和促销过程中，极力掩饰汽车的日本来源、特性及风格，强调产品的美国特点和对美国的消费适应性，从而减轻了美国消费者对丰田企业的抵触心理。

③ 转移。即“避实击虚”，躲开环境威胁，钻对手的空子和薄弱环节。丰田汽车公司当时针对大众公司在东海岸和中部地区的优势，把战略重点放在产品市场基础薄弱的西海岸，待站稳脚跟，再向东扩张。在分销渠道的选择上，也没有急于设立自己的分销机构，而是采用代理制，给代理商以很大的优惠。据统计，这一政策实施 5 年以后，有 46%的其他公司代理商转为专营丰田汽车。

④ 改良。即对自身产品进行改良，增强对环境威胁的防御能力。丰田汽车公司为汽车增加新功能，使其全面适应美国市场，从品质、价格、型号、促销、分销等方面进行全面改进。

⑤ 利用。利用可以理解为利用机会。丰田汽车公司利用“美国汽车公司正忙于比豪华”、“美国消费者对汽车的消费观念正在转变，开始趋于实用化”、“核心家庭出现，家庭规模变小，因而总收入减少”，消费者形成了对小型、实用、便宜的汽车的需求这些机会，推出的“皇冠”汽车不仅外形美观、操纵灵活、省油、价格低、方便，而且内部配备了所有美国人都渴望的设施，如柔软舒适的座椅、柔和颜色的玻璃，连扶手长度和脚部活动空间的大小都是按美国人的身材要求来设计的，因而取得了极好的效果。但此处所讲的“利用”，不是指利用“机会”，而是专指利用“威胁因素”，使“威胁因素”变成“机会”，“因势利导”以便“化害为利”。因为在市场营销的大环境中，“威胁”与“机会”是相对的，没有绝对的利，也没有绝对的害，关键是企业如何去努力设法驾驭它们，使“威胁”转化成“机会”。

由于采取了上述措施，丰田汽车成功地解决了“环境威胁”，从而利用机会顺利地进入了美国市场。

【案例二】

美国福特汽车和通用汽车的早期竞争

1. 案例介绍

美国福特汽车公司是 1903 年由亨利·福特与詹姆斯·卡曾斯·道奇兄弟等创办的，由福特任总经理。1912 年福特公司聘用詹姆斯·库兹恩任总经理。库兹恩上任后实施了如下 3 项决策。

① 对产品“T 型车”做出降价的决定，即将 1910 年定的售价 950 美元降到 850 美元以下。

② 按每辆“T 型车”850 美元的目标，着手改革公司内部的生产线，在占地面积为 278 英亩的新厂中首先采用现代化的大规模装配作业线，使过去 12.5 h 出一辆“T 型车”降到 9min 出一辆车，大幅度地降低了制造成本。

③ 在全国设置 7 000 多家代销商，广泛设立销售网点。

这 3 项决策的成功，使“T 型车”走向全世界，市场占有率占美国汽车行业之首。

1919 年，亨利·福特独占福特公司，库兹恩被解雇，福特自任总经理。福特一方面采用低价策略，1924 年，每辆“T 型车”售价已降到 240 美元，1926 年福特车产量占美国汽车产量的 1/2；另一方面又提出：不管顾客需要什么，我的车都是黑色的，实行以产定销的策略，以“黑色车”来作为福特汽车公司的象征。结果“T 型车”在竞争中日益失利，1927 年 5 月终于停产。1928 年，福特汽车公司的市场占有率被通用汽车公司超过，退居第二位。

美国通用汽车公司于 1908 年成立，由杜邦财团控制，1928 年以前，它的市场占有率远远低于福特汽车公司。1921 年，斯隆就职于通用汽车公司，针对当时通用汽车公司的权力分散状况写了“组织研究”一文，提出了“集中决策控制下的分散作业”，使集权和分散得到很好的平衡。1923 年，斯隆任通用汽车公司总经理，改革了经营组织，使公司高层领导人抓战略性决策，日常的管理工作由事业部完成。同时，提出“汽车形式多样化”的经营方针，来满足各阶层消费者的需要。1923 年市场占有率仅 12%，远远低于福特汽车公司；到了 1928 年市场占用率达到 30%以上，超过福特汽车公司，1956 年市场占有率达 53%，成为美国最大的汽车公司，并一直保持其强盛的发展势头到 21 世纪的今天。

2. 分析提示

老福特对“T 型车”情有独钟，这是受当时生产观念的支配而忽视了消费者喜好变化的结果。而相反，通用公司正是看到消费者喜好的变化而提出“汽车形式多样化”的经营方针，最终后来者居上，成为美国最大的汽车公司。

当前，企业生产什么、怎样生产、为谁生产不是由生产者和商家说了算，而是由消费者手中的“货币选票”来决定的。因此企业必须经过市场调查，了解消费者的实际需求，处处站在消费者的立场上来想问题，但消费者的需求是多方面的、多层次的和多变化的，这就要求企业不断转变营销观念来适应多变的营销环境。

复习思考题

1. 什么叫市场，具体如何来理解其内涵，它包括哪些基本要素？
2. 新旧市场营销观念有哪些联系与区别？在汽车营销中还有哪些具体表现？
3. 汽车销售的一般方式有哪些？
4. 汽车销售的特别方式及其特点是什么？
5. 汽车营销的职业特点有哪些？怎样看待对汽车营销人员的基本要求？
6. 仔细阅读本章案例讨论中的案例“美国福特汽车和通用汽车的早期竞争”，然后回答：假如自己当时是福特公司的一名营销主管，那么能否劝说老福特改变其经营理念？如果能，说明具体办法，以及会给他提出什么样的建议；如果不能，说明理由。

第2章 汽车用户购买行为分析

【学习目标】

1. 了解汽车用户类型与汽车消费特点
2. 了解汽车私人消费用户购买决策的内容与过程
3. 了解汽车集团用户市场的特点
4. 能对汽车私人消费用户影响因素进行分析
5. 能对私人消费者的类型进行判别
6. 能对汽车集团用户的决策过程与影响因素进行分析

由于汽车产品是典型的大宗耐用消费品，相对其他商品，价格高，使用时间较长，用户从产生购买意愿到购买完成必定会经历一个复杂的过程。如果汽车生产、销售企业能重视对购买者购买过程的研究，重视对购买者购买行为的分析，掌握购买者购买行为的基本规律与特点，将有助于汽车生产企业组织生产出让用户更加满意的产品，有助于销售企业实施更加有效的营销策略和手段，提高市场营销的效率，有助于销售人员抓住主旨，突出重点，提高成交率。

2.1 汽车用户类型及消费特点

虽然从汽车的作用来看，主要体现在将运输对象送到目的地，但由于不同使用者对汽车的需求和目的不同，不同汽车的结构功能千差万别，价格自然也千差万别。因此也造成了汽车具有与其他商品所不同的消费特点以及不同的用户类型。

2.1.1 汽车用户分类

汽车用户是指汽车的购买和使用者。不同的汽车用户对汽车的使用目的、性能需求、产品类型、购买决策、购买行为都有很大的不同。

按用户购买汽车使用目的不同，可分为消费者用户和产业用户。

① 消费者用户。将汽车作为一种消费资料的一些单位或个人。绝大部分私人汽车消费者，购买汽车是作为代步工具，或是为了改善生活质量，满足个人出行的需要。各类企事业单位、非盈利组织、各级政府机关等公务需要的轿车或解决职工上下班的客车等，属于集团消费资料。

② 产业用户。将汽车作为生产资料，以盈利性目的用于企业生产的一些单位或组织，如汽车运输公司、旅游公司、出租汽车公司、公交公司等。

按车辆的所有权不同，可分为集团用户和私人用户。

① 私人用户。是指为了个人生活消费需要而购买汽车和服务的全部个人和家庭。随着我国经济发展水平的提高，人们对汽车的购买欲望和购买力也在不断增强，私人购车占整个汽车市场的份额迅速提升，2002 年轿车市场私人购车比例首次超过 50%，2007 年私人购车比例上升至 80%以上，成为轿车市场的绝对主体。虽然 2008 年遭遇全球金融风暴，从第三季度开始汽车产销量有所下滑，但业内人士对汽车私人用户的增长还是保持了谨慎的乐观。国家汽车工业产业政策中也明确提出要培育以私人消费为主体的汽车市场，改善汽车使用环境，维护汽车消费者权益。预计近 3 年是中国轿车大规模进入家庭的时期，轿车市场将在 2010 年进入稳定增长期，2010 年中国轿车市场需求量将超过 500 万辆。因此，私人购车行为是目前汽车消费市场的主要研究对象。

② 集团用户。指各类企事业单位、政府机关、各种形式的组织或集团。集团用户的一次性采购量往往比较大，购车行为与私人购车有较大的区别，也是汽车企业重要的营销对象，企业应当充分了解他们的特点和购买行为。

2.1.2 汽车的消费特点

① 汽车的价格较高。汽车的价格低则要几万，高则几十万，甚至于几百万，相对于我国目前平均消费水平而言，汽车还属于高消费产品，不是任何人都能购买，购买汽车需要有足够的经济能力。

② 汽车使用成本较高。汽车在使用过程中，还需要交纳养路费、过桥费、保险费、车辆年审费以及平时的修理、保养费等各种费用，特别是近年来居高不下的油价，让许多用户产生了“买得起车，养不起车”的感叹。

③ 汽车的使用受外界因素的影响较大。许多城市规划相对滞后，道路结构不合理，交通拥堵的现象十分严重。为缓解汽车高速增长给道路带来的巨大压力，一些地方政府因此出台了一些限制汽车使用的政策，如一些城市限制使用微型车，对某些拥堵路段实行单双号通行，为控制轿车总量而对私车牌照进行拍卖等。这些措施在客观上限制了汽车的消费。再如“停车难”问题，一些小区车满为患，城市中心区域停车位极少，外出办事有时半天找不到一个停车位，乱停放又怕被罚款，这些有车一族的困扰也影响着周围人群的购车计划。

④ 汽车可作为一种消费资料，也可成为一种生产资料。汽车不仅对产业用户来讲是一种生产资料，对一些自由职业者，个体工商业户等私人用户来讲，节约时间，提高工作效率，在一定程度上也是在产生经济效益，为用户创造价值，所以即使是私人用户，汽车也不仅仅是一种纯粹的消费品，有时也可以看做是一种间接的生产资料。

⑤ 消费者购车行为复杂。这主要表现在影响消费者购买行为的因素较多，消费者产生需求到进行购买是一个复杂的过程，是受一系列相关因素影响的连续行为。

2.1.3 我国汽车消费市场的特点及发展趋势

① 汽车消费市场仍将保持高速增长。从 2002 年的井喷开始，中国车市平均每年保持着 20%的增幅，2006 年已超越日本成为世界第二大汽车消费国，高速发展趋势不可阻挡。虽然在 2008 年受美国金融危机影响增速有所放缓，但从国际汽车市场发展的规律来看，汽车千人保有量从 5 辆增长到 20 辆需要 5 到 6 年时间，从每千人 20 辆到 100 辆需要 10 年左右时间。中国 2007 年的千人保有量为 17 辆左右，2008 年将增至 22 辆左右，这意味着从 2008 年开始中国将进入千人保有量 20 辆到 100 辆的发展区间，汽车市场正处于一个良好的发展轨道上。从市场来看，近年来车市的增长是理性的、稳步增长的而不是突发式的，二、三级市场正在不断加强，地方车市的消费潜力逐渐显现出来，而且扩大内需仍然是当前中国经济发展的主导力量，2009 年新年前后，振兴汽车产业的政策陆续出台，包括下调汽车购置税、燃油税费改革、车贷利率下调、提前强制报废将给予补贴等，汽车消费的相关政策将进一步完善，国内汽车消费升级正在加快。不难看出，中国车市的高速发展是一个长期的过程，不可能因为一些不利因素的影响而放慢脚步。

② 高品质小型车将成为市场新宠。一直以来，国内轿车消费主要集中在中高级车型上，小型车市场难有作为。但从 2008 年 1 至 7 月份的销售情况来看，小型车市场已攀升到 21.7%，止住了连续 3 年的下滑势头。究其原因，固然有小型车省油、便于城市应用等因素，更重要的是，国内油价飚升，国家颁布的鼓励节能减排的相关政策都促使企业推出节能、环保的小排量车，这些小型车无论在空间、动力、配置等方面大大提升，甚至已不让 A 级车。集合了小型车的油耗、价格以及 A 级车的空间、动力、配置的高品质小型车已成为首次购车的年轻人或年轻家庭的首选。种种迹象表明，高品质小型车正驶入一个全新时代，不仅市场份额在攀升，而且品质也在不断升级，由此可见，我国车市小型车一直不温不火的局面有望彻底改变。

③ 价格战减少，品牌竞争将加剧。在各大汽车公司刚进入中国市场的初期，对于大部分第一次购车的中国消费者来说，对品牌的认知度不高，有的消费者甚至分不清母品牌与子品牌。为了占领更多的市场份额，汽车生产企业往往采用价格战的策略。随着企业利润的逐渐萎缩，可降价的空间也越来越小，同时消费者也在逐渐成熟，价格因素在消费者购车决策中所占的比例逐步缩小，消费者更多追求价值体现。随着竞争的充分展开，在单纯的价格战的基础上，汽车产业将向综合竞争力的方向转变，向品牌战转变。各大汽车公司正在通过投放一系列新产品和完善售后服务建立品牌影响力，并规划好了未来几年在中国市场的品牌战略格局，由此可预见，未来几年价格战将减少，品牌战将成为竞争的核心。

④ 个性化车型份额不断增大。随着汽车消费市场竞争的加剧和消费者的成熟，汽车目标市场将进一步细分，车型将更趋多元化，像 SUV、MPV、运动型跑车等个性化车型将大受欢迎。SUV 具有高大气派的车身，大空间带来的多功能性以及优秀的通过性能，在一些消费者眼里，高端 SUV 的豪华、气派是其他车型所无法替代的。MPV 具有空间大、用途广、舒适性好的特点，既可载人，又可载物，也深受一些私营企业主的欢迎。这些车型的走俏在 2007 年初露端倪，如在 2007 年 SUV 的增速是轿车的 2 倍。

⑤ 二、三级市场将崛起。在国内的汽车市场中，北京的是当之无愧的标杆，仅此一座城市的市场份额就占到全国的 10%。然而，通过对 2007 年的观察发现，北京、上海、广州一级城市在这

一年的表现尽管很卖力，但在增长率方面则略显乏力，相比之下，高增长出现在其他省会城市等二、三级市场中，由此可以推测，当一级市场的需求饱和之后，二、三级市场才是车市的希望。

⑥ 汽车市场不再“一枝独秀”。现在的汽车市场已不再像20世纪末那样，南北大众一统天下，曾经的中国市场老大哥，市场份额一直在下降，曾经独领风骚的车型如今已让路于后来者。今天的汽车市场已经是“百家争鸣、百花齐放”，新车型越来越多，车型的升级换代越来越频繁。这种“群龙无首”的局面将使我国的汽车发展日益多元化，竞争日趋激烈，为汽车市场的规范和公平提供了一个千载难逢的机会，不仅给自主品牌留下生存、发展、壮大的空间，也将为消费者带来更多的实惠。

2.2 汽车购买决策过程

对大多数消费者而言，汽车是一个科技含量较高的贵重物品，在决定购买之前，消费者一般会根据自身需求，对符合条件的若干购买对象的质量、特性、品牌、价格、售后服务等因素进行评价、选择、判断，然后才能最终决定到底购买哪个产品。由此可见，消费者购买汽车不是一个简单的心血来潮的决定，而是一个不断进行决策的过程。

2.2.1 消费者购买决策的内容

消费者行为并非不可捉摸，通过精心设计和调查，消费者的行为是可以被理解和把握的，消费者行为具有共同性的特点。所以消费者行为虽然多种多样，但在这些千差万别的行为背后，存在一些共同的特点或特征，但一般都离不开以下几方面的内容。

1. 为什么买

这是消费者购车最根本的目，也被称为购买动机。消费者的购买动机是多种多样的，不同的人会有不同的购买动机，即使是在买同一款车，有的人是将其作为一种代步工具，有的人购买是因为个人兴趣，有的人是为了表现其生活方式，也有的人纯粹是随大流。分析消费者“为什么买”的最终目的是为了准确地把握和弄清楚消费者购车的初始原因，然后有针对性地进行营销。

2. 买什么

这是指消费者通过自己对购买对象的综合分析，最终决定购买的汽车类型。对大多数消费者而言，这是整个购买决策的核心内容。这也是汽车营销者的研究重点，只有通过周密的市场调查，了解消费者到底需要什么样的汽车，然后生产出在外观、品种、质量、性能、价格等方面满足消费者需求的汽车，才能真正被市场接受，被消费者接受。

3. 什么时候买

这是对消费者购买时间的分析。购买时间一般与消费者的需求迫切性有关，如果急需使用，当然很快就会购买。表面上购买时间只与单个消费者有关，但从整个汽车消费市场来看，还是有一定的规律可循，如购车者都喜欢在周末或者节假日去看车，在被称为“金九银十”的九、十月份和春节前是销售旺季，而在春节后是销售淡季等。了解这些基本规律，往往能起到事半功倍的作用，如汽车经销商新产品投放、广告宣传、促销活动等时机的选择，基本上都是围绕基本规律进行的，比较常见的如“周末车市”、“年末冲刺汽车展销会”等活动。

4. 在哪儿买

这是指消费者打算购车的具体地点。虽然消费者购买地点的选择与购买习惯、个人偏好、是否方便快捷等因素有关，但像购买汽车这类价值较高的产品，消费者一般都会选择信誉好、服务好的汽车销售中心。所以提高信誉、提高服务质量是吸引消费者的不二法门。

5. 由谁买

这是指汽车由谁来购买的问题。消费者购买的汽车不一定是自己使用，消费者使用的汽车也不一定是由自己购买的。在购买汽车的过程中，可有发起者、影响者、决策者、购买者、使用者 5 种角色，当然不同角色也可相互重叠。传统观念认为购买汽车的重要角色是决策者，如一个家庭中的“父亲”是购买汽车的决策者，但在现代家庭中，独生子女的意见往往影响着购买者的决策。因此，汽车营销企业必须要有灵活多变的营销策略和方法。

6. 如何买

指消费者以什么方式买，是现场付款还是分期付款，是订购还是现场提车。企业应充分考虑到消费者的不同购买方式，制定出相应的销售策略，满足消费者的需求。

作为经营者，首先要通过市场调查了解消费者购买决策的具体内容，其次要明确在消费者购买决策的各阶段应采取哪些营销策略。

2.2.2 消费者购买决策的过程

消费者的购车过程是一个决策不断补充、修正、调整、完善的动态心理过程，一般包括认识需求、信息的收集与整理、方案的评估与选择、购买、购买后行为 5 个阶段。这个过程是消费者指导自己购买行为的基本原则，也是营销企业开展营销活动的依据。

1. 认识需求

消费者购车的原始动力来自于需求，需求源于消费者对现状的不满足，如有些人感到上下班不方便、有些人经常要外出、有些人追求时尚、有些人希望改善生活等，集团用户可能因为业务要扩展、人员要增多、工作效率要提高等原因需要购车。但有需求不一定会产生购买行为，消费者的需求往往是在受到不断的外界刺激下才得到确认，确定购买行为能满足自己的需求，改变自己的现状，然后才慢慢产生购买的决心和行为的。

这种刺激可以来自于同事、朋友、亲戚或周围的人群的经历，也可来自于媒体的宣传、政府的政策。但影响最大的还是来自于汽车产销企业，如汽车的广告、展销会或促销活动往往会成为激发消费者产生购买行为的直接诱因。

2. 信息的收集与整理

当消费者的需求得到确认后，便会采取一系列购买前的信息收集和整理活动，用以指导购买决策内容。

消费者的信息来源有两个方面，一是内部搜寻，就是对过去的经历或经验进行回忆，主要是以前购买过、使用过或者乘坐过的汽车的一些主观印象和感受。这方面的信息往往非常有限。二是外部信息源，外部信息源有营销控制的和非营销控制的两类。营销控制的信息是指来自于营销企业和营销人员的信息，包括在大众媒体上的广告、营销人员的介绍、产品说明书等。非营销控制的信息是指与营销企业无关的信息，如朋友的推荐、熟人的购买经验、行业部门的测评报告、非盈利组织的调查报告。相比之下，消费者更相信非营销控制的信息，因为他们觉得这些信息更客观公正。

信息的收集与整理通常要花费消费者一定的时间和精力，时间的长短与消费者的个性、知识、经验和风险承担能力的大小有关。一般性格内向、知识和经验比较少、风险承担能力低的消费者所付出的时间和精力会更多一些，他们期望得到更多更广泛的信息支持。私人消费者所花时间与精力更多一些，集团消费者相对少一些。

在目前信息高度发达的社会里，消费者要收集汽车信息是很容易的。来自不同渠道的大量信息虽然有助于消费者全面准确地了解产品的特性，但问题是过多的信息有时会让消费者难以发现哪些才是主要的、有价值的、真正适合自己的信息，所以有时过多的信息反而会使消费者感到左右为难、无所适从，造成决策困难。作为营销企业，一方面要提供给消费者足够的信息，以便让消费者可以深入了解汽车的性能和可能的好处，另一方面要保持形象和信息的简洁、简单和易于理解，这两方面必须保持平衡，才不至于让消费者陷入信息的泥潭无法自拔。

3. 方案的评估与选择

一旦消费者认为有了足够有价值的信息，便会缩小范围，确定出若干个适合自己需求的方案作为考虑组合，然后再进一步对这些方案进行评估，最终选出一种作为购买对象。消费者通常用 3 种方法缩小范围。

一是采用排除法。选择一种自己需要的特性或功能，把不具备该特性或功能的车型排除在外。比如一对年轻的夫妻想购买一辆有儿童安全带的汽车，于是就把没有这种功能的车型都排除在外。

二是阈限法。私人消费者一般是限定所购汽车的价格区间，超过或低于这个价格空间的汽车都不在考虑之列。也可用排量作为阈限，这在集团消费者中比较多，如某个城市要更新一部分出租汽车，政府主管部门通常以排量为阈限，从而控制出租汽车的档次。

三是排序法。选择某一项要素进行排序，评估各方案的相对优劣，如可将同类型、同档次的车型按价格的高低进行排序，也可按消费者所了解到的服务质量的好坏进行排序，或者按品牌知名度的高低进行排序。

集团消费者对方案的评估和选择通常是理性的、带有较强原则性的，轻易是不会变动的。而私人消费者对方案的评估和选择往往是主观的、带有一定随意性的，是比较容易更改的。比如一个消费者原来打算购买 10 万元以内的轿车，当营销人员向他介绍一款价格 12 万元、配置更好的新款车型时，他原先的方案可能会发生动摇，最终会倾向于选购一辆价格相差不多，但配置更好、性能更优的新车型。作为营销人员，在与消费者接触过程中当然需要了解影响消费者方案评估的主要因素是什么，但同样要知道消费者的消费需求是具有一定伸缩性的，适当的诱导可以激发消费者的潜在需求。

4. 购买

购买是对选定方案进行实施与执行的过程。消费者经过十分细致的准备和长时间的酝酿，对自己的购买对象应该非常明确，剩下的问题是在哪里买。当然，在购买还未完成时，消费者的购买行为还是有可能因意外而终止，如缺货、售货人员的态度差、购买现场的氛围不好、没有预想的购买方式、出现新的信息等，都有可能成为阻止消费者购买的意外因素。所以消费者的购买决定与实际购买并不是一回事，营销人员需要不断地为消费者创造各种便利条件，坚定其购买信心，才能顺利完成消费者的购买活动。

5. 购买后行为

消费者购买汽车的目的是使用，购买的是汽车的使用价值。每个消费者都会有一个心理预期，如果在消费者使用过程中，汽车带来的实际价值超过消费者的期望，那么消费者就会有较高的满意度，如果汽车给消费者带来的价值没有想象中的大，消费者就会感到不满意。

消费者购买后的评价对汽车产销企业是非常重要的。它不仅会影响消费者是否会再次购买，更重要的是消费者会将自己的评价告诉周围的人，而且这种评价被其他潜在消费者认为是最可靠、最真实的信息。

汽车营销人员在向消费者介绍产品时，不能有不切实际的承诺，不能信口开河，夸大其词，让消费者产生很高的心理预期，更不能欺骗消费者。只有实事求是，努力提高售后服务水平，提升产品的实际价值，才会给消费者带来物超所值的惊喜。

2.3 汽车私人消费用户购买行为分析

从世界各国来看，汽车工业的发展最终取决于轿车市场的发展，而我国的轿车市场已经是私人用户为主导的消费市场，分析汽车私人消费用户的购买行为是研究汽车消费市场的基础。

2.3.1 影响私人消费用户购买行为的心理因素

1. 需要

需要是指人对某种目标的渴望和欲求，它指引和推动人为实现目标的各种行动。因此，需要是消费者购买行为的起点。了解消费者的需要，正是研究消费者购买行为的切入点。

（1）需要的层次论

根据美国心理学家马斯洛的需要理论，可将人的需要分为 5 个层次，即生理需要、安全需要、社交需要、尊重需要、自我需要，它们形成一个自下而上的层次。当人的低级需要得到满足后，就会开始追求更高一级的需要。不同需要层次的消费者对汽车的要求是不同的，如果消费者购买汽车只是为了解决自己的出行问题，那么他想要的可能就是一辆经济实惠、简单实用的汽车。如果消费者为了获得他人尊重彰显自己的身份，那么他想拥有的就是一辆豪华气派、足以体现车主身份的汽车。消费者不同层次的需要通常通过他的意向、愿望、兴趣体现出来。营销人员可以在与消费者的交谈中了解到消费者的需要层次，明确洽谈的重点。

（2）消费者需要的特征

尽管消费者的实际需要是多种多样的，但有一定的倾向性和规律性，概括起来有以下几个方面。

① 需要具有多样性。由于消费者的性别、年龄、民族、文化程度、职业、收入水平、社会阶层、宗教信仰、生活方式、个性心理特征等不同，因而在需要的内容、层次等方面千差万别，这要求汽车生产企业能为消费者提供更为丰富多彩的产品，满足消费者多样化的需要。

② 需要具有伸缩性。消费者需要受到内、外多种因素的影响和制约，需要是具有一定弹性的，可有可无，可买可不买，特别是像汽车这种价格较高、使用时受外界因素制约较多的产品。当客观条件发生变化或不明朗的时候，就会抑制消费者的需要，出现持币待购的现象，如油价的上涨，可能出台的限制私家车使用的政策等。当客观条件有利于消费的时候，消费者的需要会变得强烈，潜在的消费需要会提前释放，如车价的大幅下降、消费税的下降等。所以创造一个有利于消费者的购车环境，是促进汽车消费的有力保障。

③ 需要的替代性。消费者的需要可以用不同的方式来满足。比如一个城市禁止摩托车后，原来的摩托车用户就会购买汽车或其他交通工具来满足自己出行的需要。即使是同一种需要也并不是只有一种实现途径，比如消费者需要汽车时并非一定要购买，也可选择“租车”。 满足消费者需要的不同方法和途径可以相互替代。影响消费者选择的主要因素是成本与便利。如果租车的成本比自己购买的成本低得多，就有可能选择去租车，从另一个角度来看，如果租车对消费者的长期使用带来诸多不便，消费者自然不会选择租车，这里就要看哪个因素在消费者心里占了主导地位。因此，一个城市限制汽车过快增长、解决交通拥堵问题常常通过提高汽车的使用成本和发展公共交通双管齐下的办法。需要的替代性还表现为消费者购车时对不同品牌、不同车型的相互替代性。

④ 需要的诱导性。消费者的需要是可以引导和调节的，通过引导可以使消费者的需要发生变化和转移，潜在的需要会变为现实的行动，未来的消费也可以变成即期消费。消费的诱导性在受到广告、促销活动、周围环境变化、流行性消费的影响时产生的效果最为明显。因此，企业应注意引导、调节和培养某些被细分的个人购买市场，强化广告和促销手段的应用，提高企业的市场占有率。

⑤ 需要具有发展性。个人的需要具有从低级向高级发展的趋向。在现代社会中，各类消费方式、消费观念、消费结构是与个人的需要一起与时俱进向前发展的，汽车产品的发展也会永无止境，消费者对汽车的安全、节能、环保、舒适等性能的要求总是越来越高。

2. 动机

消费者的需要有了明确的目标时，会转化成动机，动机是消费者行为的直接动因。动机源于需要，但将需要转化为动机的是商品的效用，没有效用的商品，即使具有购买能力，消费者也不会去购买，如果商品的效用很大，即使当前不具备购买能力，消费者筹措资金也会购买。汽车消费者购买汽车的动机概括起来大致有以下几种。

① 求实购买动机。在购买过程中追求汽车的实际功效和作用，讲究经济实惠、经久耐用、

使用方便，而不太注重汽车的外观。它是汽车消费中最有普遍性、代表性的一种购买动机。

② 求新购买动机。以追求汽车外观的新颖、时尚为主要目的的一种购买动机。具有这种购买动机的消费者比较注重汽车造型、颜色等外在的观感，而不太注重汽车的实用价值与价格高低，比较容易出现冲动性购买。

③ 求名购买动机。以追求名牌汽车、高档汽车来显示自己的地位与身份为主要目的的购买动机。

④ 求廉购买动机。消费者对汽车的价格比较敏感，以价格的高低作为选购汽车的主要标准，不太注重汽车的品牌与服务。在经济收入不高的消费者中是一种普遍的购买动机。

⑤ 从众购买动机。消费者的购买行为受周围人群影响较大，以大多数人的购买行为为准则，以同众人一致作为追求的目标。这类消费者往往缺乏经验和市场信息，认为从众可以避免个人决策失误，有安全感。

⑥ 储备购买动机。以占有一定的紧俏商品为主要目的的购买动机。比如消费者在听说政府将出台某项政策限制私人汽车过快增长的消息后，有可能会提前购买。或者当听说由于原材料涨价等原因可能导致汽车价格上涨时，也会产生购买动机。

⑦ 自我表现购买动机。以提高自己的社会声誉、地位为主要目的的购买动机。这类消费者只重视汽车的社会象征意义，而不太重视汽车的实际效用。这类消费者在享有一定社会地位的政府和社会各界名流中比较多见。

消费者的购买动机是复杂的、多层次的，在实际购买活动中，通常不只存在一种购买动机，而是多种动机综合作用的结果，只不过在各种不同的场合下，各种动机的作用各有主次罢了。

3. 个性

个性是指一种与众不同的、独特的心理特性，包括消费者的气质、性格、能力、兴趣等，个性是影响消费者购买行为的主要因素之一。

① 气质。气质是一个人的“脾气”与“秉性”。根据消费者气质类型的不同可分成兴奋型、活泼型、安静型、抑制型4种。不同气质类型的消费者的购买行为有明显区别。兴奋型消费者反应迅速，决策过程短，一旦满意立即成交，但也容易急躁发生冲突。活泼型消费者善于表达，容易沟通，但有时会由于缺乏深思熟虑而做出轻率决定，容易见异思迁。安静型消费者沉着冷静，不轻易相信广告及营销人员的推荐，决策时间长，但做出决定不易反悔。抑制型消费者不善表达，犹豫多疑，交易时间长，对服务态度不挑剔。了解消费者的气质，有助于利用其积极方面，控制其消极方面，提高营销艺术。

② 性格。性格是指一个人对现实比较稳定的态度和习惯化的行为方式。一般可分成理智型、情绪型、意志型3种。表现在购车活动中，有决策果断与犹豫、迅速与迟缓，情绪的乐观与忧郁、外倾与内向，态度的节约与奢华、控制与放纵等区别。

③ 能力。能力是一种顺利完成某种活动所具备的，并且影响活动效果的一种个性心理特征。比如对汽车的感知、辨别、分析、评价能力。能力与消费者的购买行为紧密相连，能力强的消费者购车时不希望营销人员多加干预，能力差的消费者则要尽量做好参谋。

④ 兴趣。兴趣是指人们积极地探究某种事物或爱好某种活动的一种认识的倾向。兴趣有助于消费者积极地认识商品，为未来购买活动做准备，从而触发其购买的动机，营销人员应注意了解和发掘消费者的兴趣点，激发消费者的购车热情。

4. 知觉

知觉是人对作用于感觉器官的客观事物的整体的、全面的、直接的反映。消费者在购车过程中，会留意媒体上的广告，询问周围人群的意见，会去购买现场通过近距离观察汽车，听取营销人员的介绍，获得对车辆真实全面的印象。消费者在感知汽车的过程中是一个有选择的心理过程，主要体现在3方面。

① 选择性注意。在消费者获取汽车信息的时候，并不是所有关于汽车的信息都能照单全收，消费者只是对与自己需要有关的、特别留意的、独特的信息才能留下深刻印象。比如在车展时，一些惊险刺激的汽车表演、美仑美奂的展台、别出心裁的布置，就能引起消费者的注意。

② 选择性曲解。是指消费者以个人意愿去曲解信息的倾向，常会造成先入为主的观念。如果汽车营销企业能始终坚持诚信经营、优质服务，努力提高企业的品牌形象，就会在消费者心中占据牢固的地位，这将是企业的一笔宝贵的财富。

③ 选择性记忆。消费者不可能将所有注意过的信息全部记住，而是有倾向性地记住自己喜欢的、有兴趣的、印象特别深刻的信息。营销人员在向消费者推销汽车时，必须要留意消费者的兴趣点在哪里，而且介绍要简明扼要，不能有太多的信息干扰消费者。

5. 学习

消费者在购买和使用汽车的活动中，会想方设法获取知识、经验与技能，通过积累经验、掌握知识，不断地提高自身对汽车的认识，提高自身的评估决策能力，完善购买行为。在消费者学习的过程中，营销人员可以适当地运用暗示等手段，把汽车产品与强烈的学习驱使力联系起来，利用刺激性的诱因， 并提供正面强化手段，来加深消费者对汽车产品的了解，激发消费者的联想，强化消费者的需要。例如，厂商通过汽车展销会、顾客联谊会、广告等措施来建立消费者对汽车产品的需要。

6. 态度

态度是消费者以特定方式对人、物、思想观念的认识系统、情绪反应及行为倾向。态度影响着消费者对汽车的认知、学习、评估、选择、决策，态度导致人们喜欢或不喜欢某些事物，并一经形成就成为一种模式，并且要改变消费者的态度是比较困难的。在购车行为中，消费者的态度可以是积极的，也可以是消极的，在一般情况下汽车产销企业不要试图改变消费者的态度，而应该考虑如何改变自己的产品或形象，以符合消费者的态度。在营销过程中，力求选择消费者信任的信息传达者或信息输送渠道，让消费者积极参加试乘试驾活动，有机会体验和了解产品，从而促使消费者产生积极肯定的态度。

2.3.2 影响私人消费用户购买行为的环境因素

1. 社会文化因素

社会文化是某一人类社会在长期历史过程中形成的，它由特定的价值观念、行为方式、审美观念、风俗习惯等内容构成，它影响和制约着人们的消费观念、消费需求、消费特点、购买行为和生活方式，对企业的营销行为产生直接影响。社会文化一般由一个社会全体所共有的主文化和社会中不同群体的亚文化组成。

① 主文化的影响。在特定的文化背景下，在消费者之间会有互相认同、模仿、暗示、感染、追随、从众等行为，表现出购买行为的相对一致性。不同民族、不同社会，其文化内涵的差别很大，因此社会文化因素对汽车消费者行为有着广泛的深刻影响。比如，中国人深受儒家文化的影响，形成了求全求稳的心理，普遍崇尚节俭，量入为出，对信贷消费不太接受，所以我国汽车消费信贷进展缓慢，除了一些客观因素以外，与这种心理也是分不开的。在轿车刚进入家庭的时候，大家对轿车的理解就应该是三厢车，对二厢车普遍不接受，导致进入我国汽车市场的二厢车如飞度、波罗纷纷改型为三厢车，后来经过厂商的宣传，舆论的引导，大家慢慢接受了二厢车也是轿车的观念，二厢车才开始流行开来。

② 亚文化的影响。在同一主文化下，由于年龄、性别、职业、收入、社会阶层、文化程度的差异性，不同群体会形成亚文化，它为某种文化群体带来更明确的认同感和集体感。亚文化群体的成员不仅具有与主流文化共同的价值观念，还具有自己独特的生活方式和行为规范，使不同群体的购买方式和消费习惯具有鲜明的特性。亚文化对消费者的购买行为的影响更为具体和直接。比如男性购车更注重车子的动力性，女性购车更注重车子的外形和颜色。

2. 社会阶层因素

社会阶层是指人们在社会生活中因某些共同或比较一致的特征而形成的社会集团，一般的划分标准是消费者的职业、收入、受教育程度和价值倾向。同一社会阶层的成员具有类似的价值观、兴趣和行为，在消费行为上相互影响并趋于一致。社会阶层是市场细分的重要标准。

3. 参照群体因素

是指能影响消费者消费行为的群体，消费者往往将参照群体的标准作为自己的标准。一般可分成 3 类。

① 紧密型群体。是指与消费者关系密切、影响最大的群体，如家庭成员、亲戚朋友、同事邻居等。

② 松散型群体。是指与消费者关系一般、接触不太密切但仍有一定影响力的群体，如社会团体。

③ 渴望群体。是指消费者渴望成为其中一员的群体，如消费者所仰慕的明星、崇拜的专家学者或名人。在消费活动中会效仿他们的购买方式和购买行为。许多厂商请明星作广告，作品牌代言人，正是充分利用了消费者的这种消费特点。

4. 家庭群体因素

大部分汽车消费是受家庭控制和实施的，家庭的实际情况与成员的思想观念、消费习惯、生活方式对购买行为有着重要的影响。根据家庭中购买最终决策权的不同，有人将家庭分成 4 种类型：各自作主型、丈夫作主型、妻子作主型、调和型。了解家庭的购买行为类型，有利于营销者明确自己的促销对象。

西方学术界通常根据家庭成员与年龄的变化，把家庭分成 9 个阶段。

① 单身阶段：离开父母后独居的单身青年。

② 新婚阶段：指新婚无子女的年轻夫妇组成家庭的阶段。

③ “满巢”Ⅰ阶段：指由6岁以下幼儿与年轻夫妇组成家庭的阶段。

④ “满巢”Ⅱ阶段：指由6岁以上子女与年轻夫妇组成家庭的阶段。

⑤ “满巢”Ⅲ阶段：指由尚未独立的子女与年纪较大夫妇组成家庭的阶段。

⑥ “空巢”Ⅰ阶段：指子女已成人分居、夫妻仍有工作能力的阶段。

⑦ “空巢”Ⅱ阶段：指子女已成人分居、夫妻已退休的阶段。

⑧ 鳏寡就业阶段：独居老人，尚有工作能力的阶段。

⑨ 鳏寡退休阶段：独居老人，已经退休的阶段。

处于不同阶段的家庭，其需求特点是不同的。单身阶段与新婚阶段的消费者消费欲望比较强烈，易受外界信息刺激产生购买行为，对消费流行比较敏感，求新、从众购买动机较多。“满巢”阶段的消费者消费比较理性，较少产生冲动性购买，求实求廉的购买动机较多。“空巢”与鳏寡阶段的老年人近年来购车的越来越多，业内人士分析，扩大生活范围、追求新鲜生活的欲望使老人们成为一个轿车消费的重要群体，而一些适合成功人士开的中高档车型都是他们的首选，而且他们的购买力很强，信用度也很高。

5. 消费流行因素

消费流行是指在一定时期和范围内，大部分消费者呈现出相似或相近的一种消费现象。比如我国轿车市场中曾出现过“老三样”和“新三样”的流行阶段。汽车消费流行的原因是汽车的性能特点符合大多数消费者的需求。消费流行能影响消费者的认知态度和消费习惯，带动更多的消费者争相效仿，狂热追求，但消费流行大都会有一个完整的周期，而且还应看到，随着技术和产品更新的加速，消费流行的周期会越来越短，企业一方面要认真研究消费流行的原因和规律，研究消费者心理，另一方面应加大对新产品的开发力度，生产出更符合消费者需求的产品，以保持产品的吸引力。

6. 购物环境与情境因素

消费者的情感变化首先来自于购物环境，如果消费者步入的汽车专卖店宽敞明亮、色彩柔和、环境幽雅，营业人员服务周到、彬彬有礼，常会使人感觉愉快、舒畅，从而提高成交率。如果汽车专卖店灯光昏暗，汽车摆放凌乱，环境脏乱，营业员态度冷淡、粗暴，会给消费者带来压抑、厌恶的消极情绪，最终影响成交率。

2.3.3 私人消费用户购买行为的类型

对汽车营销人员而言，在直接面对私人消费者的时候，要在短时间内全面、深入、客观地对消费者购买行为进行分析是比较困难的。营销人员最能直接感受到的是消费者的态度，根据消费者的不同态度，采用不同的营销技巧，是营销人员在销售现场可采取的一套行之有效的办法。一般可将私人消费者分成5种类型。

1. 理智型

指消费者在理智基础上做出决策的购买行为。这类消费者的思维方式比较冷静，在购买之前通常要进行广泛的调查，信息收集比较充分，对产品的性能特点了解比较透彻，对不同品牌的同类产品经过反复的权衡比较，向营销人员咨询的问题具体仔细，决策较慢。在现阶段，我国的私人消费者的购买行为多属于这种类型，因为他们多数是初次购买汽车，且汽车的专业性较强，结构复杂。对待这类消费者，营销人员要有耐心，介绍要仔细全面，不能有厌烦的情绪。

2. 冲动型

指消费者容易受外界刺激而迅速做出购买决定的购买行为。这类消费者一般较为年轻，性格外向，随意性较强，具有较强的资金实力。引发冲动型消费者购买的诱因可以是广告宣传、产品特色、促销活动等，他们通常缺少对所购产品的深入了解，并不完全确定是否真正能满足自己的需要，所以当所购汽车并不如原先的预计或当他发现其他汽车有更多的优点时，便会产生失落感，后悔自己当时的决定。对这类消费者，一定要加强售后服务，给他带来超值的感受，让他确信当初的购买是正确的。

3. 习惯型

是指消费者按个人偏好习惯性购买某种品牌或车型的购买行为。这类消费者是在长期使用某种产品后对其产生的信赖感，对品牌忠诚度较高，较少受广告和其他因素的影响。这类消费者是厂商和营销企业努力培育的消费群体。

4. 选价型

是指对汽车的价格比较敏感的购买行为。这类消费者通常以价格的高低作为自己购买汽车的首要标准。选价型消费者又有两种截然不同的类型，一种是选高价型，认为价格高的汽车质量好，价格高的汽车有品位和档次，能显示自己的身份，开出去有面子。另一种是选低价型，多数是工薪阶层，对汽车的需求很强烈，经济实力又不是特别强。

5. 情感型

是指以自己的情感体验作为购买决策的购买行为。这类消费者的想象丰富，审美感觉灵敏，对情感的体验比较深刻，对汽车的外形、色彩极为敏感，对汽车的功能不太在意。这类消费者以女性居多。

2.4 集团用户购买行为分析

集团用户对汽车的使用目的、功能要求与私人用户不同，在购买决策、购买模式、购买方式、购买过程等购买行为上存在很大的区别。在现阶段集团用户是一个覆盖面很大的市场，是汽车厂商的重要营销对象，分析集团用户的购买行为，了解他们的购买特点，也是汽车产销企业的一项重要工作。

2.4.1 汽车集团用户市场的特点

1. 购买者数目相对较少

与私人购买者相比，集团用户要少得多，而且汽车集团用户类型相对比较集中，如政府机关、大的企业集团、专业运输公司等。特别是在商用车市场，汽车集团用户更加集中。

2. 购买数量较大

汽车集团用户购买汽车的数量往往比较大，总消费金额较高。一些专用汽车就是专门为某些集团消费用户量身定做的，所以一些汽车集团用户的订单左右着汽车生产企业的命运。

3. 供需双方的关系密切

汽车集团用户有时对汽车会有一些特殊的要求，特别是在商用车市场，希望汽车生产企业能按照他们的要求进行生产或改装，所以在购买时会与经销商或生产企业沟通，提出他们的要求，对在使用过程中出现的问题会及时反馈给厂商，要求给予解决。对汽车经销商或生产企业来说，为与这些大客户建立长期稳定的供货关系，当然也会经常去了解他们的需要，为他们提供特别服务。因此，供需双方的关系比较密切。

4. 需求具有衍生性

汽车集团用户对汽车的需求最终取决于服务对象的需求。比如当一个地区经济发展以后，当地居民旅游消费非常旺盛，旅游公司对旅游大巴的需求就会增加。所以，汽车厂商不能只关注自己的产品，还必须重视研究社会经济发展与集团用户购买行为之间的关系。

5. 需求缺乏弹性

汽车集团用户对汽车的购买行为是一个有计划、有步骤的实施过程，一些外界因素的变化一般不会影响整个购买计划，不像私人消费者的需求具有伸缩性和替代性。比如集团消费用户在购车时，车价的高低对他们的购买行为影响不大，他们不会因为汽车价格在一定时期内较高而停止购买，也不会在没有需求时因为汽车价格下降而盲目购买。汽车集团用户在购车时因为需求的特殊性，或因为受一些具体规定的限制，对车型和供应商的选择余地不大，这也是需求缺少弹性的一大原因。

6. 购买专业性强

汽车集团用户的购买过程是由经过专业训练的人员来完成的。这些专业人员熟悉所购汽车的特性，了解汽车质量的判别方法，具有较强的选购和比较能力。

7. 影响购买的人员众多

汽车集团用户购买决策通常由集体讨论决定，在决策前会征求技术专家、具体使用者、需求者等多方意见，决策时需要对各方面的要求与意见进行反复权衡比较，所以影响购买决策的人员众多。汽车厂商应了解影响汽车集团用户购买决策的人员有哪些，他们的具体需求是什么，在这些人员中，哪些是主要影响者，哪些是次要影响者，以抓住主要矛盾，制定营销方案。一般可将影响购买的人员分为 6 种。

① 使用者。即具体使用汽车的人员。

② 影响者。这是从企业的内部和外部直接或间接影响购买决策的人。

③ 采购者。指企业中具体执行采购决定的人。

④ 决定者。指企业里有权决定购买产品和供应商的人。

⑤ 控制者。指控制企业外界信息流向的人，诸如采购代理商、技术人员、秘书等，他们可以阻止供应者的推销人员与使用者和决定者见面。

⑥ 信息“门卫”，或者称为“把关人员”。是拥有购买特权或本来就是采购经理的人员，通常是相关问题或产品的专家。

8. 购买的行为方式比较特殊

汽车集团用户购买汽车的方式与私人购买有较大的区别，除了向汽车经销商购买以外，还可以有以下几种。

① 直接购买。汽车集团用户购买量大的时候，购买者直接向生产厂家进行采购，而不通过中间供应商。

② 互惠采购。供应商与采购者互购对方的产品，双方互惠互利。

③ 租赁。某些专用汽车的单价很高，用户也不是经常使用，用户可用租赁的方法获得使用权，同时也解决了资金困难的问题。

④ 招投标购买。这是政府机关采购时常用的一种购买方式。它通过事先公布采购条件和要求，众多的投标人按照同等条件进行竞争，招标人按照规定的程序从中选择订约方这一系列程序，真正实现了“公开、公平、公正”的市场竞争原则，公开招标，能让信息充分公开，让社会上合格的、潜在的供应商都得到平等地参与竞争的机会。

⑤ 协议供货。大宗标准化商品的采购者和供应商通过长期商业往来，形成了比较可靠的商业信用的基础，采购者同意和供应商通过协议达成长期供货合同，为此建立了此种采购方式，在西方发达国家有比较长的历史。在供货合同中，规定了商品的品种、规格、数量、供货期限、付款方式、索赔等条款。

9. 需求的波动性较大

汽车集团用户的需求受政策与宏观经济的影响较大，以至于波动性也较大。比如，政府部门为削减财政开支，实行公车改革，取消部分公务用车，改发相应的用车补贴，此举将直接减少政府机关和部分事业单位的汽车需求。企业集团在经营状况不好的时候，也会削减或推迟汽车购买。

2.4.2 汽车集团用户购买行为的类型

汽车集团用户的购买行为模式主要有 3 种类型。

1. 直接重购

是指集团用户根据过去的一贯需要，按原有的购买决策进行重复购买。这种购买行为是建立在以往的购买决策和购买经验上的一种购买行为，无须进行新的决策，是一种简单的购买行为。直接重购可以简化购买过程，节省购买者的时间，降低购买风险，保持产品与服务的一致性，是汽车集团用户比较愿意选择的一种购买方式。

影响集团用户直接重购的主要因素是需求变化与对产品服务的满意度。如果集团消费用户的需求与以往一致没有变化，而且对原有供应商的产品与服务的满意程度较高，一般会选择直接重购。

2. 修正重购

是指用户为了取得更好的采购效果而进行修正采购方案，改变产品规格、型号、价格等条件或改变新的供应商的情形。这种购买行为需要对原有的购买决策进行一定程度的修正，对新增项目进行重新决策，因而比直接重购复杂。

汽车集团消费用户修正重购的原因之一是市场需求发生变化，如某运输公司原有线路上的普通客车已不再适应市场的需要，需要改成高级客车。原因之二是原有供应商的产品质量和服务不能满足集团用户的要求，如汽车经常出现故障，而供应商相应的维修服务也没有做好，导致用户对原供应商的满意度下降，决定更换产品或供应商。对汽车经销商而言，一方面要不断提高服务质量，努力提高集团用户的满意度，另一方面要不断加大新产品的开发，以适应不断发展的市场需求。

3. 新购

是指汽车集团消费用户对所需汽车的第一次购买。新购时的购买决策是所有购买行为中最复杂的一种，因为它涉及多方面的购买决策。

新购时，因为没有先前的经验，决策的风险很高，在采购过程中需要大量的信息和广泛的参与，并有可能是一个长期、慎重的选择过程。新购用户对供应商是一个巨大的机会，因为这有可能成为将来的长期合作对象。

2.4.3 汽车集团用户的购买决策过程

汽车集团消费用户的购买决策比私人用户更加透明、更加理性。决策过程的各个阶段目的明确，任务清晰。一般可分成 8 个阶段。

① 问题识别。提出需求是企业购买决策过程的起点。需求的产生既可以是企业内部的刺激，也可以是企业外部的刺激，需求一般由使用者提出。

② 确认需求。指对所需产品的数量和规格进行确认。

③ 产品规格。指由专业技术人员对所需产品的规格、型号、功能等技术指标做具体分析，并做出详细的说明，供决策部门和采购人员参考。

④ 寻找供应商。为了选购满意的产品，采购人员要通过各种途径，选择服务周到、产品质量高、声誉好的供应商。

⑤ 征求供应建议书。对找到的能满足集团用户需求的多个候选供应商，购买者应请他们提交供应建议书，尤其是汽车这类价值高、价格贵的产品，还要求他们写出详细的说明，经过比较排除，对经过筛选后留下的供应商，让他们提出正式的说明。

⑥ 选择供应商。在收到多个供应商的有关资料后，决策部门或采购部门应根据资料选择比较满意的供应商。

⑦ 发出正式订单。企业的采购中心最后选定供应商以后，采购部开订单给选定的供应商，在订货单上列举技术说明、需要数量、期望交货期等。

⑧ 绩效评价。产品采购以后，买主会及时评估供应商的履约情况，并根据评估结果，决定今后是否继续采购某供应商的产品。在一般情况下，评估供应商主要考虑 4 个方面的因素，即质量、服务、配送和价格。

营销企业应根据汽车集团用户的不同购买类型和购买阶段采取相应的企业营销策略，如表 2-1 所示。

表 2-1　企业营销策略

购买阶段	购买类型		
	直接再采购	修正再采购	新　购
问题识别	用广告和营销人员使卖主确信问题解决的能力	名单内企业：维持原来的质量、服务水平。名单外企业：监视发展趋势	名单内企业：维持与使用者和买主的紧密关系。名单外企业：确立信任关系
确认需求	提供技术帮助和信息	强调能力、信誉和问题解决能力	同阶段 1
产品规格	提供详细的产品或服务信息以供决策	同阶段 2	同阶段 1
寻找供应商	名单内企业：维持可靠性。名单外企业：证实自己的能力	名单内企业：监视问题。名单外企业：证实能力	同阶段 1
征求供应建议书	十分理解客户问题，及时提供供应建议书	十分理解客户问题，及时提供供应建议书	及时提供供应建议书
选择供货商	同阶段 4	同阶段 4	同阶段 1
发出正式定单	同阶段 4	同阶段 4	同阶段 1
绩效评估	名单内企业：认真对待，不断改进和提高产品质量与服务。名单外企业：积极关注	名单内企业：认真对待，不断改进和提高产品质量与服务。名单外企业：积极关注	名单内企业：认真对待，不断改进和提高产品质量与服务。名单外企业：积极关注

2.4.4　影响汽车集团用户购买行为的主要因素

相比较而言，私人购车的主要影响因素来自内心，情感色彩较浓。汽车集团用户购车的主要影响因素来自外部环境和各种关系，理性色彩较浓。一般可以分成以下几种。

1. 环境因素

外部环境因素影响着集团用户的车辆需求数量、规格、档次、价格等具体内容，是影响集团用户购买决策的主要因素。外部环境包括经济运行状况、政治环境、社会舆论监督、科技进步作用等。

2. 组织因素

组织因素是指集团用户内部的组织架构、决策程序、管理制度等因素。集团用户内部组织因素不同，影响购买决策的人员和结果也会有很大的不同。

3. 人际因素

是指集团用户内部各机构不同人员之间的相互关系，主要是各购买决策的参与者之间的关系。不同参与者进行购买决策的角色和影响力不同，这与参与者在集团用户内部的地位、职权、部门、说服力有关，营销者必须充分了解不同参与者之间的相互关系，确定其在购买决策中所扮演的角色与影响力，明确自己的营销重点对象，有针对性地展开营销活动。

4. 个人因素

集团用户的购买决策最终是由具体的参与者制定的，虽然在购买决策过程中理性成分较多，个人的情感成分较少，但参与者的个人经历、喜爱偏好、受教育程度、性格特点、对风险的态度不同还是会影响最终的决策内容，特别是对供应商的选择、对采购绩效的评价等方面个人因素的影响较大。在营销过程中应考虑到决策参与者的个人因素，采取有针对性的促销和公关措施。

2.5 案例分析

【案例一】

有空间就有可能

在我国，2000 年以前的经济型轿车市场中还没有一款完全意义上的进口轿车，虽然价格便宜，但给消费者的印象是低质低价，缺乏一种具有竞争力的车型，这时通用将在海外市场上的一款欧宝车引进中国，取名赛欧，俗称小别克。别克赛欧推出后，在中国轿车市场引起很大轰动，这是通用抓住国内 10 万元轿车空白的一次成功的市场开拓。在赛欧还没有正式上市的日子里，上海通用借助新闻和公关的力量就把赛欧“10 万元家庭轿车”的概念炒作得深入人心，再加上赛欧与别克品牌的渊源，消费者对这款未曾谋面的轿车充满期待。赛欧成功地造就了 10 万元家庭轿车的概念，“制定”了中国家庭轿车的新标准，使中国的消费者知道了 10 万元的家庭轿车应该配备什么样的标准。可以说，上海通用在前期只花费了新闻公关的宣传费用，就巧妙地借助媒体的力量和自身的品牌力量将这款经济性轿车提前推向市场，产生了强烈的市场等待效应。凭借着别克的品牌效应和 10 万元轿车的概念，别克赛欧在中国轿车市场取得了巨大的成功。2001年上海通用又针对中国家庭市场推出赛欧的家庭版——赛欧SRV，将全新的汽车消费观引入中国普通的消费者心中。2002年的产销量达到5万辆，成为这一级别市场的最大赢家。

【案例二】

中国汽车的第一个售后服务品牌"Buick Care别克关怀"

有别于传统被动式的售后服务，"别克关怀"以"比你更关心你"为核心，强调售后服务的主动性，要求售后服务人员比车主更关心他的车，主动担当车主的义务汽车保养顾问，并重视车主在体验整个服务过程中的心理感受，并让每位车主都体验到别克关怀。"别克关怀"最受人瞩目的是其全新的"关怀式售后理念"，及在此基础上推出的6项标准化"关心服务"。包括：①主动提醒问候服务，主动关心；②一对一顾问式服务，贴身关心；③快速保养通道服务，效率关心；④配件价格、工时透明管理，诚信关心；⑤专业技术维修认证服务，专业关心；⑥两年或4万千米质量担保，品质关心。售后服务品牌化的进程，使售后服务更为具体化、专业化，并将原先阶段性、季节性的服务活动标准化，"别克关怀"的推出，突破了售后服务在形象上从属于销售的现状，更将汽车售后服务从传统的被动式维修服务带进主动关怀的新时代，将全新的售后服务理念落到实处，同时将加强别克品牌的市场竞争力。上海通用一系列的营销策略和举措在国内汽车市场上是领先的，这些营销战略的制定和实施在很大程度上与成功的产品策略相得益彰，并进一步提升了别克的品牌竞争力。

【案例三】

不老的桑塔纳

号称"长青树"的桑塔纳，在2007年销量表现不俗，充分证明了桑塔纳车型不老的魅力。业内人士预计，桑塔纳有望凭借性价比优势再次成为年度最畅销的车型，而这也将再次创下车市历史记录。究其原因，一方面是因为皮实耐用的口碑和维修保养的便利仍然有市场号召力；另一方面，这款最老资格的国产轿车因为达到了95%以上的国产化率，在制造成本方面具有明显的竞争优势，在同级别新车型的围攻之下，它的价格一直能够与新车型保持一定距离，使自己的地位暂时不能被其他的新车型取代。

【案例四】

不可思议的车屁股

中国人的轿车观是眼瞅着"官车"培育起来的，因为买车不容易，面子、气派得放在首位。如今，虽然轿车已经"下凡"到民间，销量也一直在蒸蒸日上，但是轿车还是难逃其社会标签的"装饰"功能。三厢车肥硕的屁股，似乎是财富的象征，并形成了中国特殊的"车屁股"文化。

10年前，没有屁股的富康尽管在"老三样"里是最好的，价格也最低，但却被摒弃在"官车"的选择之外。后来，中国迎来私家车时代，好开、好停、有自由装载空间、最适合家庭使用的两厢车，却仍然因为没有“屁股”就没有“面子”而备受冷落。

上海大众引进的两厢 POLO，是中国第一辆真正与欧美同步的车型，技术、质量都堪称精品，可是叫好不叫座。后来，一汽大众推出高尔夫，本来是一款在世界上卖得最多的车型，到中国却无声无息。

再之后，标致 307、福特福克斯、本田飞度、日产颐达，都是当今两厢车的经典，本来想让许多了解世界汽车时尚的中国年轻人也先来体验一下，可是在这些车型被引进中国后，厂家都先费时费力地“为中国人量身定做”出一个“屁股”来。

【案例五】

上帝这样选车——当前汽车消费中的决策影响因素分析

通常消费者在进行某一消费行为时会预先有个判断，可能会考虑的一些基本因素，比如自己的预算范围，所购商品的品牌、品质、性能等。不同消费者在不同产品的消费过程中，对于上面所提到的因素的决策顺序是不同的。在汽车消费中，消费者对于所购车辆的品牌、价格、性能、配置以及车辆的外观普遍非常重视，这些因素是在进行汽车消费时必须考虑的，是做出适当权衡取舍的主要因素。2004 年 9 月，零点前进咨询公司与搜狐汽车频道联合开展了关于汽车消费决策影响因素的网络调查，消费者在这些因素上的决策顺序如表 2-2 所示。

表 2-2

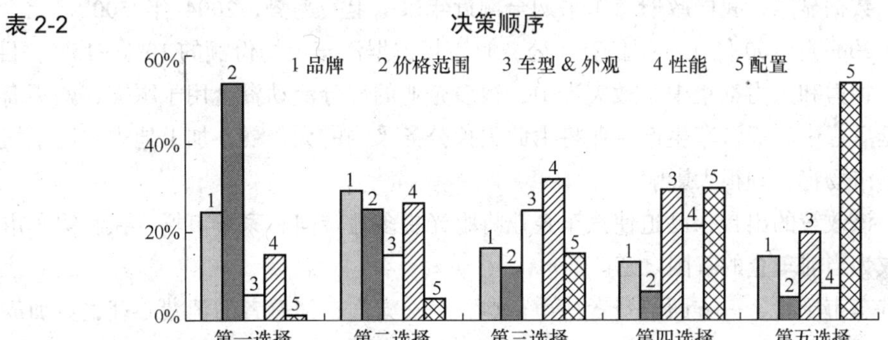

注：此题为多选题，各选项百分比之和大于 100%。

在所有参选群体第一选择的因素中，价格范围占 53.7%，其次是品牌 24.6%；在第二选择中消费者对品牌的选择占了最大比例；而在第三选择中性能比较突出地显示出来，占到 32.2%；车型、外观以及配置两个因素在第四选择上比较突出且中选率基本持平；但在第五选择的因素中，选择配置的消费者高达 53.8%。

【案例六】

女性购车群体我爱我车，怎么方便怎么来

虽然女性购车早已经不是什么新鲜事，但是由于受传统观念的影响，汽车一直被认为是更适合男人的大玩具。由于性别不同，女性在购车时的一些消费心理与男性存在着很大差异，从而造成了男性和女性钟爱的车型各有不一。事实上，为了适合更多女性消费者的口味，厂商开始努力用自己的产品讨好女性消费者。

靓丽鲜艳的颜色、灵巧可爱的造型、温馨的内饰、方便易操控的手动挡都是相当一部分女性对车辆关注的方面，这些消费特征使得一些小型车被很多女性所青睐。由于女性，尤其是年轻女性，对时尚都有很敏感的触觉，所以，融入了时尚元素的车型，对她们来说也是一种吸引。另外，大多数女性为了便于轻松驾驶都对自动挡车型更为青睐，这些都构成了女性消费者的消费特征。

在实际当中，一些厂商利用“三·八”妇女节做起了推广、促销活动，还有一些厂商专门推出了“女人车”产品，这些都说明了厂商对女性消费群体的重视和关注。一些经销商也在利用女性消费者的消费心理进行着一系列的营销活动，比如把车的外观和内饰进行相应的改装，在车中营造出一种温馨、浪漫、时尚的氛围，迎合女性消费者的需求。

【案例七】

国家严格控制公车购置 车企或将降价应对

2008 年 5 月 21 日，国务院常务会议提出，中央国家机关今年公用经费支出一律比预算减少 5%，以用于抗震救灾，还特别提出严格控制公车购置、暂停审批党政机关办公楼项目等。地震带来的连锁反应将直接导致下半年的公务车采购遭遇寒流。

汽车界有句俗话：“得公务车者得天下”，政府汽车采购市场一直是国内最大、最集中的公共消费市场。数据显示，我国政府汽车采购金额近年来呈上升趋势，2004 年 500 亿元，2005 年 600 亿元，2006 年 700 亿元。据估算，公务车市场占据汽车市场份额的 10%～15%。目前，国家的财力、物力和人力都集中于救灾当中；很多企业的部分流动资金用于赈灾，购买商务车的计划也要延后。中高级汽车生产企业将由此失掉公务采购的大蛋糕，加上地震灾区市场份额的损失，汽车市场将受到很大影响。

事实上，该政策的出台，已迫使汽车企业将眼光更多地转向私家车市场，在私家车市场寻找新突破便成为当前车企的解困之道。

从中国汽车市场看，一方面消费者持币待购，另一方面，消费者的消费心理也更加成熟，非理性消费在减少，理性消费在增加，原本供给公务车市场的中高档轿车将不得不直面严峻的市场竞争，在供求与价格的天平上进行真正的较量。面对私家车市场，中高档轿车的价格应逐步与国际接轨。

2008 年 6 月份的市场消息显示，受政府采购影响最大的中、高档车已经掀起降价潮，皇冠 3.0L 车型的优惠幅度已达 2.2 万元，2.5L 特别版车型优惠幅度加大至 1.8 万元；宝马 3 系的最高优惠幅度也增至 3 万元。中级车仍是近期的降价主力，目前多款车的降价幅度已达到万元以上，最高降幅超过 2 万元。奔腾在经销商处手动车型优惠幅度攀升至 5 000 元，自动车型优惠幅度升至 2 万元，东风本田思域全系也保持着 1.8 万元的优惠幅度。

复习思考题

1. 简述汽车消费者购买决策的内容。

2. 简述消费者购买决策的过程。
3. 影响汽车消费者购买行为的心理因素主要有哪些？
4. 一般汽车私人消费用户主要的购买动机有哪些？
5. 影响私人消费用户购买行为的环境因素有哪些？
6. 简述汽车私人消费用户的类型有哪些。
7. 简述汽车集团用户市场的特点。
8. 影响汽车集团消费用户购买行为的主要因素分为哪几类？

第3章 汽车市场细分及目标市场选择

【学习目标】

1. 了解市场细分对企业的意义
2. 了解汽车市场细分的标准与原则
3. 了解汽车市场定位的依据和策略
4. 了解什么是汽车市场营销环境
5. 掌握微观汽车市场营销环境包含的内容
6. 会分析汽车营销环境
7. 会分析目标市场选择的策略
8. 会分析汽车企业竞争策略
9. 会分析自然环境对汽车工业发展的影响
10. 会分析政治法律环境对我国目前汽车工业发展的影响

任何一个产品市场总是由众多需求各异的顾客所组成的，汽车市场更是如此。当汽车企业进入某个市场开展业务时，往往难以满足市场上全部顾客的所有需求，而是只能满足该市场上部分顾客的部分需求。因此，汽车企业在市场上不应四处出击，而应根据企业自身的条件，选择那些最有吸引力，并且本企业能为之提供最有效服务的部分市场，这就需要做市场细分（segmenting）、选择目标市场（targeting）和进行市场定位（posmonmg），即所谓的STP营销。

本章主要介绍汽车市场细分、目标市场选择、市场定位等主要内容。

3.1 汽车市场细分

3.1.1 市场细分化的概念及作用

市场细分化就是在市场调查研究的基础上，依据消费者的需求、购买习惯和购买行为的差异性，把整个市场细分成若干部分或亚市场的过程。每一个市场部分或亚市场部分，即每一个细分市场，都是一个有相似的欲望和需求的消费者群体，而分属不同细分市场的消费者的欲望需求存在明显的差异。

市场细分不是对产品进行分类，而是对消费者的需求和欲望进行分类。它是20世纪50年代中期，美国市场学家温德尔·史密斯（WendellR·Smith）在总结企业按消费者的不同需求来组织生产的基础上提出来的。这一观念的提出及其应用的客观基础在于市场需求的差异性和企业生产经营能力的局限性。千差万别的需求就要求有千姿百态的产品给予满足。而且随着科学技术和经济的发展，市场供给愈充裕，人民的生活水平愈高，需求的差异性就愈大，市场细分化的必要性也就愈大。另一方面，任何企业其生产经营能力总是有限度的，都不可能有效地满足消费者所有的不同需求偏好。因此，为了提高企业的经营效益，企业必须对总体市场进行细分，然后结合本企业的特长和优势，选择一个或几个本企业能够为之很好服务的市场部分作为企业的目标市场。

1. 市场细分的发展

市场细分的产生与发展经历了大量营销阶段、产品差异化营销阶段、目标营销阶段3个阶段。它的产生与发展具有很强的实践性，而不是纯粹的理论概念。

2. 市场细分的作用

市场细分化是企业营销观念的一大突破。通过市场细分，可以反应出不同消费者需求的差异性和类似性，从而为企业在市场营销活动过程中认识市场、选择目标市场提供依据，进而较好地满足消费者的需求，并取得企业的经营利润。具体地说，市场细分对于企业的作用主要表现在以下几个方面。

① 有利于企业发掘良好的市场机会。市场细分化是发掘市场机会的有效手段的事实，已被大量营销实践所证明。市场细分对于中小型企业尤其重要，因为中小型企业的人力、物力、财力等相对较弱，往往难以在这个市场或比较大的亚市场上同大型企业抗衡。但是中小型企业可以通过市场调查和市场细分，发现某些大企业力所不及的或不愿涉及的“经营空穴”，采取“见缝插针”、“拾遗补缺”的方法，找到适合自己发展的良机，使自己在日益激烈的竞争中能够很好地生存和发展。

② 有利于提高企业的应变能力。在市场经济的条件下，竞争作为市场经济的内在规律必然发挥作用。一个企业竞争能力的强弱要受到客观因素的影响，但通过有效的营销战略可以改变现状。采用市场细分战略是提高企业竞争能力的一个有效方法。因为，在市场细分后，可以让每一个细分市场上竞争者的优势和劣势明显地暴露出来。企业只有看准市场机会，利用竞争者的弱点，同时有效地开发自身企业的资源优势，用相对较少的资源把竞争者的顾客和潜在顾客变为本企业产品的购买者，提高市场占有率，增加竞争能力。

消费者的需求是不断变化的，进行市场细分后，使市场研究比较容易选择调查对象，并使抽样调查具有代表性，从而使企业能更迅速和准确地反馈市场上消费者的需求变化情况。一旦事情有变化，就可以不失时机地调整自己的营销战略。

③ 有利于合理利用企业的资源。任何企业的人力、物力、财力和技术资源终究是有限的。企业只有把握有限的资源和把精力集中在目标市场上，做到有的放矢，才能取得较好的经营效益。市场由不同的购买者和群体组成，是一个复杂而庞大的整体。由于购买个体和群体在地理位置、资源条件、购买习惯等方面的差异性，在同类产品市场上，会产生不同的购买行为。

显然，这些必须以市场细分为起点，通过细分市场，企业可以发现哪些市场需求已得到满足，哪些只满足了一部分，哪些仍是潜在需求。相应地可以发现哪些市场产品竞争激烈，哪些产品竞争较少，哪些产品亟待开发。

挖掘最佳的市场机会对于中小企业至关重要。因为中小企业资源能力有限，技术水平相对较低，因此在市场上与实力雄厚的大型企业相比，缺乏竞争力。通过市场细分，中小企业就可以根据自身的经营优势，选择一些大型企业不愿顾及、相对市场需求量小一些的细分市场取得较好的经济收益，在竞争中求得生存和发展。

市场营销组合是企业综合考虑价格、促销形式和销售渠道等各种因素而制定的市场营销方案。

3.1.2 汽车市场细分的标准与原则

汽车市场由购买者组成。不同的购买者有不同的欲望、不同的资源、不同的地理位置、不同的购买态度以及购买习惯。因为不同的购买者对产品的需求与欲望不同，所以每个购买者形成了一个单独的市场。因此细分消费者市场就不可能有一个绝对正确的标准和方法或固定不变的模式。各行业、各企业可采取许多不同标准和方法来细分市场，以寻求最佳的营销机会。根据长期以来细分汽车消费者市场的实践经验，影响消费者市场需求的主要因素大致可分为 4 类，即地理因素、人口因素、心理因素和行为因素。

1. 市场细分的标准

一般来说，市场的细分标准有以下几类。

（1）地理细分

人必须生活在一定的地域范围内，处在不同地理位置的消费者会产生不同的需求和爱好，并对企业的同一产品及市场营销手段产生不同的反应。即便是通用汽车公司，也会按照特定的地理市场，将自身的全球企业划分为可操作的单位。对小企业来讲，仅仅位于主要街道是不够的。它还必须向必要的消费者群体提供某种东西，不管是诱人的低价，还是高层次的消费服务。

① 地理区域。不同地区的消费者的消费习惯和购买行为，由于长期受不同自然条件和社会经济条件等的影响，往往有着较为明显的差异。如适用于环境恶劣地区的奔驰 C 级、通用大宇 scope、阿尔法 147 等越野车将有可能在边远或是地理状况较差的地区有着广阔的市场前景。

② 气候。气候的差异也会引起人们需求的差异。如我国的西藏地区地处高原，一年中温差变化较大，则可能对汽车的外观颜色及车内制冷系统有着更高的要求。

③ 人口密度。城市、郊区及乡镇的情况是不一样的。

④ 城市规模。如特大型城市、大城市、中型城市及小城市、县城、乡镇等。

跨国企业按地理细分市场，一方面是因为他们要创造一种便于管理的组织结构，另一方面还在于他们已经意识到，在全球范围内，地理界线预示着在品味、文化、生活风格、需求等其他方面的重要差异。中国的汽车市场完全有可能被开创成为一个全球最大的（2008 年上半年我国的汽车产销双超 500 万辆）潜在消费市场。但大多数企业首先要做的是将中国单一的市场细分为若干部分。

通用汽车将其全球业务按地理位置分成若干部分，充分考虑了文化多样性的影响，“当地买卖”是充分了解和服务于多样市场的最好方法。但所有建立在地理位置上的市场细分，都容易受到竞争对手的进攻，竞争对手会采取以消费者为主导的市场细分战略。

总之，地理细分的应用有其局限性。在汽车制造业，地理细分对于资源有限的组织来讲很有用。把业务局限在一个小的地理区域，随着生意的不断进步，该组织可以开发出一个“大本营”，并以此为基础逐步扩展，总的来说，地理细分是以消费者为中心的其他细分方法的基础。

（2）人口细分

人口细分将给出有关消费者个人和他的家庭的许多信息，例如年龄、性别、民族、收入、职业、经济状况和家庭结构等可测量的描述性标准。

人口统计甚至会扩展到身体大小和形状的分类。例如，在英国，超重男人占男性人口的50%，女性中有40%超重，隐藏超重提供了一个重要的市场机会。为了应付身材高大、体态丰满的人，汽车制造商也不得不做出相应的调整。

这种方法的主要优势在于，人口统计按照一定的标准提供了有关消费者的明确资料，这些资料能够被容纳到市场营销战略中去。

（3）心理细分

心理细分，也称为生活方式细分。它牵涉潜在消费者的信仰、态度、观念等变量。不仅包括人口统计特征，还包括生活态度、信仰、抱负。

经济学家把生活方式分成4类：活动、兴趣、观念、人口统计。

① 活动。活动包括人们在生活中做的所有事情，如工作、购物、度假和社会活动。其中，市场营销者感兴趣的可能包括人们的兴趣、喜爱的娱乐形式、运动兴趣等。

② 兴趣。兴趣指消费者认为什么重要，他们觉得什么更优先。“兴趣”包括离他们很近的东西，例如家庭、住宅和工作；或是他们在更广阔社区里的兴趣，包括休闲和娱乐因素，如时尚、食物和媒体。

③ 观念。观念是指对自身、社会文化事务、政治的态度和感觉。观念还包括对社会的其他影响因素，如教育、经济和商业。

④ 人口统计。前面已经详细描述了人口统计因素，包括地理人口因素，如年龄、教育、收入、职业、家庭大小、生活层次、地理方位。

（4）行为细分

以上的市场细分方法都是以消费者为中心的，但很少提到个人与产品的关系。从这个意义上进行市场细分，就是行为细分。

① 最终用途。以汽车为例，这是一种多功能产品，用途广泛，购买者因他们的需要随着用途而变化，如赛车比赛的车辆与运输货物的车辆就不一样。

② 追求的利益。与最终用途相比，这一变量有更多的心理倾向，与地理和人口细分关系密切。以一辆小汽车为例，人们从它身上追求的益处可能是实用的，也可能会有更多心理因素（“环保”、“快捷”、“外在象征”）。

③ 使用频率。不同商品的购买者绝不会以不同的频率消费。对于同种商品有重度使用者、中度使用者和轻度使用者。

④ 忠实。消费者对某一品牌的忠实是很脆弱的。因为可选择的品牌很多，竞争者设计出刺激和推销战略，削减了消费者的忠实度。例如，其他厂商同等品牌惊人地相似，但价格很低。消费者因此对价格变得很敏感，深受影响。例如，我国汽车市场中的“奇瑞 QQ”和上汽通用五菱产出的“SPARK”两款车，在外形上，这两款车很相似，但是“奇瑞 QQ”基本配置报价只要2万元，而上汽通用五菱的“SPARK”基本配置报价4万元，消费者纷纷转向购买“奇瑞

QQ”。当然这两款车在性能上有较大的差距。

⑤ 购买准备阶段。为了使消费者更加接近购买行为，需要提高潜在消费者对产品的兴趣，传播一些信息，刺激对方对产品的兴趣。消费者肯定产生对产品的欲望，这反过来刺激了行动，也就是购买活动。

行为细分方法密切关注潜在消费者和产品之间的关系，这一市场细分方法的优势就是，如果市场营销战略得当，可以使消费者成为“品牌转换者”。

市场细分并不是把单一的标准拿来细分市场，而是把其中几个标准组合起来进行细分。

2. 市场细分的原则

企业可根据单一因素，也可根据多个因素对市场进行细分。成功、有效的市场细分应遵循以下基本原则。

① 可衡量性。指细分的市场是可以识别和衡量的，亦即细分出来的市场不仅范围明确，而且对其容量大小也能大致做出判断。

② 可进入性。指细分出来的市场影视企业营销活动能够抵达的，也就是企业通过努力能够使产品进入并对顾客施加影响的市场。一方面，有关产品的信息能够通过一定媒体顺利传递给该市场的大多数消费者；另一方面，企业在一定时期内有可能将产品通过一定的分销渠道运送到该市场。否则，该细分市场的价值就不大。比如，生产冰淇淋的企业，如果将我国中西部农村作为一个细分市场，恐怕在一个较长的时期内都难以进入。

③ 有效性。即细分出来的市场，其容量或规模要达到足以使企业获利。进行市场细分时，企业必须考虑细分市场上顾客的数量，以及他们的购买能力和购买产品的频率。如果细分市场的规模过小，容量太小，细分工作繁琐，成本消费大，获利小，就不值得去细分。

④ 对营销策略反应的差异性。指各细分市场的消费者对同一市场营销组合方案会有差异性反应，或者说对营销方案的变动，不同细分市场会有不同的反应。如果不同细分市场顾客对产品需求差异不大，企业就不必费力地对市场进行细分。另一方面，对于细分出来的市场，企业应当分别制定出独立的营销方案。如果无法制定出这样的方案，便不必进行市场细分。

3.1.3 汽车市场常用的细分方法

随着中国汽车市场的成熟，细分市场逐渐成为各厂家竞争时关注的焦点。无须承受产品降价后的利润损失，只要留心消费者的各种不同需求，把产品做到更加细分的市场中，也就是“只有想不到的，没有做不到的”。近年来，做好细分市场使很多厂家都脱颖而出。

细分汽车市场的标准。

① 按汽车产品大类的划分标准，汽车市场可以分为轿车市场、商用汽车市场。

② 按我国汽车产品类型的传统划分标准，汽车市场可以分为载货汽车市场、越野汽车市场、自卸车市场、专用车市场、特种汽车市场、客车市场、轿车市场。

③ 按汽车产品的性能特点，汽车市场可以分为重型汽车市场、中性汽车市场、轻型汽车市场、微型汽车市场。

④ 按汽车产品的完整性，汽车市场可以分为整车市场、部件市场、配件市场。

⑤ 按汽车燃料，汽车市场可以分为汽油车市场和柴油车市场。

⑥ 根据汽车销售时的新旧程度，汽车市场可以分为新车市场、旧车市场、拆车市场。此外，还可以按照地理、气候、地域、用途等细分汽车市场。

3.1.4 目标市场的进入方式

目标市场指的是企业决定的、具有共同需要或特征的购买者集合。不同的细分市场被评价后，企业需要决定选择什么细分市场，这就是目标市场选择问题。企业可以选择无差异营销、差异性营销的任一种市场覆盖战略。

1. 无差异营销

无差异营销指企业不考虑细分市场的差异性，对整个市场只提供一种产品。企业的产品针对所有消费者的共同需求，不考虑不同需求。企业设计出能吸引购买者的产品及营销方案，依靠大规模分销和大众化的广告在人们的心目中树立健康的产品形象。无差异营销能够节约成本，产品生产线能降低生产、库存的风险和运输成本。无差异性广告运动则能够降低促销费用。由于不必做细分市场调查和规划，降低了市场调研和产品管理成本。

2. 差异性营销

差异性营销是指多个市场营销组合共同发展，每个组合服务于不同的细分市场。例如，福特生产各类汽车，涵盖了许多不同的细分市场——福克斯（Focus）价格最低，通常是为年轻的女司机而设计的；斯科尔皮奥（scorpio）价格较高，为经理主管人员设计。

与集中战略一样，让企业依照个别细分市场来配置自己的产品，一直到市场满意为止。它克服了集中战略的一个问题，将风险在整个市场内部进行分摊，如果一个市场失败，组织仍有来自其他市场的收入。

它尽量为多个产品实现多个营销组合，这会导致成本上升，而且也可能会丧失规模经济的优势。

3. 集中性营销

这种营销战略特别适合于企业资源有限的情况。集中型营销是小型的新型企业与财大气粗的企业竞争时取得立足点的极好办法。通过集中性营销，企业能够在它所服务的细分市场中取得很强的市场地位，集中性营销包含着高于一般营销的风险。

3.2 汽车市场定位

企业在决定进入某个细分市场之后，还必须决定在这些市场中想取得什么样的地位。产品的地位是指与竞争产品相比，该产品在消费者心目中的地位。在汽车市场上，“丰田雄鹰”和“Suburn”被定位为经济型，“默希迪斯”和“卡迪拉克”为豪华型，“保时捷”和“宝马”为性能型，“富豪”的地位着重强调安全。

消费者面对过多的产品和服务信息，根本无法重新估价产品。为了简化购买过程，消费者在心目中为产品、服务和企业定位进行分门别类。营销商为了更好地满足消费者需求，必须设计出在目标市场中能够为产品带来最大优势的市场定位和市场营销组合。

3.2.1 汽车市场定位的策略

汽车市场定位遵循以下战略。

① 根据产品的特点对产品进行定位。例如，本田在广告中宣传它的低价，宝马在促销中宣传它良好的性能。

② 根据产品性能对产品进行定位。

③ 根据使用场合对产品进行定位。

④ 根据使用阶层进行定位。

产品的定位还可以直接针对竞争者，也可以避开竞争者。

3.2.2 汽车市场定位的方法

企业选择市场定位战略通常比较容易。在许多情况下，两个或更多的企业会采取同一种市场定位。因此，每个企业必须建立一套独一无二的竞争优势使自己有别于其他企业，从而充分吸引细分市场中的消费者。

市场定位包括3个步骤：识别可能性的竞争优势，选择合适的竞争优势，传达选定的市场定位。

1. 识别可能的竞争优势

消费者一般都选择那些给他们带来最大价值的产品和服务。因此，赢得和保持顾客的关键是比竞争者更好地理解顾客的需要和购买过程，以及向他们提供更多的价值。

企业可以把自己的市场定位确定为：向目标市场提供优越的价值，从而赢得竞争优势。如果企业的产品具有最好的质量和服务，那么就必须提供所承诺的质量和服务。所以，市场定位使企业营销有别于竞争者，给消费者带来更多的利益。

企业可以按产品差异、服务差异、人员差异和形象差异4个方面进行区别。

2. 选择合适的竞争优势

企业需要发现并选择自身潜在的竞争优势，建立市场定位战略。

企业在做促销时，从“最好的质量”、“最优的服务”、“最低的价格”、“最佳的价值”以及“最先进的技术”等几个方面进行挖掘，围绕其中的一个特点进行宣传，坚持不懈，突出特色，从而被消费者认可。

总的来说，企业要避免出现3种市场定位错误。第1种是定位过低；第2种是定位过高；第3种是定位混乱，即避免给购买者一种混乱的企业形象。

3. 传达选定的市场定位

一旦选定好市场定位，企业必须采用切实步骤把理想的市场定位传达给目标消费者。企业所有的市场营销组合必须支持这一市场定位战略。给企业定位要求具有行动而不是空谈。如果企业决定的市场是更高和更好的质量和服务，那么它必须实现这个定位。设计市场营销组合，即产品、价格、分销及促销手段，必须包括设计出市场定位战略的策略性细节。

企业制定一个好的市场战略比实施战略容易，建立或改变市场定位通常需要很长的时间，但丢失市场定位很快。一旦企业建立起理想的市场地位，必须紧密监督并适时修改市场定位，以紧随消费者的需要和竞争者战略的变化。但是，企业应避免突发性变更，突发性变更会使消费者感到困惑。此外，产品的定位应逐渐地演变，以适应不断变化的市场营销环境。

3.3 汽车营销环境

研究市场营销环境是汽车生产企业制定营销策略的前提。任何一家汽车生产企业的市场营销活动，都会受到来自企业外部环境的影响。这些环境会随着时间、地点的转移而不断变化，不断给企业带来新的发展机遇和威胁。本章主要对汽车营销环境进行概括分析，使读者了解汽车市场环境对营销活动的影响，提高企业适应环境的能力。

3.3.1 市场营销环境概述

1. 什么是市场营销环境

市场营销环境是企业生存和发展的条件，是指影响企业营销活动和营销目标实现并与企业营销活动有关系的各种因素和条件。菲利浦·科特勒认为："企业的营销环境是由企业营销管理职能外部的因素和力量组成的。这些因素和力量影响营销管理者成功地保持和发展同其目标市场顾客交换的能力。"也就是说，市场营销环境是指与企业有潜在关系的所有外部力量与机构的体系，它包括宏观环境和微观环境。宏观环境是指一个国家或地区的自然、政治法律、人口、经济、社会文化、科学技术等影响企业营销活动的宏观因素；微观环境是指企业内部条件，包括企业的顾客、竞争者、营销中介、社会公众等对企业营销活动有直接影响的因素。宏观环境和微观环境是市场环境系统中不同的层次，所有的微观环境都受宏观环境的制约，而微观环境对宏观环境也有影响。企业的营销活动就是在这种外界环境相互联系和作用的基础上进行的。

市场营销环境是一个不断完善和发展的概念，随着商品经济的发展，发达国家的企业越来越重视对市场环境的研究。企业只有不断地适应各种营销环境的变化才能顺利地展开营销活动，在营销实践中除对营销环境进行科学的研究和预测外还要掌握科学的分析方法，寻找营销机会，避免环境的威胁，及时调整营销策略，使企业的营销活动不断适应变化的营销环境。

2. 汽车市场营销环境的特点

汽车产业作为各国国民经济的支柱产业，对宏观环境与微观环境的变化反应非常敏感。一般来说，汽车市场营销环境有如下几个特点。

① 差异性。汽车市场营销环境的差异性一方面表现在不同汽车企业受不同环境的影响，另一方面同一种环境的变化对不同汽车企业的影响也不相同。相应地，汽车企业为适应营销环境的变化所采取的营销策略也各不相同。

② 多变性。构成汽车市场营销环境的要素是多方面的，不同的要素在不同的时空范围内又会随着社会的发展而不断变化。这些要素的变化是不以人的意志为转移的，多变性是汽车市场营销环境的一个永恒的特性。

③ 相关性。汽车市场营销环境既然是由多方面要素组成的，不是由某一个单一要素决定的，这些要素之间相互作用，相互影响，共同决定着营销环境的变化。比如，目前老百姓关心的汽车价格就不仅仅受市场供求关系影响，而且还要受到汽车企业技术进步水平、原材料价格水平和国家相关税费的影响。

④ 动态性。汽车市场营销环境是在不断变化的，而且当前汽车市场营销环境的变化速度不断加快。每一个汽车企业作为一个小系统都与市场营销环境这个大系统处在动态的平衡之中。一旦环境变化，平衡便被打破。

3.3.2 汽车销售的宏观环境

宏观市场环境，是企业外在的不可控制的因素。企业市场营销环境的宏观环境十分复杂，它不断地制造市场营销机会与威胁。成功的企业总是那些能在纷繁复杂的宏观环境中意识到尚未被满足的需要和趋势并能及时做出盈利反应的企业。

所有的汽车公司及其参与者都是在一个很大的宏观环境中运作的，这个环境的各种因素，如图 3-1 所示。

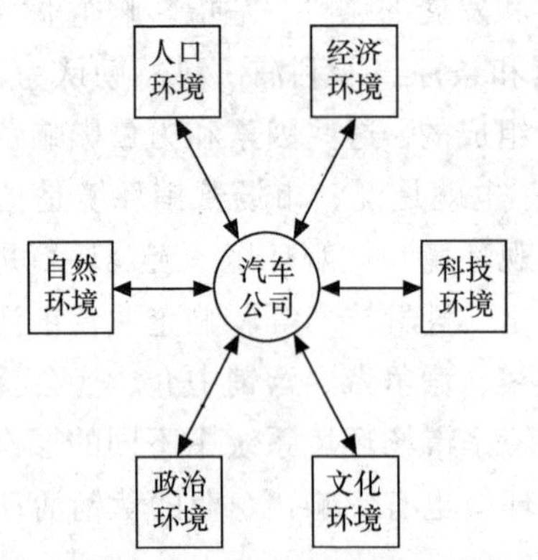

图 3-1　汽车营销宏观环境中的主要因素

1. 人口环境

人口学是对人类的数量、密度、分布、年龄、性别、种族、职业和其他统计数据的研究。

世界人口增长迅速，资源短缺、污染、拥挤和整体生活质量下降是人口增长带来的主要问题。

就购买力而言，人口的增长意味着市场机会的增加，营销商应时刻关注国内外市场人口的变化与发展。

人口环境对汽车市场营销产生影响的主要因素有：人口年龄结构、家庭结构、地理位置、人口变化、受教育程度等。

2. 经济环境

经济环境（Economic Environment）包括那些能够影响顾客的购买力和消费方式的因素。

对汽车市场产生影响的主要因素有如下两个。

① 收入的变化。我国的经济水平和人均收入水平逐年提高，对汽车市场的影响也是越来越大，随着各项政策的出台，轿车进入家庭也是必然趋势，家庭购车已经成为汽车销售上门最为关注的问题。

② 变化中的消费支出方式。收入、生活费用、利息、储蓄、消费比例等的变化对市场影响很大。公司通过经济预测来观察这些变量的变化，在经济环境的变化中发现机遇。

3. 自然环境

自然环境是影响企业营销活动的基本因素，它是指影响社会生产的自然因素，主要包括自然资源和生态环境。在生态平衡不断遭到破坏、自然资源日渐枯竭、污染问题日益严重的今天，环境已成为涉及各个国家、各个领域的重大问题，环保呼声越来越高。从市场营销角度来讲，自然环境的发展变化已给企业带来严重的威胁，也造成了市场机遇与挑战的并存。自然环境对汽车企业市场营销的影响主要表现在以下几个方面。

（1）地理环境与汽车的市场营销

汽车是所有机械设备中对地理环境最为依赖的机器。奔驰在广袤无际的平原与蜿蜒曲折的山地，无论如何都不会是一种感觉。显然，只有适应当地地理环境的汽车才会受到消费者的欢迎。

华东是我国经济发达地区，轿车的需求量很大。同时，由于地域的关系，上海轿车的产品销售在这里占据了明显的优势。但是，一汽投放华东地区的奥迪轿车，上海市的购买量就占了将近一半。江、浙两省的销售量也明显上升。显然，奥迪的成功，是与其目标市场的高层次定位分不开的。但是，对于华北、西北和青藏高原来说，二汽生产的东风卡车却具有不可动摇的地位。显然，东风的成功，也是与其目标市场的高性能定位分不开的。

为了使汽车更好地适应目标市场的地理环境，汽车生产厂家不但要针对地理环境进行设计，而且要针对驾驶环境进行测试。在西方发达国家的某些汽车生产厂家，有时还借助高新技术虚拟驾驶环境为汽车设计取得资料。世界上最大的汽车内部系统制造商之一的约翰逊控制装置公司，曾经投资办了自己的“舒适工程中心”。该中心的核心装置是一台汽车驾驶模拟装置，可以模拟不同条件下的汽车行驶环境，如道路上的景象、声响以及汽车的承受力和减震性等。这种虚拟驾驶环境作为一种拟真的产品研制手段，可以为产品开发人员切身体验怎样把汽车设计得更为舒适提供更好的条件。

（2）交通状况与汽车的市场营销

汽车不但对地理环境具有较高的依赖性，而且对交通状况具有更高的依赖性。交通畅通者与交通闭塞者相比，显然更能促进汽车的生产和消费。

交通状况如何，不但影响汽车的消费需求，而且影响消费的汽车车型。将精美、华贵、巨大、笨重的拖屋汽车开进弯弯曲曲的田间小路里显然是不可能的。讲到这里，人们显然会自然而然地想到“要想富先修路”的名言。但是，这里的问题是，人们不但要坐车，尤其要吃饭。在我国，土地利用与交通建设的矛盾越来越突出。汽车的发展要有限度，超过了“度”就会走向其反面；道路建设也要有限度，超过了“度”也会走向其反面。至于解决的方法，前者要着眼于公共交通，后者要着眼于高速公路。公共交通和高速公路的结合，将是现代社会物质文明和精神文明的理想结合。

除此以外，资源状况，如生产汽车的原料和材料等也会影响汽车的市场营销。过去，人们习惯于就地取材，而现在，人产则开始从成本和质量的角度来考虑生产汽车的原料和材料。

汽车工业越发达，汽车普及程度越高，汽车生产消耗的自然资源就越多。汽车制造原料短缺，能源成本增加。自然矿产资源日益短缺，近年来，铁矿石的总供给能力已无法满足钢铁冶炼的需要，这对汽车企业的市场营销活动过程是一个长期的约束条件。生态与人类生存环境总的趋势日趋恶化，政府环境保护日趋严格，汽车的大量使用又明显地产生环境污染，因而环境保护对汽车的性能要求就越来越严格，这既是汽车企业发展的威胁，又是一次发展的机会。

汽车企业在立足企业发展基础之上，既要保证企业可获利发展，又要保护资源与环境，企业可实行可持续发展战略，达成社会与自然协调的主要对策如下。

依靠科技进步节约自然资源，提高自然资源的综合利用率。例如，二战后，世界汽车工业在科技进步的作用下，大量的轻质材料、电控技术被用于汽车工业，平均每辆汽车消耗的钢材量呈下降态势，汽车自重减轻。加强对汽车节能、改进排放等新型技术的研究与利用，寻求合理的替代资源。例如，汽车燃油电喷技术，主动与被动排气技术等都是世界汽车适应自然环境变化的产物，研发零污染或低污染的新能源与清洁汽车技术将为汽车环境做出贡献。澳大利亚举行了一次奇特的汽车比赛，形形色色的太阳能汽车，日出而赛，日落而息，不用一滴燃油就跑完了全部的赛程。

另外，就汽车使用环境来讲，包括气候、地理、车用燃油、城市道路交通建设等因素。气候，气候条件对汽车使用时的起动、冷却、润滑、充气效率、制动等性能以及对汽车机件的正常运转和使用寿命均会产生直接影响，因而汽车企业在市场营销环境中应向目标市场推出适合当地气候特点的汽车，并做好售后服务，以使用户科学地使用本企业的产品和及时地解除用户的使用困难。地理，这里指的地理环境主要包括一个地区的地形地貌、山川河流等自然地理因素和交通运输结构等经济地理因素，二者相互作用影响汽车企业营销。

第一，经济地理的现状及其变化，决定了一个地区公路运输作用和地位的现状和变化，它对企业寻找目标市场以及目标市场环境的规模、需求特点产生影响。

第二，自然对经济地理，尤其是对公路质量（如道路宽度、坡度、弯度、平坦度、表面质量、坚固度、隧涵及道路桥梁等）具有决定性影响，从而对汽车产品的具体性能有着不同的要求。因而汽车企业应向不同地区推出具有针对性的汽车产品。车用燃油。车用燃油是汽车环境的重要因素，它包括汽油和柴油两种成品油。汽车燃油对汽车营销的影响如下。

① 车用燃油受世界石油资源不断减少的影响，对汽车企业市场营销及汽车工业发展起着很强的制约作用。例如，两次石油危机给世界汽车工业以严重冲击，全球汽车产销量在石油危机中大幅度下降。

② 车用燃油中汽油和柴油的供给比例影响到汽车工业的产品结构，进而影响到汽车企业的产品结构。

4. 技术环境

技术环境可能是目前影响人类命运的最引人注目的因素，新技术创造新的市场和机遇。自1886年世界上第一辆汽车发明以来，经过100多年的发展，汽车上应用的技术也日新月异。各种原来用在军事上、航天上的发明都逐渐用在民用的汽车身上，例如ABS、SRS、AT、GPS、EFI等电子或计算机控制技术。新技术的出现以及价格的下降使得汽车的发展更加快速。

5. 政治环境

营销决策在很大程度上受政治环境变化的影响。政治环境指在特定的社会中影响各个组织和个人的法律、政府机构和集团。

政府能制定和实施与宏观经济有关的政策，它们反过来又影响市场、企业和消费者。下面只讨论其中的几种政策。

① 税收。税收可以是直接的，也可以是间接的。直接税收，例如收入税，减少了金钱的数量，即一个家庭可以花在企业提供的产品和服务上的收入。间接税，例如购买税或增值税（VAT），或者购置费。我国的汽车购置费就高达10%。

② 政府开支。政府和其他企业一样，也购买商品和服务，不过购买的规模更大。这样大的购买能刺激经济发展，也能使经济跌入萧条。如果一个政府决定采取削减开支的政策，工业可能会受到沉重打击。中国政府在20世纪90年代中期降低通货膨胀的手段就大大减慢了各种基本建设的发展速度。

③ 利率。政府的经济政策影响着利率，后者会给消费者和企业都带来冲击。对于许多消费者来说，利率上升的一个最严重后果在他们贷款的月偿还额上升。利率上升还会阻碍他们通过分期付款购买大件贵重商品。例如，一个消费者想买某个品牌的新汽车，他可能会考虑他能买得起多贵的车。为了减少购买中的这种可能障碍，许多汽车销售商同信用公司达成协议，为汽车购买者提供贷款。

④ 国际贸易集团。政府也同国际贸易集团的成员国一起，协商国际贸易协定的范围、期限和条件。例如，欧盟成员国之外的企业发现，他们越来越难以将产品销往欧盟国家。

除了正式贸易集团之外，企业还经常受到贸易协定的影响。这些贸易协定有的是贸易保护主义的，因为它们试图使国内生产商免受进口商品的冲击。有的协定则努力促进国家之间的贸易自由。例如，日本同意在将汽车销售到欧美时，实施自愿出口约束（VER）。这有助于对日本进口增加配额，以保护欧美国家的国内汽车生产。

⑤ 竞争对手。从现有的贸易保护壁垒和行业的全球化程度来看，中国的汽车业将是受冲击最大的行业。加入WTO将使国际汽车巨头加快进入中国市场的步伐，增强渗透和抢占中国市场的力度。这一切将极大地改变中国汽车市场的竞争格局，使中国的汽车产业和汽车市场融入全球汽车产业体系和市场体系之中。中国的汽车企业必须审时度势，在与国际汽车巨头的合作中，利用贴近中国汽车消费者的先天优势，尽快培育自己的核心竞争力，才能在未来的汽车竞争格局中掌握主动权。

纵观世界汽车产业发展史，曾经发生过两次热点地区转移。第1次是20世纪20年代，伴随着福特汽车革命，全球汽车产业重心从欧洲转移至北美。第2次发生在20世纪70年代，日本汽车产业的崛起使得世界汽车产业发展热点又从美国转移到日本。目前，全球汽车热点地区正出现第 3 次转移的趋势。

在这种条件下，传统的汽车生产大国通过跨国兼并重组，迅速将跨国公司转换为全球公司，发掘和抢占新兴市场并将其纳入全球体系，利用其规模经济效益，提高整体投资收益率就成为其必然选择。因此全球汽车热点地区便可能从发达国家转移至新兴市场国家。作为新兴市场的代表，中国将会成为可能性最大的国家之一。

汽车热点地区的转移不仅会引起世界汽车产业一系列具有深远意义的变化，而且还会对加速改革开放中的中国汽车市场格局产生直接影响。

6. 文化环境

文化环境包括影响一个社会的基本价值、观念、偏好和行为的风俗习惯和其他因素。人们成长于特定的时期和地区，这种条件塑造了人们的基本信仰和价值观，确定他们与周围人们的关系的世界观也随之形成。

在当今社会，分期付款、各类贷款和信用卡，为人们提供了实现梦想生活方式的途径，老一代的人可能更倾向于“你必须攒钱，然后在你能付得起钱时，才用现金购买它”。今天的消费者则更倾向于通过提前消费来实现自我满足。

3.3.3 汽车营销的微观环境

营销部门的工作就是通过创造顾客价值和满意度来吸引顾客并联系。他们的成功离不开公司的微观环境，公司微观环境的主要因素包括公司自身、供应商、市场中介、消费者、竞争对手和各种公众因素。这些因素构成了公司的价值传递系统，如图 3-2 所示。

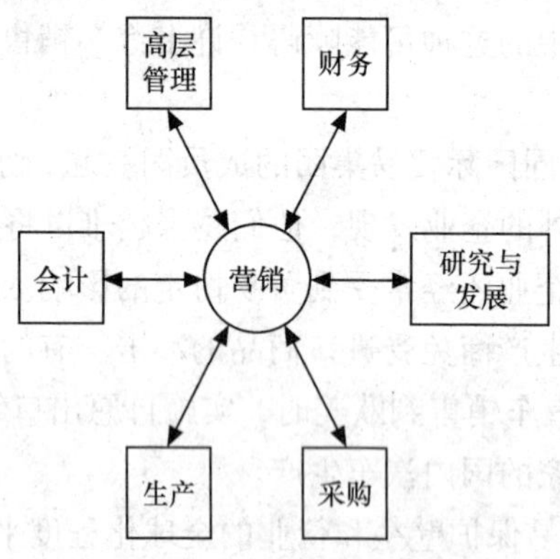

图 3-2 微观环境的主要因素

1. 公司

在制定营销计划时，营销部门应兼顾公司的其他对手部门，如最高管理层、财务、研究与开发、采购、生产、会计等部门。所有这些相互关联的部门构成了公司的内部环境。高层管理部门负责制定公司的使命、目标、总战略和政策。营销部门依据高层管理部门的规划来做决策和实施经营计划。

营销部门同样必须与公司的其他部门密切合作。财务部负责寻找实施营销计划所需的资金；研究与开发部门负责研究产品；采购部门负责供应原材料；生产部门负责生产质量和数量都合格的产品；会计部门负责核算收入与成本，以便管理部门了解是否实现了预期目标。

2. 供应商

供应商是公司“价值传递系统”中的重要环节。他们能提供公司生产产品及提供服务所需的资源。供应商的变化对营销有重要的影响。营销部门必须关注供应商短缺或延迟、工人罢工及其他因素。这些因素在短期内会影响销售，而长期内会影响顾客的满意度。营销部门还必须关注公司主要原料的几个趋势，供应成本上升将使公司产品价格上升，从而影响公司的销售额。

3. 市场中介

市场中介帮助公司将其产品促销、销售并分销给最终购买者。市场中介包括经销商、货运储运商、营销服务机构和金融中介。同供应商一样，市场中介也是公司的整个价值传递系统的重要组成部分。在使顾客满意的努力中，公司不仅要使自己的业绩最好，而且要与供应商和市场中介建立有效的伙伴关系，以使整个系统取得最佳业绩。

4. 消费者

公司应仔细研究其消费者市场。消费者市场由个人和家庭组成，他们仅为自身消费者而购买商品和服务。企业市场购买产品是为了转卖，以获得利润。政府市场由政府机构构成，购买产品和服务以服务公众或作为救济发放。最后是国际市场，由其他国家的购买者构成，包括消费者、生产商、经销商和政府。每种市场都有各自的特点，销售人员需要对此进行仔细研究。

5. 竞争对手

一个公司要获得成功，就必须比竞争对手做得更好，让顾客更满意。因此，营销部门不仅要考虑目标顾客的需要，而且要在消费者心里留下更好的印象，以赢得战略上的优势。

根本不存在对所有公司都能使用的战略。每个公司都应考虑与竞争对手相比自己独特的公司规模与市场定位。在市场占绝对优势地位的大公司使用的战略，小公司就不一定适用。但紧靠规模的优势是不够的，某些战略可以使大公司制胜，但有些战略也可以使大公司惨败。小公司也可以采用一些大公司无法采用的高回报的营销战略。

6. 公众

公众是指对一个组织实现其目标的能力有兴趣或有影响力的任何团体。按类型可以分为金融公众、媒体公众、政府公众、市民行动公众、当地公众、一般公众及内部公众 7 类。

一个公司在制定针对顾客的营销计划时，也应制定针对其主要公众因素的营销计划。假想公司希望从某个特定的公众那里得到特别的回应，如信任、赞扬、时间或金钱的帮助，公司就需要针对这个公众制定一个具有吸引力的计划以实现其目标。

3.4 汽车企业竞争战略

汽车制造企业的竞争根据企业的自身条件、规模以及市场的认可，在制定竞争策略时可以分为企业的一般竞争战略和处于不同地位的企业竞争战略。

3.4.1 企业的一般竞争战略

汽车行业是指生产相互可代替汽车产品的厂商群。汽车行业内的竞争状态取决于 5 种基本的竞争势力，即新参加竞争的厂商、替代产品的威胁、买方的讨价还价能力、供应方的讨价还价能力以及行业现有竞争者之间的抗衡。为了能在行业中超过所有的竞争者，企业可以选择以下 3 种互相有内在联系的一般竞争战略，即成本领先战略、差异化战略和集中战略。

1．成本领先战略

成本领先战略是指通过有效的途径，使企业的全部成本低于竞争对手的成本，以获得同行业平均水平以上的利润。在 20 世纪 70 年代，随着经验曲线概念的普及，这种战略已经逐步成为企业共同采用的战略。实现成本领先战略需要有一整套具体政策，即要有高效率的设备，积极降低经验成本、紧缩成本和控制间接费用以及降低研究开发、服务、销售、广告等方面的成本。要达到这些目的，必须在成本控制上进行大量的管理工作。

（1）成本领先战略的优点

只要成本低，企业尽管面临着强大的竞争力量，仍可以在本行业中获得竞争优势，原因如下。

① 在与竞争对手的斗争中，由于企业处于低成本地位上，具有进行价格战的良好条件，即使竞争对手在竞争中处于不能获得利润、只能保本的情况下，本企业仍可获益。

② 面对强有力的购买者要求降低产品价格的压力，处于低成本地位的企业仍可以有较好的收益。

③ 在争取供应商的斗争中，由于企业的低成本相对于竞争对手具有较大的对原材料、零部件价格上涨的承受能力，能够在较大的边际利润范围内承受各种不稳定经济因素所带来的影响；同时，由于低成本企业对原材料或零部件的需求量大，因而为获得廉价的原材料或零部件提供了可能，同时也便于和供应商建立稳定的合作关系。

④ 在与潜在进入者的斗争中，那些形成低成本地位的因素常常使企业在规模经济或成本优势方面形成进入障碍。

⑤ 在与代替品的斗争中，低成本企业可用削减价格的办法稳定现有顾客的需求，使之不被替代产品所代替。当然，如果企业要长时间地巩固企业现有的竞争地位，还必须在产品及市场上有所创新。

（2）成本领先战略的缺点

① 投资较大。企业必须具备先进的生产设备，才能高效率地进行生产，以保持较高的劳动

生产率，同时，在进攻型定价以及提高市场占有率而形成的投资亏损等方面也需进行大量的预先投资。

② 技术改革会导致生产过程工艺和技术的突破，使企业过去大量投资和由此产生的高效率一下子丧失优势，并给竞争对手造成以更低成本进入的机会。

③ 将过多的注意力集中在生产成本上，可能导致企业忽视顾客需求特性和需求趋势的变化，忽视顾客对产品差异的兴趣。

④ 由于企业集中大量投资于现有技术及现有设备，增大了退出障碍，因而对技术的采用以及技术的创新反应迟钝甚至采取排斥态度。

（3）成本领先战略的适用条件

成本领先战略是一种重要的竞争战略，但是，它也有一定的适用范围。当具备以下条件时，采用成本领先战略会更有效力。

① 市场需求具有较大的价格弹性。

② 所处行业的企业大多生产标准化产品，从而使价格竞争成为决定企业市场地位的一种手段。

③ 实现产品差异化的途径很少。

④ 多数客户以相同的方式适用产品。

⑤ 用户购物从一个销售商改变为另一个销售商时，不会发生转换成本，因而特别倾向于购买价格最优惠的产品。

2. 差异化战略

所谓差异化战略，是指为使企业的产品和竞争对手的产品有明显的区别、形成与众不同的特点而采取的战略。这种战略的重点是创造被全行业和顾客视为独特的产品和服务以及企业形象。实行差异化的途径多种多样，如产品设计、品牌形象、技术特性、销售网络、用户服务等。如美国卡特彼勒履带拖拉机公司，不仅以有效的销售网和可随时提供良好的备件出名，而且以质量精良的耐用产品远近闻名。

（1）差异化战略的优点

只要条件允许，产品差异是一种可行的战略。企业奉行这种战略，可以很好地防御 5 种竞争力量，获得竞争优势。

① 实行差异化战略是利用了顾客对其特色的偏爱和忠诚，由此可以降低对产品的价格敏感性，使企业避开价格竞争，在特定领域形成独家经营的市场，保持领先。

② 顾客对企业（或产品）的忠诚度形成了强有力的进入障碍，进入者要进入该行业，则需要花很大力气去破坏这种忠诚性。

③ 产品差异可以产生较高的边际收益，增强企业对付供应者讨价还价的能力。

④ 由于购买者别无选择，对价格的敏感度又低，企业可以运用产品差异战略来削弱购买者的讨价还价能力。

⑤ 由于企业具有特色，又赢得了顾客的信任，在特定领域形成独家经营的市场，便可在与代用品的较量中，比其他同类企业处于更有利的地位。

（2）产品差异化战略的缺点

① 保持产品的差异化往往以高成本为代价，因为企业需要进行广泛的研究开发、产品设计、购买高质量原料和争取顾客支持等工作。

② 并非所有的顾客都愿意或能够支付产品差异所形成的较高价格。同时，买主对差异化所支付的额外费用是有一定支付极限的，若超过这一极限，低成本、低价格的企业与高价格差异化产品的企业相比就显示出竞争力。

③ 企业要想取得产品差异，有时要放弃获得较高市场占有率的目标，因为其排他性与高市场占有率是矛盾的。

（3）差异化战略的适用条件

① 有多种使产品或服务差异化的途径，而且这些差异化被某些用户视为有价值的。

② 消费者对产品的需求是不同的。

③ 奉行差异化战略的竞争对手不多。

以上讨论了成本领先战略和产品差异化战略，那么，这两者之间存在什么关系？在这两种战略中如何做出选择呢？1980 年 10 月，美国的威廉·霍尔教授曾分析了美国钢铁、橡胶、重型载货汽车、建筑机械、轿车、大型家用电器、啤酒、卷烟 8 个行业的实际情况，对这些行业的 64 家大型企业的经营战略进行了分析对比，结果表明，许多成功的企业有一个共同的特点，就是在确定企业竞争战略时都是根据企业内外环境条件，在产品差异化、成本领先战略中选择一个，从而确定具体目标、采取相应措施而取得成功。当然，也有一个企业同时采取两种竞争战略而成功的，如经营卷烟业的菲利浦·莫尔斯公司，依靠高度自动化的生产设备，取得了世界上生产成本最低的好成绩，同时它又在商标、销售促进方面进行巨额投资，在产品差异化方面取得成功。但一般来说，不能同时采用这两种战略，因为这两种战略有着不同的管理方式和开发重点，有着不同的企业经营结构，反应了不同的市场观念。

3. 集中战略

集中战略是指企业把经营的重点目标放在某一特定购买者集团，或某种特殊用途的产品，或在某一特定地区上建立企业的竞争优势及其市场地位。由于资源有限，一个企业很难在其产品市场展开全面的竞争，因而需要瞄准一定的重点，以期产生巨大有效的市场力量。此外，一个企业所具备的不败的竞争优势，也只能在产品市场的一定范围内发挥作用。例如，天津汽车工业公司对进口轿车和合资企业生产轿车的竞争，将经营重心放在微型汽车上，该厂生产的“夏利”微型轿车，专门适合在城市的狭小街道行驶，且价格又不贵，颇受出租汽车司机的青睐。

集中战略所依据的前提是，厂商能比正在广泛地进行竞争的竞争对手更有效或效率更高地为其狭隘的战略目标服务，结果，厂商由于要更好地满足其特定目标而取得产品差异，或在该目标的服务中降低了成本，或两者兼而有之。

尽管集中战略往往采取成本领先和差异化这两种变化形式，但三者之间仍存在区别。后两者的目的都在于达到其全行业范围内的目标，但集中战略却是围绕着一个特定目标服务而建立起来的。

（1）集中战略的优点

实行集中战略具有以下几个方面的优势：经营目标集中，可以集中企业的所有资源于某一特定战略目标上；熟悉产品的市场、用户及同行业竞争情况，可以全面把握市场，获取竞争优势；由于生产高度专业化，在制造、科研方面可以实行规模效益。这种战略尤其适用于中小企业，即小企业可以以小补大，以专补缺，以精取胜，在小市场做成大生意，成为“小型巨人”。例如，美国皇冠制罐公司是一个规模很小、名不见经传的小型包装容器生产厂家，该公司以金属灌细分市场为重点，专门生产供啤酒、饮料和喷雾罐厂家使用的金属灌，由于公司集中全力，经营非常成功，令销售额达数十亿的美国制罐厂公司刮目相看。

（2）集中战略的风险

集中战略也包含风险，主要是注意防止来自以下 3 个方面的威胁，并采取相应措施维护企业的竞争优势。

① 以广泛市场为目标的竞争对手，很可能将该目标细分市场纳入其竞争范围，甚至已经在该目标细分市场中竞争，它可能成为该细分市场潜在的进入者，构成对企业的威胁。这时企业要在产品及市场营销各方面保持和加大其差异性，产品的差异性越大，集中战略的维持力愈强；需求者差异性越大，集中战略的维持力愈强。

② 该行业的其他企业也采用集中战略，或者以更小的细分市场为目标，构成了对企业的威胁。这时选用集中战略的企业要建立防止模仿的障碍，当然其障碍的高低取决于特定的市场细分结构。另外，目标细分市场的规模也会造成对集中战略的威胁，如果细分市场较小，竞争者可能不感兴趣，但如果是在一个新兴的、利润不断增长的较大的目标细分市场上采用集中战略，就有可能被其他企业在更为狭窄的目标细分市场上也采用集中战略，开发出更为专业化的产品，从而剥夺原先采用集中战略的企业的竞争优势。

③ 由于社会政治、经济、法律、文化等环境的变化，技术的突破和创新等多方面原因引起代替品出现或消费者偏好发生变化，导致市场发生结构性变化，此时集中战略的优势也将随之消失。

要成功地实行以上 3 种一般竞争战略，需要不同的资源和技巧，需要不同的组织安排和控制程序，需要不同的研究开发系统，因此，企业必须要考虑自己的优势，根据经营能力选择可行的战略。

3.4.2 在市场中处于不同地位的企业竞争战略

企业要依据自己的目标、资源和环境，以及在目标市场上的地位，来制定竞争战略。因此，企业应当先确立自己在目标市场上的竞争地位，然后根据自己的市场定位选择适当的营销战略和策略。企业在市场中的竞争地位有多种分类方法。根据企业在目标市场上所起的作用，可以将企业分为以下 4 种类型：市场领导者、市场挑战者、市场跟随者和市场利基者。

1. 市场领导者战略

所谓市场领导者，是指在相关产品的市场上市场占有率最高的企业。

大多数行业都有一家企业被公认为市场领导者，它在价格调整、新产品开发、配销覆盖、促销力量方面处于主导地位。它是市场竞争的导向者，也是竞争者挑战、效仿或回避的对象，如美国汽车行业的通用公司、计算机行业的 IBM、软饮料行业的可口可乐公司以及快餐业中的麦当劳公司等。这些市场领导者的地位是在竞争中自然形成的，但不是固定不变的。如果它没有获得法定的特许权，必然会面临着竞争者的无情挑战。因此，企业必须随时保持警惕并采取适当的措施。

市场领导者为了维护自己的优势，通常采取 3 种战略：一是设法扩大整个市场需求；二是采取有效的防范措施和攻击战术，保护现有的市场占有率；三是在市场规模保持不变的情况下，进一步扩大市场占有率。

（1）扩大市场需求总量

当一种产品的市场需求总量扩大时，受益最大的是处于市场领导地位的企业。市场领导者应努力从以下 3 个方面扩大市场需求量。

① 发掘新的使用者。每一种产品都有吸引顾客的潜力，因为有些顾客或者不知道这种产品，或者因为其价格不适合或缺乏某些特点等而不想购买这种产品，这样，企业可以从这 3 方面发掘新的使用者。

② 开辟产品新用途。公司也可通过发现并推广产品的新用途来扩大市场。杜邦公司的尼龙就是这方面的典范。每当尼龙进入产品生命周期的成熟阶段，杜邦公司就会发现新用途。尼龙首先用作降落伞的合成纤维；然后是作女袜的纤维；接着成为男女衬衫的主要原料；再后又成为汽车轮胎、沙发椅套和地毯的原料。每项新用途都使产品开始了一个新的生命周期。这一切都归功于该公司为发现新用途而不断进行的研究和开发计划。

③ 扩大产品的使用量。

（2）保护市场占有率

处于市场领导地位的企业，在努力扩大整个市场规模时，必须保护自己现有的业务，防备竞争者的攻击。例如，柯达公司要防备富士公司的进攻等。

不断创新才能使市场领导者有效防御竞争者的进攻。领导者不应满足于现状，必须在产品创新、提高服务水平和降低成本等方面真正处于该行业的领先地位。在不断提高服务质量的同时，抓住对方的弱点主动攻击，因为“进攻是最好的防御”。

市场领导者即使不主动进攻，至少也应保护自身所有的战线，不能有任何疏漏。IBM 公司之所以决定生产个人计算机，部分原因就是为了防止其他公司乘虚而入、站稳脚跟后发展壮大。堵塞漏洞要付出很高的代价，但放弃一个产品或细分市场，“机会损失”可能更大。由于资源有限，领导者不可能保持它在整个市场上的所有阵地，因此，它必须善于准确地辨认哪些是值得耗资防守的阵地，哪些是可以放弃而不会招致风险的阵地，以便集中使用防御力量。防御策略的目标是减小受到攻击的可能性，将攻击转移到威胁较小的地带，并削弱其攻势。具体来说，有 6 种防御策略可供市场领导者选择。

① 阵地防御。阵地防御就是在现有阵地周围建立防线，这是一种静态的、消极防御，是防御的基本形式，但不是唯一的形式。对于营销者来讲，单纯防守现有的阵地或产品，就会患“营销近视症”。

当年，亨利·福特便对他的“T 型车”的近视症付出了沉重的代价，使得年盈利 10 亿美元的福特公司从顶峰跌倒濒临破产的边缘。与此相对比的是，可口可乐公司虽然已经发展到年产占全球饮料半数左右的规模，但仍然积极从事多角经营，如酒类市场、兼并水果饮料公司、从事塑料盒海水淡化设备等工业。

② 侧翼防御。侧翼防御是指市场领导者除保卫自己的阵地外，还应建立某些辅助型的基地作为防御阵地，或必要时作为反攻基地。

③ 先发制人。这种积极的防御策略是在敌方对自己发动进攻之前先发制人，抢先攻击。具体做法是，当竞争者的市场占有率达到某一危险的高度时，就对它发动攻击；或者是对市场上的所有竞争者进行全面进攻，使得对手人人自危。

有时，这种以攻为守着重于心理作用，并不一定付诸行动。如市场领导者可发出市场信号迫使竞争者全面进攻。

当然，企业如果享有强大的市场资产——品牌忠诚度、技术领先等，面对对手挑战，可以沉着应战，不轻易发动进攻。如美国亨氏公司对汉斯公司在番茄酱市场上的进攻就置之不理，结果是后者得不偿失，以败阵告终。

④ 反攻防御。当市场领导遭到对手降价或促销攻势，或改进产品、市场渗透等进攻时，不能只是被动应战，应主动反攻。领导者应选择迎击对方的正面进攻、迂回攻击对方的侧翼，或发动钳式进攻，切断从其根据地出发的攻击部队等策略。例如，当美国西北航空公司最有利的航线之一——明尼波里斯至亚特兰大航线受到另一家航空公司降价和促销进攻时，西北航空公司采取的报复手段是将明尼波里斯至芝加哥航线的票价降低，由于这条航线是对方的主要收入来源，结果迫使进攻者不得不停止进攻。

⑤ 运动防御。运动防御要求领导者不但要积极防守现有阵地，还要扩展到可作为未来防御和进攻中心的新阵地，它可以使企业在战略上有较多的回旋余地。

⑥ 收缩防御。有时，在所有市场阵地上进行全面防御会力不从心，从而顾此失彼，在这种情况下，最好的行动是实行战略收缩——收缩防御，即放弃某些薄弱的市场，把力量集中用于优势的市场阵地中。

（3）提高市场占有率

市场领导者设法提高市场占有率，也是增加收益、保持领导地位的一个重要途径。

美国一项称为“企业经营战略对利润的影响（PIMS）”的研究表明，市场占有率是影响投资收益率最重要的变数之一，市场占有率越高，投资收益率越大，市场占有率高于40%的企业其平均投资收益率相当于市场占有率低于10%者的3倍。因此，许多企业以提高市场占有率为目标。

例如，美国通用电气公司要求它的产品在各自市场上都要占据第一或第二位，否则就要撤回。该公司就曾将计算机和空调机两项业务的投资撤回，因为它们在其中无法取得独占鳌头的地位。但是，有些学者对该项研究提出不同意见。它们的特点是产品质量较高，相对其高质量来说价格中等或偏低，产品经营范围狭窄，其中大部分企业都是生产常用的工业部件或原材料，对其产品很少改动。对有些行业的研究结果表明，市场占有率和利润率之间存在着一条V形关系曲线。在V形曲线上，大企业趋于追求占领整个市场，并通过实现规模经济而获得较高的利润回报率。弱小的竞争者可集中经营某些狭窄的业务细分市场，制定专用于该细分市场的生产、市场销售和配销的策略方针，通过建立专业化竞争优势也能获得较高的利润率。而在V形曲线底部的中等竞争者，既不能获得规模经济效益，又不能获得专业化竞争优势，因此利润回报率低。

PIMS研究结果表明：利润会随着企业在其所服务的市场上获得的市场占有率超过其竞争者而增加。奔驰公司获得高额利润，是因为它在其所服务的豪华车市场上是一个占有率高的公司，尽管它在整个汽车市场上的占有率并不是很高。

不过，公司切不可认为在任何情况下市场占有率的提高都意味着收益率的增长，这还要取决于为提高市场占有率所采取的营销策略是什么。有时为提高市场占有率所付出的代价会高于它所获得的收益，因此，企业在提高市场占有率时应考虑以下3个因素。

第一，引起反垄断诉讼的可能性。许多国家为维护市场竞争，制定了反垄断法，当企业的市场占有率超过一定限度时，就有可能受到反垄断诉讼和制裁。

第二，经济成本。当市场份额已达到一定水平后，若想再提高一步，则边际成本非常大，甚至得不偿失。

第三，企业在争夺市场占有率时所采用的营销组合策略。有些营销手段对提高市场占有率很有效，但却未必能提高利润。

只有在下列两种情况下，市场占有率才同收益率成正比。

① 单位成本随着市场占有率的提高而下降。福特汽车公司在20世纪20年代销售“T型车”便是采取了这种策略。

② 公司在提供优势产品时，销售价格的提高大大超过为提高质量所投入的成本。美国学者克洛斯比认为：质量是免费的，因为质量好的产品可减少废品损失和售后服务的开支等，这就节约了成本。但是，其产品应投消费者之所好，这样消费者就愿意支付超出成本的高价。

2. 市场挑战者战略

在行业中名列第二、三名等次要地位的企业称为亚军公司或者追赶公司。例如汽车行业的福特公司、软饮料行业的百事可乐公司等。这些公司对待当前的竞争情势有两种态度，一种是向市场领导者和其他竞争者发动进攻，以夺取更大的市场占有率，这时他们可称为市场挑战者；另一种是维持现状，避免与市场领导者和其他竞争者引起争端，这时他们称为市场追随者。市场挑战者如果要向市场领导者和其他竞争者挑战，首先必须确定自己的战略目标和挑战对象，然后再选择适当的进攻政策。

（1）明确战略目标和挑战对象

战略目标同进攻对象密切相关，针对不同的对象存在不同的目标。一般说来，挑战者可以选择以下3种公司作为攻击对象。

① 攻击市场领导者。这一战略风险很大，但是潜在的收益可能很高。为取得进攻的成功，挑战者要认真调查研究顾客的需要及其不满之处，这些是市场领导者的弱点和失误。例如，施乐公司通过开发出更好的复印技术（用干式复印代替湿式复印），成功地从3M公司手中夺去了复印机市场。

② 攻击与己规模相当的企业。挑战者对一些与自己势均力敌的企业，可选择其中经营不善而发生危机者作为攻击对象，以夺去它们的市场。

③ 攻击区域性小型企业。对一些地方性小企业中经营不善而发生财务困难的，可作为挑战的攻击对象。

（2）选择进攻策略

在确定了战略目标和进攻对象之后，挑战者要考虑进攻的策略问题。原则是集中优势兵力于关键的时刻和地方。总的来说，挑战者可选择以下5种战略。

① 正面进攻。正面进攻就是集中兵力向对手的主要市场发动攻击，打击的目标是对手的强项而不是弱点。这样，胜负便取决于谁的实力更强，谁的耐力更持久，进攻者必须在产品、广告、价格等主要方面大大领先对手，方有可能成功。

进攻者如果不采取完全正面的进攻策略，也可采取一种变通形式，最常用的方法是针对竞争对手实行削价。通过在研究开发方面大量投资，降低生产成本，从而在低价格上向竞争对手发动进攻，这是持续实行正面进攻策略最可靠的基础之一。日本企业是实践这一策略的典范。

② 侧翼进攻。侧翼进攻就是集中优势力量攻击对手的弱点，有时也可正面佯攻，牵制其防守兵力，再向侧翼或背面发动猛攻，采取“声东击西”的策略。

侧翼进攻可以分为两种：一种是地理性的侧翼进攻，即在全国或全世界寻找对手相对薄弱的地区发动攻击。例如，IBM 公司的挑战者就是选择一些被 IBM 公司忽视的中小城市建立强大的分支机构，获得了顺利的发展。

另一种是细分性侧翼进攻，即寻找市场领导企业尚未很好满足的细分市场。例如，德国和日本的汽车生产厂商就是通过发掘一个尚未被美国汽车生产厂商重视的细分市场，即对节油的小型汽车的需要，而获得极大发展。

侧翼进攻不是指在两个或更多的公司之间浴血奋战来争夺同一市场，而是要在整个市场上更广泛地满足不同的需求。因此，它最能体现现代市场营销观念，即“发现需求并且满足它们”。同时，侧翼进攻也是一种最有效和最经济的策略，较正面进攻有更多的成功机会。

③ 围堵进攻。围堵进攻是一种全方位、大规模的进攻策略，它在几个战线发动全面攻击，迫使对手在正面、侧翼和后方同时全面防御。进攻者可向市场提供竞争者能供应的一切，甚至比对方还多，使自己提供的产品无法被拒绝。当挑战者拥有优于对手的资源，并确信围堵计划的完成足以打垮对手时，这种策略才能奏效。日本精工表在国际市场上就采取了这种战略。在美国，它提供了约 400 个流行款式、2 300 种手表，占据了几乎每个重要钟表商店，通过种类繁多、不断更新的产品和各种吸引消费者的促销手段，精工表取得了很大成功。

④ 迂回进攻。这是一种最间接的进攻策略，它避开了对手的现有阵地而迂回进攻。具体办法有 3 种：一是发展相关的产品，实行产品多元化经营；二是以现有产品进入新市场，实现市场多元化；三是通过技术创新和产品开发，以替换现有产品。例如，美国高露洁公司在面对强大的宝洁公司竞争的压力下就采取了这种策略，即加强高露洁公司在海外的领先地位，在国内实行多元化经营，向宝洁没有占领的市场发展，迂回包抄宝洁公司。该公司不断收购纺织品、医药产品、化妆品及运动器材和食品公司，结果获得了极大成功。

⑤ 游击进攻。游击进攻主要适用于规模较小、力量较弱的企业，目的在于通过向对方不同地区发动小规模的、间断性的攻击来骚扰对方，使之疲于奔命，最终巩固永久性据点。游击进攻可采取多种方法，包括有选择地降价、强烈的突袭式的促销行动等。应予指出的是，尽管游击进攻可能比正面围堵或侧翼进攻节省开支，但如果要想打到对手，光靠游击战不可能达到目的，还需要发动更强大的攻势。

从以上可以看出，市场挑战者的进攻策略是多样的。一个挑战者不可能同时运用所有这些策略，但也很难单靠某一种策略取得成功，通常是设计出一套策略组合，通过整体策略来改善自己的市场地位。

3. 市场跟随者战略

美国市场学学者里维特教授认为，有时产品模仿像产品创新一样有利。因为一种新产品的开发和商品化要投入大量资金，也就是说，市场领导者地位的获得是有代价的。而其他厂商仿造或改良这种产品，虽然不能取代市场领导者，但因不必承担新产品创新费用，也可获得很高的利润。

以上说明，并非所有在行业中处于第二位的公司都会向市场领导者挑战。因为这种挑战会遭到领导者的激烈报复，最后可能无功而返，甚至一败涂地。因此，除非挑战者能够在某些方面赢得优势——如实现产品重大革新或是配销有重大突破，否则，他们往往宁愿追随领导者，而不愿对领导者贸然发动攻击。

这种“自觉并存”状态在资本密集且产品同异性高的行业（如钢铁、化工等）中是很普遍的现象。在这些行业中，产品差异化的机会很小，而价格敏感度却很高，很容易爆发价格战，最终导致两败俱伤。因此，这些行业中的企业通常形成一种默契，彼此自觉地不互相争夺客户，不以短期市场占有率为目标，以免引起对手的报复。这种效仿领导者为市场提供类似产品的市场跟随战略，使得行业市场占有率相对稳定。

但是，这不等于说市场跟随者就无策略可言。市场跟随者必须懂得如何维持现有顾客，并争取一定数量的新顾客；必须设法给自己的目标市场带来某些特有的利益；还必须尽力降低成本并保持较高的产品质量和服务质量，跟随并不等于被动挨打，或是单纯模仿领导者，追随者必须要找到一条不会招致竞争者报复的成长途径。具体来说，跟随者策略可分为以下3类。

（1）紧密跟随

跟随者尽可能地在各个细分市场和营销组合领域仿效领导者。这种跟随者有时好像是挑战者，但因其不从根本上危及领导者的地位，所以不会发生直接冲突。

（2）有距离的跟随

跟随者在目标市场、产品创新、价格水平和分销渠道等方面都追随领导者，但仍然与领导者保持若干差异。这种跟随者易被领导者接受，同时它也可以通过兼并同行业中的弱小企业而使自己发展壮大。

（3）有选择的跟随

跟随者在某些方面紧随领导者，而在另一些方面又自行其是。也就是说，它不是盲目追随，而是择优跟随，在跟随的同时还要发展自己的独创性，但同时避免直接竞争。这类跟随者之中有些可能发展成为挑战者。

此外，还有一种特殊的跟随者在国际市场上十分猖獗，即“冒牌货”。这些产品具有很大的寄生性，它们的存在对许多国际驰名的大公司是一个巨大的威胁，已成为新的国际公害，因此必须制定对策，以清除和击退这些“跟随者”。

4. 市场利基者战略

几乎每个行业都有小企业，它们专心致力于市场中被大企业忽略的某些细分市场，在这些小市场上通过专业化经营来获取最大限度的收益。这种有利的市场地位就称为“利基（Niche）”，而所谓市场利基者，就是指占据这种位置的企业。

有利的市场位置（利基）不仅对小企业有意义，而且对某些大企业中的较小业务部门也有意义，它们也常设法寻找一个或多个既安全又有利的利基。一般来说，一个理想的利基具有以下几个特征。

① 有足够的市场潜力和购买力。

② 市场有发展潜力。

③ 对主要竞争者不具有吸引力。

④ 企业具备有效地为这一市场服务所必需的资源和能力。

⑤ 企业已在顾客中建立起良好的信誉，足以对抗竞争者。

一个企业如何取得利基呢？获取利基的主要策略是专业化，公司必须在市场、顾客、产品或渠道等方面实行专业化。

① 按最终用户专业化，即专门致力于为某类最终用户服务。例如，书店可以专门为爱好或

研究文学、经济、法律等的读者服务。

② 按垂直层次专业化，即专门致力于为生产、分销循环周期的某些垂直的层次经营业务。如制铝厂可专门生产铝锭或铝质零部件。

③ 按顾客规模专业化，即专门为某一种规模（大、中、小）的客户服务。许多利基者专门为大公司忽略的小规模顾客服务。

④ 按特定顾客专业化，即只对一个或几个主要客户服务。如美国一些企业专门为希尔斯百货公司或通用汽车公司供货。

⑤ 按地理区域专业化，即专为国内外的某一地区或地点服务。

⑥ 按产品或产品线专业化，即只生产一大类产品，如日本的 YKK 公司只生产拉链这一业务。

⑦ 按客户订单专业化，即专门按客户订单生产预定的产品。

⑧ 按质量与价格专业化，即选择在市场的底部（低质低价）或顶部（高质高价）开展业务。

⑨ 按服务项目专业化，即专门提供一种或几种其他企业没有的服务项目。如美国一家银行专门承办电话贷款业务，并为客户送款上门。

⑩ 按分销渠道专业化，即专门服务于某一类分销渠道，如生产适用超级市场销售的产品。

市场利基者要承担较大风险，因为利基本身可能会枯竭或受到攻击，因此，在选择市场利基时，营销者通常选择两个或两个以上的利基，以确保企业的生存和发展。不管怎样，只要营销者善于经营，小企业也有机会为顾客提供服务并赢得利润。

3.5 案例分析

“野马”驰骋市场

1964 年，著名的汽车大王李·艾柯卡为福特汽车公司推出的新产品“野马”轿车取得了轰动一时的成功，两年内为福特公司创造了 11 亿美元的纯利润。当时，购买野马车的人打破了美国的历史记录，在不到一年的时间里，野马汽车风行整个美国，各地还纷纷成立野马车会。为什么野马汽车如此受人欢迎？这与其独特周密的营销策划是分不开的。李·艾柯卡在仔细分析了市场状况之后，制定了一整套推出“野马”汽车的营销策略，令人瞩目的销售业绩使他获得了“野马之父”的称号。

1. 选择适当的目标市场

1962 年，李·艾柯卡就任福特汽车公司分部总经理后，便策划生产一种受顾客欢迎的新车，这一念头是他对整个汽车市场营销环境做了充分调查研究之后产生的。

第一，福特公司的市场研究人员调查得知：第二次世界大战以后，生育率激增，几千万婴儿如今已长大成人，今后 10 年的人口平均年龄要急剧下降，20～24 岁年龄组要增长 50%，购买新车的 18～34 岁年轻人可望占到一半。根据这一信息，艾柯卡预见到今后 10 年的汽车销售量将会大幅度增长，而对象就是年轻人。

第二，随着受教育程度的提高，消费模式也在改变，妇女和独身者顾客数量增加，两辆汽车的家庭也越来越多，人们愿意把更多的钱花在娱乐上。人们正在追求一种样式新颖的轻型豪华车。

第三，艾柯卡在欧洲了解福特汽车公司生产的“红雀”牌汽车销售情况时，发现“红雀”太小了，没有行李箱，虽很省油，但外型不漂亮，如不尽快推出一种新型车，公司就可能被竞争对手击败。

于是，艾柯卡根据上述信息提出了一个目标市场，适合这个市场的车应当是：车型要独树一帜，容易辨认；为便于妇女和新学驾驶汽车的人购买，要容易操纵；为便于外出旅行，要有行李箱；为吸引年轻人，外型要像跑车，而且要胜过跑车。

2. 追求完美的产品设计

有了新车的设计思路，福特的设计专家们便开始行动。李·艾柯卡授意车型经理和生产经理主持车型设计，指出这种新车一定要兼具式样好、性能强、价钱低三大特色。这种车应当是小型的，但又不能太小，必须能容下 4 人；它必须是轻型的，重量不能超过 2 500 磅；在价钱方面，要带有全套自选设备而不能超过 2 500 美元。1962 年秋天，新车的泥塑模型呈现在了艾柯卡面前。1963 年春天，样机陈列在福特设计中心，与公司的强大竞争对手通用汽车公司的雪佛兰新车并排展示，进行对比性分析。样机一再改进，最后的形状为：方顶，流线型，前长后短，低矮大方，整车显得既潇洒又矫健。

艾柯卡把新车的命名也看做是产品设计的一部分。在早期设计阶段，新车被叫做猎鹰特号，后又有人想叫它美洲豹、雷鸟Ⅱ型等，艾柯卡认为均不理想，于是委托广告公司代理人去底特律公共图书馆找目录。他从 A 到 Z 列出成千种动物名称，最后筛出一个——“野马”，这是一个激动人心的地道的美国名字。美国人对第二次世界大战中野马式战斗机的名字印象极为深刻，用“野马”作为新型车的名字，不仅能显示出车的性能和速度，有着广阔天地任君闯的味道，而且很适合美国人放荡不羁的个性。

接下来的工作是为“野马”车制定价格。新车试制小组在底特律选定了 52 对有中等收入的青年夫妇，请他们到福特展厅来品评新车。白领夫妇对新车造型表示满意，蓝领夫妇则把野马看做他们所追求的地位和权势的象征。艾柯卡请他们为新车估价，几乎所有人都估计约 10 000 美元，并表示家中已有车，将不再购买这种车。当艾柯卡宣布车价在 2 500 美元以内时，他们十分惊讶，都表示将购买这种能显示身份和地位的新车。在研究了消费者心理之后，艾柯卡把车价定在 2 368 美元，并开始设计下一步的营销策略，为打开野马车的销路做精心的策划。

3. 声势浩大的促销活动

福特公司在正式推出“野马”轿车之时，采用了多种多样具有轰动效应的促销手段，真可谓奇招迭出，一鸣惊人。

在“野马”汽车正式投放市场前 4 天，公司邀请了报界 100 多名新闻记者参加从纽约到迪尔本的 70 辆“野马”汽车大赛，这些车飞驰 700 英里无一发生故障，证实了野马车的可靠性。于是，几百家报纸都以显著的位置热情地刊出了关于“野马”的大量文章和照片。从表面上看，这只是一次赛车活动，实际上是一次告知性广告，使“野马”成为新闻界的热门话题。

在“野马”车投放市场的当天，福特在 2 600 种报刊上登了全页广告，并在数家电视台播出广告短片。广告使用了所谓的“蒙娜·丽莎”手法：一幅朴素的白色“野马”在奔驰的画面，注上一行简单的字：“真想不到”，副题是：售价 2 368 美元。由于公关经理的努力，新车照片同时出现在《时代》和《新闻周刊》封面上，关于这两大杂志的惊人宣传效果，艾柯卡后来回忆说：《时代》和《新闻周刊》本身就使我们多卖出10万辆！

福特公司还在全国15个最繁忙的机场和从东海岸到西海岸的200家假日饭店的门厅里陈列了“野马”。公司选择最显眼的停车场，竖起巨型的广告牌，上面写着：“野马栏”，以引起消费者的注意，激发人们的购买欲望。

同时，福特公司向全国的小汽车用户直接寄发几百万封推销信，既达到了促销的目的，也表示了公司忠诚为顾客服务的态度和决心。

此外，公司大量上市“野马”墨镜、钥匙链、帽子、“野马”玩具车，甚至在面包铺的橱窗里贴上广告：“我们的烤饼卖得像‘野马’一样快。”

由于从选定目标市场、产品设计到销售野马车的各个环节，福特公司均做了一系列精心的策划，野马汽车获得了汽车销售史上的巨大成功：其订货单源源而来。到1965年4月16日，即野马诞生一周年的时候，已售出418 812辆，创下了福特公司的销售记录。

复习思考题

1. 市场细分对企业的意义是什么？
2. 汽车市场细分的标准与原则有哪些？
3. 汽车市场定位的依据和策略有哪些？
4. 什么是汽车市场营销环境？
5. 微观汽车市场营销环境包含哪些内容？
6. 分析汽车营销环境。
7. 分析目标市场选择的策略。
8. 分析汽车企业竞争策略。
9. 分析自然环境对汽车工业发展的影响。
10. 分析政治法律环境对我国目前汽车工业发展的影响。

第4章 汽车品牌营销战略

【学习目标】

1. 了解汽车品牌的概念
2. 了解汽车品牌市场的细分
3. 了解汽车品牌的定位与策略
4. 掌握汽车品牌市场细分的依据和基本要求
5. 掌握汽车品牌市场定位的步骤

世界上第一个汽车品牌是1886年诞生的奔驰汽车。在工业社会进程中，没有任何一个产品的品牌可以像汽车品牌这样历史悠久，如“奔驰”、“宝马”、“福特”、“凯迪拉克”、“雪佛兰”、“劳斯莱斯”、“宾利”、“大众”、“奥迪”、“法拉利”等世界著名品牌，给消费者留下了美好的品牌印象。

4.1 品牌的基本概念

品牌是企业可持续发展的重要资源之一。在中国市场发育和发展的过程中，品牌的概念正受到越来越多的关注，但是，许多企业经营者仍对品牌的概念十分模糊淡漠。产品具备品牌和商标两个组成部分，也是产品竞争的重要手段。

4.1.1 品牌的基本概念

对于品牌的定义有多种，有的观点认为：品牌就是牌子、商号、商标。而著名市场营销专家菲利普·科特勒博士这样解释品牌：“品牌是一种名称、术语、标记、符号或图案，或是它们的相互组合，用以识别某个消费者或某群消费者的产品或服务，并使之与竞争对手的产品或服务相区别。”

上述定义说明品牌是一个复合概念，它由品牌外部标记（包括名称、术语、图案等）、品牌识别、品牌联想、品牌形象等内容构成。

在此可以认为，品牌也称厂牌，是企业用名称、名词、图案或这些因素组合形成的符号，包括品牌名称和品牌标志这些基础部分。品牌名称是指品牌中可以用语言称呼的部分，如汽车品牌中的“别克”、“林肯”、“丰田”、“本田”等。品牌标志是品牌中可以被认出但不能直接用语言称呼的部分。

4.1.2 汽车品牌的种类

汽车品牌种类可以按照汽车的种类进行分类，但在汽车销售市场上一般都按汽车生产厂家的所在地进行分类，例如美洲、欧洲、亚洲等。下面以美国、欧洲、日韩、中国为主的地区为例。

1. 源自美国的汽车品牌

通用汽车旗下品牌包括：别克、凯迪拉克、雪佛兰、GMC、霍顿、悍马、欧宝、庞蒂亚克、Saab 萨博、土星和沃豪等。

福特汽车旗下品牌包括：沃尔沃、马自达（控股）、林肯、路虎、美洲豹、水星、阿斯顿·马丁等；补充一点：因为福特目前发生财政危机，所以福特已经确定将出售路虎和美洲豹。

克莱斯勒汽车旗下品牌包括：克莱斯勒、道奇、吉普、顺风、猎兽等。

2. 源自欧洲的汽车品牌

德国汽车品牌：梅赛德斯-奔驰、大众、奥迪、宝马、保时捷、欧宝等。

意大利汽车品牌：法垃利、菲亚特、依维柯、阿尔法罗密欧、兰旗亚、兰博基尼、布加迪、玛莎拉蒂等。

英国汽车品牌：劳斯莱斯、罗孚（被南汽和上汽收购，荣威、名爵）、莲花、宾利、阿斯顿马丁、摩根、伏克斯豪尔、迷你、陆虎、捷豹等。

法国汽车品牌：雪铁龙、标致、雷诺等。

瑞典汽车品牌：富豪、萨博（通用公司控股）。

3. 源自日韩的汽车品牌

日本汽车品牌：雷克萨斯、丰田、讴歌、本田、英菲尼迪、日产、三菱、马自达、斯巴鲁、五十铃、铃木、大发等。

韩国汽车品牌：现代、起亚、大宇（通用公司控股）。

4.1.3 汽车品牌的作用、意义及特征

1. 品牌的作用

① 有助于消费者认清品牌购买产品，并进行质量监督。这是由于品牌可以区别各个企业的同种产品，反映产品的质量和特色。消费者通过品牌可以掌握产品的生产厂家和质量标准，从

而会增加安全感，必要时还可投诉索赔。

② 有助于企业进行广告宣传，加强销售促进。品牌是产品的代表，品牌为广告宣传提供了明确、具体的对象。良好的品牌更有利于进行广告宣传和产品销售。

③ 有助于创立名牌产品。企业要使自己的产品成名，成为企业拳头产品，除了提高产品质量之外，还必须有品牌，并经常维护、提高这个品牌的声誉，获得消费者信任。

2. 汽车品牌的意义

① 汽车品牌是汽车价值的象征。“劳斯莱斯”代表高贵，“奔驰”是高质量的代名词，“沃尔沃”是安全的保证。

② 汽车品牌是企业经营理念的象征，代表了企业品牌。如今，汽车品牌已经向企业品牌过渡。“奔驰”是德国奔驰公司追求质量、创新、服务的象征，“丰田”则代表日本丰田公司顾客第一、销售第二的经营理念。

③ 汽车品牌还是身份和地位的象征。

因此，汽车生产厂已从制造汽车过渡至制造品牌、创造价值，经销商也从销售汽车向销售品牌、传递价值转变。

3. 汽车品牌的特征

① 汽车品牌多以创始人名字命名。世界级汽车品牌的命名、个性和定位及公司的理念相结合，也往往带上创始人的烙印。如美国的“福特”、“克莱斯勒”，英国的“劳斯莱斯”，法国的“雪铁龙”和日本的“丰田”，这些品牌都是以创始人的名字直接命名的。这些汽车公司无不承袭了各自创始人的经营理念。1999 年福特“T 型车”被评为“世纪名车”，原因就来自视质量为生命的传统经营理念。丰田则以其一贯地将顾客利益放在首位的经营理念享誉世界。

② 汽车品牌和汽车标志的人格化。汽车标志具有品质、身份、地位和时代的象征意义。“奔驰”象征着上流社会的成功人士，“劳斯莱斯”是身份显赫的贵族，“福特”是踏实的中产阶级白领。这些人格化的品牌成为社会地位、身份、财富甚至职业的象征，成为车主第二身份特征。“劳斯莱斯”除了用两个“R”字母叠合成商标外，还有一个展翅飞翔的女神雕像，象征“速度之神”和“狂喜之神”。

③ 汽车公司往往都实行多品牌策略。德国大众拥有 VW、Audi、Skoda、Seat 等 9 个品牌。通用拥有凯迪拉克、雪佛莱、别克、土星等 8 个品牌。

④ 汽车品牌都针对各自特定的细分市场。“奔驰”的购买者是年龄偏大、事业有成、社会地位较高、收入丰厚的成功人士。“宝马”的购买者是年轻有为、富有朝气、不受传统约束的新一代人士。

4.2 汽车品牌市场细分

现代市场营销学认为，企业不应试图在整个市场上争取优势地位，而应该在市场细分的基础上选择对本企业最有吸引力并可以有效占领的那部分市场作为目标市场,实行目标市场营销。企业在选择目标市场时，首先要对市场进行考察，以了解市场的大量需求点、竞争激烈点及供货空缺点等不同的市场态势，从而为企业实施目标市场营销找到切入点，为此必须在此之前进行市场细分。然后，把一个或几个细分市场作为目标，为每个市场定制产品开发和营销方案。企业还要进行市场定位研究,为企业及其产品在目标市场上树立一定的特色并塑造预定的形象,以取得竞争优势地位。一个完整的目标市场营销要经过 3 个步骤，即市场细分、目标市场选择和市场定位，这也就是目标市场营销战略。目标市场营销能帮助企业更好地识别营销机会，为每个目标市场开发适销对路的产品，这是关系到企业生存和发展的重大决策，是实施具体营销策略的基本前提。

对汽车行业而言,一个汽车生产或销售企业开展营销时,面对的是一个十分复杂的市场,这个市场中的消费者由于收入、爱好、生活习惯等因素的不同，对提供的汽车商品和服务也有不同的需求。企业只有选择其中某一部分需求和爱好加以满足，才是上策。比如在我国即使像一汽、东风两个大汽车集团，目前也没有能力在整个汽车市场上都争取到优势地位。

4.2.1 汽车品牌市场细分的作用

1. 市场细分的概念

美国市场学家温德尔·史密斯于 1956 年首先提出市场细分理论,这是在市场营销学理论上有重要意义的突破，它的关键在“分”字上。进行市场细分，选择目标市场，确定市场定位，是企业制定营销战略和营销组合策略方案的前提。

所谓市场细分就是企业根据市场需求的多样性和购买者行为的差异性，把整个市场（即全部用户）划分为若干具有某种相似特征的用户群（细分市场）,每一个用户群就是一个细分市场,以便执行目标市场营销的战略和策略。换言之，市场细分就是分辨具有不同特征的用户群，把它们分别归类的过程。不同的细分市场之间，需求差别比较明显，而在每一个细分市场内部，需求差别则比较细微。

市场之所以能够细分，是有其客观基础的。这些基础主要体现在以下方面。

① 市场需求客观上具有差异性，购买动机和购买行为也具有差异性。可以说，正是由于这种差异性的存在，市场细分才有划分的标准。

② 市场需求还具有一定的相似性。如果用户的需要没有某种共性，那么市场细分就无从做起，企业不可能将每一个用户都作为一个细分市场。正是这种需要存在共性，市场细分才富有实际的营销意义。

2. 市场细分的作用

企业进行市场细分和实行目标市场营销，对于改善企业经营、提高经营效果具有重要作用。这主要体现在如下方面。

① 有利于发现市场营销机会。运用市场细分可以发现市场上尚未加以满足的需求，并从中寻找适合本企业开发的需求，从而抓住市场机会。这种需求往往是潜在的，运用市场细分的手段和细致的市场调研，就可以发现这类需求，从而使企业抓住市场机会。

② 能有效地制定最优营销策略。市场细分是进行目标市场选择和市场定位的前提，在细分的市场上消费需求明确而具体，企业能有效地制定相应的营销策略，达到最优化的目标。

③ 能有效地与竞争对手相抗衡。通过市场细分，能够发现目标消费者群的需求特性，从而使产品富有特色，甚至可以在一定的细分市场形成垄断的优势。

④ 能有效地扩展新市场，扩大市场占有率。企业对市场的占有是逐步拓展的。通过市场细分，企业可以先选择最适合自己占领的某些子市场作为目标市场。当占领这些子市场后再逐渐向外推进、拓展，从而扩大市场的占有率。

⑤ 有利于企业合理利用资源，发挥优势。每一个企业的经营能力都有其优势和不足。有限的资源分摊在众多市场上，使得优势无从发挥，弱势难以弥补。企业将整体市场细分，确定自己的目标市场，这一过程正是将企业的优势和市场需求相结合的过程，有助于企业集中优势力量开拓市场。

4.2.2 汽车品牌市场细分的依据和基本要求

市场细分面临的首要问题是市场细分变量的选取。所谓市场细分变量，是指那些反映需求内在差异，同时能用做市场细分依据的可变因素。一般来说，形成市场需求差异性的因素都可以作为市场细分的依据。但由于市场类型的不同，细分的依据也有所不同。同时，各行业也可以根据各自的特点和需要选择适当的划分标准进行市场划分。

1. 市场细分变量

市场可以分为消费者市场、生产资料市场、服务市场、金融市场、技术市场等，根据汽车商品的特点，研究其市场细分因素时应主要考察消费者市场的情况，这些因素中的大部分也适用于生产资料市场。影响消费者市场需求的因素，即用来细分消费者市场的变量，可概括为4大类。

（1）地理变量

按地理变量细分市场就是把市场分为不同的地理区域，如国家、地区、省市、南方、北方、城市、农村等。各地区由于自然气候、传统文化、经济发展水平等因素的影响，形成了不同的消费习惯和偏好，并且具有不同的需求特点。在我国进行汽车销售，运用地理变量，最简单的是根据通用的行政区域划分，将市场分为华东、华南、华中、华北、西部，或者根据经济发展水平划分为沿海地区、内陆地区、边远地区等，根据不同的地理因素，采取不同的营销方案。譬如：在推出家庭轿车的初始阶段，营销的重点应放在华东或者沿海地区，这些地方经济发展迅速，人民生活水平高，受教育程度和对生活质量的要求都比较高。

（2）人口变量

人口变量细分是按年龄、性别、家庭人数、生命周期、收入、职业、文化程度、宗教信仰、民族、国籍、社会阶层等人口统计变量划分消费者群。对汽车市场营销来说，收入是进行市场细分必须考虑的因素，在当今的中国市场上，对于大多数中国普通消费者来说汽车还不是必需品，除了法规、政策、公共设施的限制外，最重要的影响购买的因素仍然是经济收入。一辆汽车的性能再好、创意再新，如果消费者的收入不足以负担这种汽车的价格，那么该汽车就不可能打开该细分市场。

（3）心理变量

在人口因素相同的消费者中，对同一商品的爱好和态度也可能截然不同，这主要就是由于心理因素不同。消费者的生活方式、社会阶层、个性和偏好都是心理变量的内容。

个性是经常被用来细分市场的变量，这个变量在汽车市场营销中的运用十分普遍。因为世界上著名的汽车品牌往往都已经被人赋予个性色彩，因此这些品牌所对应的也往往是一些相同性格的消费者。比如，奔驰象征着上流社会的成功人士；劳斯莱斯是身份显赫的贵族；福特是踏实的中产阶级白领。这种人格化品牌异化成为社会地位、身份、财富甚至职业的象征，成为车主的第二身份特征。这种品牌的个性特征往往和创始人的性格相联系，又经过长时间的浓缩，已经成为一种约定俗成的特点，是短时间内无法改变的。

心理变量中的偏好是指消费者对某种品牌的商品所持的喜爱程度。在市场上，消费者对某种品牌商品的喜爱程度是不同的，企业为了维持和扩大经营，就要努力培养一批品牌忠实者，并掌握其需求特征，以便从商品形式、销售方式以及广告宣传等方面去满足他们的需求。

（4）行为变量

行为变量是反映消费者购买行为特点的变量。它包括购买时机、利益偏好、使用状况、使用频率、对品牌的忠实程度、对产品的态度和购买阶段等。行为变量是建立细分市场的最佳起点，行为变量通常可以分为 7 类。

① 购买时机。根据购买者产生需要、购买或使用产品的时机可将他们区分开来。对于汽车行业来说，春节、五一、国庆等重大节日和春季、秋季的旅游黄金时间往往是购车的高峰时间，人们通常有在节日或喜庆时消费的倾向，在这段时间可以增加广告投放、进行优惠活动等，以吸引消费者购车。

② 利益偏好。根据消费者从产品中追求的不同利益分类，是有效的细分方法。购买汽车的消费者，有的注重实用性，有的可能就是赶时髦，有的将其作为身份地位的象征，世界著名的整车生产厂家往往都有适合消费者不同利益追求的产品。

③ 使用状况。许多产品可按使用状况将消费者分为“从未用过”、“曾经用过”、“准备使用”、“初次使用”、“经常使用” 5 种类型，即 5 个细分市场。在某种程度上，经济状况决定了公司应把重点集中在哪一类使用者身上。通常，市场占有率高的大企业常常对潜在使用者感兴趣，而一些小企业则只能尽力吸引经常使用者。对使用状况不同的消费者，在广告宣传以及推销方式方面都有所不同。

④ 使用频率。根据消费者使用商品的频率，可以将消费者细分成少量使用者、中量使用者和大量使用者。大量使用者人数通常只占总市场人数的一小部分，但是他们在总消费中所占有有的比重却很大。营销者通常着重按大量使用者群体的偏好来提供产品和服务。

⑤ 忠诚程度。不同消费者对产品品牌的忠实程度是不同的，根据消费者的忠实程度，可以将消费者分为 4 类：坚定忠诚者、适度忠实者、喜新厌旧者和无固定偏好者。其中，坚定忠诚者始终只购买某一类品牌的产品，企业应投其所好，巩固其忠诚程度。适度忠诚者则是同时偏爱两三个品牌，企业通过分析这类消费者可以发现本企业的竞争品牌，以便制定有效的对策。喜新厌旧者是经常改变购买品牌的一类消费者，通过对其进行分析研究，找出产品的弱项并及时改进和调整。无固定偏好者不忠诚于任何品牌，企业应力争使其成为本企业的忠实使用者。

⑥ 购买阶段。对于每一种产品来说，都可能同时存在已经购买、即将购买、想要购买、对产品感兴趣、对产品有所了解和不了解的各种消费者，这些消费者处在购买过程中的不同阶段。各个阶段的消费者人数的多少对营销策略的制定有很大的影响。企业的营销策略必须随着购买阶段的发展而变化和调整。

⑦ 态度。根据消费者对产品的热衷程度，可将其态度分为热爱、喜欢、无所谓、不喜欢和敌视 5 种。企业可以通过调查、分析，针对不同态度的消费者采用不同的营销对策，以巩固热爱和喜欢态度的消费者，争取无所谓态度的消费者。

以上就是细分市场时经常使用的细分变量。但是，一个公司在进行市场细分时往往不是运用一个单一的变量，而是综合使用几个变量进行市场细分。

例如，上海大众为推出帕萨特轿车进行市场细分和目标市场选择时，采用的就是几个变量的综合。

首先，运用汽车业界通用的按排量和价格进行细分的方式进行市场细分。对于公务车市场，主要采用排量标准，这样 B 级车消费者的消费背景和消费特征就可以作为帕萨特目标消费者的消费背景和特征。对于非公务车市场，则采用价格细分，帕萨特可以选择 20 万元以上的市场作为目标市场。

其次，再考虑这两个市场面对的消费者群体的普遍特征。帕萨特轿车是相对于上海大众以往车型更高档的车种，有着美丽的外观，运用了先进的技术，又有着低油耗等 A 级车通常强调的优点，由此推断出帕萨特轿车目标市场的潜在消费者的背景特征和消费特征。

帕萨特轿车潜在消费者的背景特征：30～50 岁的男性；受过高等教育；中高级管理人员（一般不是老板）；有妻子和孩子；可能是第二辆车。

帕萨特轿车潜在消费者的消费特征：他们有一定的驾驶经验和爱好；他们对自己做出的决定非常负责；目前自己驾车（包括政府官员、公司白领等）；有成就感和责任心。

2. 有效市场细分的原则

为了使细分市场有效和富有意义，营销人员在进行市场细分时，必须要把握好一定的原则，如下。

（1）差异性

差异性是指按照所选择的划分依据，各细分市场客观上必须存在明确的差异。如果细分后各市场之间仍模糊不清，则这样的市场细分就是失败的。

（2）可衡量性

可衡量性是指细分市场现有的和潜在的需求规模或购买力是可以测量的。如果细分的结果导致市场容量难以评估，则这样的市场细分也是失败的。

（3）可盈利性

可盈利性是指企业在细分市场上要能够获取期望的盈利。如果容量太小，销售量有限，则这样的细分市场对企业就缺乏吸引力。因此，市场细分并不是越细越好，而应科学归类，保持足够容量，使企业有利可图。

（4）可进入性

可进入性是指企业拟作为自己目标市场的那些细分市场，企业必须有能力进入，能够为之服务，并能占有一定的份额。否则，细分的结果导致企业不能在任何细分市场上有所作为，这样的市场细分当然也是失败的。

（5）相对稳定性

相对稳定性是指细分市场必须具有一定的稳定性。否则，企业还未实施其销售方案，目标市场早已面目全非，则这样的市场细分同样也是失败的。

（6）独特性

企业进行市场细分应尽可能地区别于已有的或竞争对手的市场细分，突出自己的特色和个性，以便发现更多有价值的市场机会。这涉及市场细分变量的选择问题，通常可供选择的变量很多，但其中却有一些变量是人们习惯使用的，人们进行市场细分时，思维上容易受到它们的约束，往往细分不出特色，这无疑会影响企业市场机会的发现和把握。有效的市场细分必须突出本企业的特色，只有这样才可以在以后的营销活动中另辟蹊径，出奇制胜。

3. 汽车市场常见的细分方法

在通常情况下，可按以下依据将汽车市场予以细分。

按西方国家对汽车产品大类的划分方法，汽车市场可分为：轿车市场（指各类轿车需求者）；商用车市场（指除轿车以外的所有汽车产品现实的和潜在的购买者）。

按我国对汽车产品类型的传统划分标准，汽车市场可分为：载货汽车市场、越野汽车市场、自卸车市场、专用汽车市场、特种汽车市场、客车市场、轿车市场。还可以分为：乘用车市场，包括客车、轿车及具有乘用车车身形式的各类专用汽车构成的市场；载货汽车市场，包括各类非乘用车车身形式的专用汽车市场。

按购买者的性质不同，汽车市场可分为：机关公务用车市场、商务及事业性单位用车市场、生产经营性用户需求市场、私人消费性用户需求市场等。

按汽车产品的性能特点不同，汽车市场可分为：载货汽车市场，包括重型汽车市场、中型汽车市场、轻型汽车市场和微型汽车市场；轿车市场，包括豪华轿车市场、高档轿车市场、中档轿车市场、普及型轿车市场和微型轿车市场；客车市场，包括大型、中型、轻型和微型客车市场。

按汽车产品的完整性不同，汽车市场可分为：整车市场、部件市场（含二、三、四类底盘）、汽车配件市场。

按汽车使用燃料的不同，汽车市场可分为汽车车市场和柴油车市场。

按地理位置不同，汽车市场可分为：东部沿海地区汽车市场、中部地区汽车市场、西部地区汽车市场。也可划分为东北区、华北区、华东区、中南区、西南区和西北区 6 个汽车市场，甚至还可分为城市汽车市场和农村汽车市场。

按汽车保有量变化与否，汽车市场可分为：新增需求市场、更新需求市场。

按是否具有军事用途，汽车市场可分为：军用汽车市场、民用汽车市场。

按自然气候条件，汽车市场可分为：丘陵、高原、平原、寒带、热带、及亚热带等汽车市场。

按是否属于首次向最终用户销售，汽车市场可分为：新车市场、旧车市场。

按汽车是否具有专长专门用途，汽车市场可分为：普通汽车市场、特种专用汽车市场。

4.3 汽车品牌定位与策略

4.3.1 汽车品牌市场定位的概念与定位原则

汽车产品在市场上品牌繁多，各有特色，而广大用户又都有着自己的价值取向和认同标准，企业想在各自的目标市场上取得竞争优势和取得更大的经济效益，就必须在充分了解用户和竞争者两方面情况的基础上，确定本企业的市场位置，即为企业树立形象，为产品及服务赋予特色，这个过程即市场定位。

1. 概念

所谓市场定位，即是指企业以何种产品形象和企业形象出现，以给目标用户留下一个深刻的印象。

产品形象和企业形象是指用户对产品和企业形成的印象。如大家常说的“物美价廉”、“经济实惠”、“优质优价”、“豪华高贵”、“性能优良”、“技术领先”等就属于产品形象的概念范畴。而“对用户负责”、“质量过硬”、“工艺精湛”、“实力雄厚”等，则属于企业形象的概念范畴。国内外各大汽车公司都十分注重市场定位，精心地为企业及每一种汽车产品赋予鲜明的个性，并将其准确地传达给消费者。例如，大众汽车公司的“为民造车”，其产品以真正“大众化”著称；奔驰汽车公司的“制作精湛”，其产品以“优质豪华”、“高档名贵”著称，沃尔沃汽车公司的“设计生命”，其产品以“绝对安全”等企业形象和产品形象著称于世。

2. 定位原则

企业要做好市场定位，使自己的产品在社会公众心目中树立起恰当的形象，并不是一件轻而易举的事。企业必须在战略上考虑定在一个什么位置或水平上，是与竞争对手针锋相对，把产品定在与竞争对手相似的位置上，同竞争者争夺同一细分市场，还是另辟蹊径，回避竞争者，将产品定在与竞争者完全不同的位置上，抢占潜在市场或突出宣传自己的特色，坚守自己的传统阵地。可以说，上述考虑就属于市场定位战略考虑。企业应结合自己的实力、产品优势及其他条件，综合分析，确立定位战略。一般来说，企业竞争实力强及产品水平先进时，可以采取与竞争者相似的定位战略，对竞争者来说可谓是“来者不善”；否则，企业还是应以形成自己的市场特色为定位目标，选择稳妥的定位战略。

4.3.2 市场定位战略

企业要做到准确定位，首先要决策采取何种市场定位的战略。市场定位的战略类型包括如下几种。

1. 产品差别化策略

从产品质量、特色、耐用性、可靠性、维修性、风格等方面实现差别的策略。

（1）产品性能质量

产品性能质量是指产品主要特点在运用中的水平。一般来说，产品的性能可以分为4种：低、中、高和超级。性能高的产品总体来说可以产生较高的利润，但是，当产品性能超过一定分界后，由于价格因素的影响，愿意购买的人会越来越少，利润反而会降低。

（2）一致性质量

一致性质量是指产品的设计和使用与预定的标准吻合的程度。

（3）特色

产品特色是对产品的基本功能的某些增补。例如，对于汽车来说，它的基本功能就是作为代步工具和运输工具，汽车产品的特色就是在基本功能上的增加，例如电动窗、ABS、安全气囊、空调等装置。由于汽车可以提供的差别化项目很多，因此，汽车制造商需要确定哪些特色应该标准化，哪些是可以任意选择的。

（4）耐用性

耐用性是衡量一个产品在自然条件下的预期操作寿命的性能。一般来说，购买者愿意为耐用性较好的产品支付更高的售价。但是，如果该产品的时尚性相当强，耐用性就可能不被重视。同样，技术更新较快的产品也不在此列。

（5）可靠性

可靠性是指在一定时间内产品将保持正常运转的可能性。购买者愿意为产品的可靠性付出溢价。由于汽车产品属于耐用商品，因此，可靠性和耐用性一样是受到消费者重视的指标。

（6）可维修性

可维修性是指一个产品出了故障或用坏后进行维修的难易程度。一辆由标准化零件组装起来的汽车容易调换零件，其可维修性也提高。理想的可维修性是指可以花少量的甚至不花钱或时间，自己动手修复产品。除了汽车设计水平和生产质量决定了该汽车的可维修性之外，为该汽车提供的售后服务也可看做是可维修性的衡量标准之一。如果一家汽车生产企业建立大量维修点，可以保证消费者在最短的时间和最短的距离下使汽车获得维修，同样可以认为该汽车的可维修性强。

（7）风格

风格是产品给予顾客的视觉和感觉效果。许许多多汽车买主愿意出高价购买一辆汽车，就是因为被该汽车的外表所吸引。当人们提到一辆汽车时，眼前最先浮现的通常是该汽车的外观。风格比质量或性能更能给顾客留下印象。同时，风格具有难以仿效的优势。

例如，为福特汽车公司带来巨大利润的野马跑车之所以受到欢迎，除了价格低廉外，其风格独特也是一个很重要的原因。野马车的设计集豪华与经济于一体，车身为白色，车轮为红色，后保险杠向上弯曲成一个活泼的尾部，就像一匹野马。在福特公司为新车问世在芝加哥所做的测试中，大部分受测试者都表示首先选择该车。而本田公司的“铃木武士”所做的市场调查也显示，有29%的消费者是被“铃木武士”的外观和设计所吸引而购买该车的。

企业常常还通过寻求产品特征的方法实现产品的差别化，如丰田的安装、本田的外形、日产的价格、三菱的发动机都是非常富有特色的。

2. 服务差别化战略

向目标市场提供与竞争者不同的优质服务的战略。一般地，企业的竞争能力越强，越能体现在用户服务水平上，越容易实现市场差别化。如果企业将服务要素融入产品的支撑体系，就可以为竞争者设置“进入障碍”，通过服务差别化提高顾客总价值，从而击败竞争对手。汽车是技术密集型的产品，实行服务差别化战略是非常有效的。服务差别化主要体现在订货方便、客户培训、客户咨询、维修和其他多种服务上。

（1）订货方便

订货方便是指如何使顾客以最方便的方式向企业订货。网络的普及和电子商务的产生为顾客提供了随时随地可能订货的购物方式，这种便捷的订货方式已经开始被广泛使用。因此，为汽车销售商和生产商发展电子商务是必然的趋势。

（2）客户培训

客户培训是指对客户单位的雇员进行培训。特许经营是当今汽车销售行业中比较重要的渠道策略，大多数汽车厂都会对它的特许经销商进行培训，以便使他们更好地经营特许店。此外，在汽车销售中，客户培训也可以看做是教会顾客如何使用他们的新汽车，这项工作并不一定要靠销售人员进行，一本详细的使用说明书也可以起到客户培训的作用。

（3）客户咨询

客户咨询是指卖方向买方无偿或有偿地提供有关资料、信息系统和提出建议等服务。例如，某销售公司设立提醒服务，其中有：提醒消费者按时享受生产商或经销商的承诺服务，提醒消费者注意某些常规适用规范，譬如进行年检、购置保险等。

（4）维修

维修是指消费者所能获得的修理服务的水准。由于汽车是一种耐用商品，消费者购买汽车后一般总希望尽可能长时间地使用，尤其在中国。目前由于我国消费者收入因素的影响，这一点更为明显。因此，汽车消费者非常关心他们从卖方那里可以获得的修理服务的质量。

维修是售后服务的一项内容，在服务营销日渐被汽车营销行业重视的今天，优秀的整车生产商都会注意维修服务的提供。

3. 人员差别化战略

人员差别化战略是指通过聘用和培训比竞争对手更优秀的人员以获取差别优势的战略。实践早已证明，市场竞争归根到底是人才的竞争，一支优秀的队伍不仅能保证产品质量，还能保证服务质量。人员的素质通常包括人员的知识和技能、礼貌、诚实、责任心、反应灵活、善于沟通等内容。

4. 形象差别化战略

形象差别化战略是指在产品的核心部分与竞争者无明显差异的情况下通过塑造不同的产品形象以获取差别的战略。

要使一个产品具有有效的形象，需要达到3点：第一，它必须传递特定的信息，这些信息包括产品的主要优点和定位；第二，必须通过一种与众不同的途径传递这种信息，从而使其与其他的竞争产品区别开来；第三，必须产生某种感染力，从而触动顾客的心。

树立一种强有力的形象需要创造力和刻苦的工作，同时也需要时间的考验。要树立形象必须利用企业可以利用的每一种传播手段，不断地重复使用。汽车是受品牌影响很大的一种商品，品牌形象本身就可以看做是一类汽车甚至是一家汽车生产厂的标志，品牌的差别是产品定位甚至是企业定位的体现。为树立汽车品牌形象，可以利用标志、文字和视听媒体、气氛及特殊事件来完成。

4.3.3 市场定位的方法

企业在市场定位过程中，一方面要了解竞争者产品的市场定位，另一方面要研究目标用户对产品的各种属性的重视程度，然后选定本企业产品的特色和独特形象，从而完成产品的市场定位。

企业的市场定位一般应参照以下方法。

1. 调查研究影响定位的因素

调查内容主要包括如下方面。

① 竞争者的定位状况。即企业要对竞争者的定位进行确认，并且要正确衡量竞争者的潜力，判断其有无潜在的竞争优势。

② 目标用户对产品的评价标准，弄清楚用户最关心的问题并以此作为定位决策的依据。

2. 选择竞争优势和定位战略

企业通过与竞争者在产品、促销、成本、服务等方面的对比分析，了解自己的长处和短处，从而认定自己的竞争优势，进行恰当的市场定位。

3. 准确地传播企业的定位观念

企业在做出市场定位决策后，还必须大力宣传以把企业的定位观念准确地传播给潜在用户。但要避免因宣传不当在公众心目中造成 3 种误解：一是档次过低，不能显示出企业的特色，例如面向社会集团销售的轿车就应避免给人档次过低的印象；二是档次过高；三是混淆不清，在公众心中没有统一明确的认识。上述误解将会给企业形象和经营效果造成不利影响。

4.3.4 市场定位的战略选择

在企业的目标市场中，通常会存在一些其他企业的产品。这些产品已经在消费者心目中树立了一定的形象，占有一定的地位。它们都有自己的市场位置。企业要想在目标市场上成功地树立起自己产品独特的形象，就必须考虑到这些竞争企业的存在，并针对这些企业的产品制定适当的定位战略。通常可供企业选择的市场定位战略有如下几个。

1. 竞争性定位

竞争性定位是指将本企业产品定在与现有竞争者产品相似的市场位置上，与竞争对手针锋相对，争夺同一细分市场。这种定位要考虑以下因素：生产技术与质量水平是否具有优势；市场潜力与市场容量是否足够吸纳两个企业的产品；是否有比竞争对手更强的生产经营实力。只有具备这些条件的企业，才能在市场竞争中处于有利位置，才能采用这种定位战略。

2. 拾遗补缺定位

拾遗补缺定位是指企业通过分析市场中现有产品的定位状况，从中找出尚未占领或未被消费者所重视的空缺位置，并以此来为本企业确定市场位置。企业采取这种拾遗补缺的方法为其产品定位，可以使自己的产品具有一定的优势和特色，并可避免与同行业的竞争。采用这种定位策略应考虑以下因素：是否有足够数量的、确定的消费者需求；这种空缺产品的生产技术是否可行和经济合理；企业是否具有开发与经营的能力。

3. 突出特色定位

突出特色定位是指企业通过分析市场中现有产品的定位状况，发掘新的具有鲜明特色的市场位置，来为企业的产品定位。企业应该根据市场需求情况与本身条件，尽量突出产品特色。这种战略在实施时对企业条件要求较高，而一旦成功将给企业带来丰厚的收益。

4.4 汽车品牌营销战略实务

4.4.1 猎豹汽车品牌策划

20 世纪 90 年代后期，湖南古城永州，一座现代化的汽车工业城市的雏形逐渐形成，被原国家经贸委有关领导称为“冷水滩模式”的湖南长丰汽车制造股份有限公司在经过 3 年默无声息地快速发展后，开始走向全国，面向世界。

1. 寻找品牌价值认同

1998 年之前，“潇洒骄傲，惟我猎豹”作为长丰首推猎豹汽车形象的广告语，并未充分体现品牌与产品的个性，更不能展现企业的内涵，因此在广告语推出之后，反响平平。1998 年，长丰开始在中央电视台大投入地推出企业形象与产品形象广告，即“长丰集团猎豹汽车”。凭借中央媒体的权威性，猎豹汽车知名度开始上升，但因广告缺乏鲜明的视觉冲击力与记忆点，并未在观众心中并未留下太多的印象。此后，猎豹又推出了“三菱品质，中国制造”的广告语，但使用时间较短。

过多的主张，频频变换的定位，使猎豹品牌形象模糊不清。对于猎豹，策划的第一项任务便是对品牌进行整合，找准定位。品牌不只是名称，更多的应是品牌的精神文化以及理念追求，只有挖掘出品牌的内涵，才可能创造出品牌的价值。经过与企业领导的多次沟通，策划者确定了体现企业的理念与建立可持续发展的强势品牌的品牌策略原则，并决定从品牌价值认同中寻找突破口。

考虑到汽车是一种价值相对昂贵的产品，其表现品牌应具有综合性，因而在策划过程中策划者放弃了差异化诉求策略，转向从“高品质”与“技术来源”"寻求突破。“三菱技术”在世界轻型越野车工业史中是最为完善与先进者之一，而猎豹技术正是通过沿袭这种技术，在中国造就了高品质的轻型越野车。事实上，在国内几家屈指可数的越野车生产企业当中，猎豹无论从技术上还是从品质上都遥遥领先。猎豹品牌的技术内容被确定为“世界一流技术”，“中国越野之王”被确定为品牌的理想内容。

2. 品牌策略思路设计

1998 年 7 月，策划公司、企业管理层、日方代表在经过充分讨论后，确定“世界一流技术，中国越野之王”为企业定位广告语。定位广告语一推出，就以品牌宣言的形式迅速提升了猎豹品牌的价值形象。

而后策划者又根据企业战略目标，确定了猎豹品牌形象策略的基本构架，包括 4 个阶段。第一阶段是猎豹品牌定位。传播“世界一流技术，中国越野之王”的理念，以战略概念的定位与品质内涵的推广对猎豹品牌加以整合与升华。第二阶段是品质定位。以“安全舒适”、“奔放豪华”、“成功信任”作为猎豹汽车品质上的诉求点，根据国内汽车市场的走向，在猎豹汽车原有的营销基础上，完善更加有效的整合传播，以“基于产品，立足形象，建立双向信息交流”的方式逐步完善猎豹汽车市场营销的基础。第三阶段是强化猎豹品牌形象。实现猎豹品牌形象的统一规范，植入猎豹品牌价值观，创造一种较为浓厚的越野车文化氛围。第四阶段是树立长丰企业形象。以品牌的良好经营加强对企业形象的塑造，逐步实现内部与外部的统一。

3. 品牌形象广告创意

确定了基本策略，另一项任务就是创意出既体现战略思想又满足企业现实需要的广告。在品牌形象的塑造过程中，随着市场的变化，宣传主题也应有所变化。但不论怎样变，所变的只是基本主题的深化和延伸。万变不离其宗的原则要求品牌广告的创造不能仅仅拘泥于产品本身，它应有更广阔的延伸空间。猎豹汽车广告的品牌篇正是在这种思想指导下诞生的。

画面：

①（远景）晨曦，红日初升之时，在丛林的灌木丛中，猎豹的徽标闪闪发光。（音乐渐起）

②（镜头推近）徽标在慢慢蜕变，首先徽标的前部蜕变成一只眼睛。外椭圆变成了若隐若现的猎豹斑纹，最后徽标变成了一头猎豹，傲然屹立在丛林中。

③ 猎豹冲出树丛，以矫健的身姿在丛林中狂奔。树木、落叶飞舞。（猎豹发出一声慑人的轻吼）

④ 猎豹腾空飞跃中，逐渐演变成一头金属猎豹。

⑤ 金属豹变成了汽车。猎豹车在泥地狂奔，泥花飞溅。（泥花飞溅的“啪啪”声，汽车转弯的摩擦声）

⑥ 汽车辗过小溪，水花四射。

⑦ 汽车正面朝镜头冲过来，前面的徽标闪闪发光。

⑧ 汽车冲上山崖，巍然屹立。（轻音读出：世界一流技术，中国越野之王）

⑨ 汽车隐去，画面定格徽标。（重音读：长丰集团猎豹汽车）

4. 案例分析——关于通过品牌策划塑造汽车文化的思考

长丰在世界汽车工业之林中依然是蹒跚学步者。要建立现代化的汽车企业，扛起发展民族汽车工业的大旗，首先应创造出与世界品牌同步的汽车文化。从此意义上讲，猎豹在创建品牌上的勇气是令人赞赏的。

汽车在其发展过程中已形成了它独有的文化。驾驭、征服与自由，应该是现代人对汽车文化理解的主层面，因此，世界著名汽车厂商都注重开发汽车产品的文化内涵，从外形到内饰，从表现风格到内在品质，无不体现着他们对文化价值的认识和追求，以至于一部好车一眼就能让人看出它出于哪个国家、哪个厂家。

当然，要建立完善的、系统的、个性化的汽车文化并不是一蹴而就的事情，它需要企业付出长期艰辛的努力。品牌经营的一种重要形式就是文化经营，它既需要企业在内部建立理念，又需要企业在外部传播概念。因此，为使猎豹品牌更具个性化，策划人员建议企业为猎豹车起别名。例如“绿色军营”别名突出了军队用车性质。赋以品牌个性化的命名，这只是开始，企业文化的传播或许要花很长时间。

4.4.2 宝马的“品牌全球化—营销地方化”战略

1. 背景：欧共体市场一体化

宝马（德国巴伐利亚汽车公司，简称 BMW）是一家出口导向的德属汽车公司，其产量的 2/3 皆属出口。出口的主要地区集中于高度工业化的国家，如欧共体、日本和美国。然而，1993 年 1 月 1 日后，出口与国内销售之比发生了逆转，因为 2/3 的产量集中在一体化的欧洲市场销售。

1993 年 1 月 1 日是欧洲市场一体化形成的标志，尽管一体化的真正形成尚需时日，但是在这一阶段，许多汽车制造商已经调整了它们对欧共体市场的销售网络，宝马公司也不例外。

一体化的政策之一是技术规则规定的标准化，这当然是有利无害的，问题在于市场上的目标群体是否也应该“标准化”。从表面看来，描述公司顾客结构的资料似乎表明公司的目标群体大同小异：宝马公司的顾客基本上都受过一流教育，他们要么身居高位，要么是自由专业人士，两者皆属高收入阶层。

事情是不是真的如此简单呢？欧共体 12 个成员国家有 9 种语言 11 种面值不同的货币，以统一的货币欧元（ECU）作为支付手段尚需时日。

公司的现有目标市场虽然集中于工业化国家，但也有农业占相当比重的国家，在这些国家，人们的生活方式迥异，生活水平悬殊。就人均居民国内生产总值来讲。贫富地区相差 5 倍有余。不管和谐统一多么重要，千百年来发展起来的文化、传统和生活方式的差异永远不会消亡。

由此可见，不存在什么偏好与购买力一致的所谓“欧洲消费者”。关于欧共体一体化的管理法案于 1993 年 1 月 1 日生效，但人们的个性特征不会因此而被抹平，不同民族在精神上的差异也不会因此而消除。有鉴于此，宝马公司认为应在各个地方市场上做到入乡随俗。

2. 寻找“欧洲品牌”

（1）为什么需要欧洲品牌

BMW 决意要成为一种出类拔萃、个性鲜明的产品，要在 15%的高档轿车市场领域中独占鳌头。经过多年艰辛的努力，宝马在世界上已经创立了一种轮廓鲜明的形象。不过，创立一种驰名世界的品牌形象是一回事，在某一特定市场上成功地销售又是另一回事。为了满足不同地方市场的不同要求，宝马决定采取集中统一的品牌战略，战略的实施则依不同的国家而有所变化，这就是所谓的“品牌全球化—营销地方化”的营销战略系统。

这一战略形成的第一步是进行市场研究。市场调研的任务在于决定宝马在欧洲和各地区范围里的理想定位。为此举办了一系列的小组讨论，目的在于剥茧抽丝，找出各国家有关语言的问题和可接受的品牌特性。接着设计了一个问卷，问卷的问题既包括适合所有国家的共同“核心”，也有一系列涉及各个不同国家的内容，以反映不同地方的态度与意见。问卷的问题采用了开端的形式，以便顾客就某些问题做进一步的解释。宝马公司后来发现，若没有这些问题，有些重要的情况就不会得到了解。例如，荷兰与某些意大利汽车购买者都要求某种程度的独有性，但是对于表示这种独有性的汽车品质的意见却截然不同。

调查的结果表明，5 个国家（即奥地利、意大利、荷兰、法国和瑞士）的顾客要求可分为如下 3 大类。

① 对所研究的每个国家的细分市场中的所有驾驶汽车的人都同等重要的特性，这些特性因而在全欧洲有效。

② 对某个国家所有驾驶汽车的人都同等重要的标准，这些标准因此构成国别差异。

③ 对所有国家中某些驾驶汽车的人同等重要的要求，这些要求因而带来与目标群体有关的差异。

结果，任何想要为欧洲人提供得体的套装的人都可以找到相应的式样，只不过，他必须根据地方习俗加以编织，根据个人爱好进行着色。

（2）欧洲式样

全欧洲一致的要求有：可靠性，安全性，质量，先进技术。宝马公司把这些标准称为基本要求。那些被认为不符合这些要求的轿车，在购买决策的最初阶段，就被购买者从本来就不太长的备选清单中一笔勾销。另一方面，符合这些要求的汽车则在所有国家都被认为是好车。

（3）量国裁衣

一旦这种式样经过了上述基本考验，下一步就是选择适合某个国家趣味的体裁，还得将该国的气候条件一并考虑。就汽车来讲，这意味着：在荷兰，汽车的吸引力有赖于“内部品质”，如精工细琢的内部配置。与此相反，在奥地利，汽车可能，也应该展示个人的自信，什么样的车显示出其主人是什么样的人，“车如其人”的观念在这里比其他任何国家都强。在意大利，人们十分希望车能符合驾驶员的个人风格，他们对设计和审美品质以及行驶中的动力表现的要求，使得人们发现意大利人对车的追求与其他国家的人截然不同。

这样，不同国家的要求所组成的特征鲜明的轮廓如水落石出般凸显出来，这个轮廓或多或少包括前面提到的基本要求，但涉及的主要是与某个国家相关的特定期望。

这是否意味着相同的车可以在所有国家出售，只不过成功率有点不同而已呢？

不。鉴于所有国家对汽车的基本要求一致，一辆车在法国是“好车”，在奥地利和荷兰，它也是“好的”，显而易见，差别在于人们对车的特定期望因国而异。因此，宝马公司认为一辆车要在众多国家成功地销售，最终是一个沟通问题。

（4）因人着色

欧洲式样和因国裁衣并不等于就是一身得体的套装。宝马公司深深知道，与他要打交道的是人，而不是车，尽管这些人就一个民族来说，他们有共同的观点，但是就个体来看，各人希望展示自己的个人风格却不尽相同，甚至大相径庭。正是在后者的意义上，不同国家的、那些具有某种相同或相似的要求的人，构成了宝马细分市场中的目标群体。

掌握了各种类型的规模与特征后，现在可以根据企业战略蓝图来确定品牌的核心和边缘目标群体。令宝马公司最感兴趣的是在某个特定的国家销售不同类型的轿车。一方面，有的类型在各国的爱好者都有相当大的比例，如“名誉、运动型驾车者”和“普通型汽车爱好者”在意大利、法国、荷兰、奥地利的比例都不小，因此，某种“品牌世界化”对这两类人有直接的吸引力。另一方面，不同国家轿车驾驶人口组成的不同表明，赞成某种观念的人因国而异，如“传统型”和“说不清楚型”的人在法国3个驾车人中就有两个，在意大利则只有1/10。显然需要“营销地方化”。

这对实际的营销活动意味着什么呢？研究所发现的顾客的跨国相似性在宝马的料想之中，更为重要的是，这些预计中的相似性属于较高层次，简而言之，驾驶宝马的人要求上乘的式样、卓越的行驶表现、现代的技术和独特的个性。不同国家宝马驾驶者的这些共同参照系为宝马的全球战略提供了出发点。

另一方面，不同国家的轿车驾驶者之间的差异也适用于宝马，因此要恰当地面对目标群体，营销地方化也是必不可少的。

3. 发现结果的应用

调研结果为“品牌全球化，营销地方化”提供了有力的依据。此外，它们使宝马公司得以通过对定位标准的有机组合，去寻找最佳的战略路线。若要获得理想的战略，指导方针必须满足以下条件。

① 应对尽可能多的目标群体成员富有吸引力。

② 具有凝聚力，即使有多方面的特征，也要形成一个统一的整体。

③ 符合企业形象的要求。

④ 提供一个超越竞争对手的独特地位。

在宝马用一种更为现代的方式重新制定其国际定位方式时，定位的原则与研究结果两者都至关重要。以前的方式以单方面考虑技术能力和先进性为特征，新的方式则扩展至包容了情感因素、审美价值、风格雅致、构思精巧、独特超群和个性鲜明等新的方面。突破了宝马品牌传统上所强调的以技术与运动风格为核心的形象，由此大大增加了扩展品牌的途径。

宝马公司新的定位方式的确立在很大程度上受到1987和1988两年中推出的5和7个系列新车型的影响。但是这种新颖性往往很快过时，如白驹过隙，昙花一现；而竞争者则虎视眈眈，暗中等待时机，时刻准备推出新产品。新产品的开发需要投入大量的时间和资金。正因为如此，围绕产品的整个环境，以及公司作为一个整体的姿态，在产品的销售中必须发挥更积极的作用。定位竞争因此逐渐从产品本身转移到它的环境方面。优良的车本身仅仅是成功的基本先决条件之一，创造一个统一的整体，即让汽车的整体性能得以发挥的空间，将是决定该车成功的最终因素。

新的发现与新的方式的确立使得公司调整了其战略目标，即从注重产品本身转移到重视产品的环境，尤其是产品的营销环节。但是，传统上，公司总部强调统一性，只见森林，不见树木，而各国的分公司则更多地强调地方特色，往往只见树木，不见森林。为了解决这样的冲突，统一大家的认识，宝马公司在开展调研的每个国家举办研讨会，参加者包括公司总部和各分公司负责市场营销的官员，还邀请了有关机构与调研公司。在研讨会上首先提出有关国家的调研结果，然后将其置于新的战略目标的背景下加以讨论。实践证明，这种方法为公司总部和分公司负责营销的人员提供了行之有效的途径，它加深了大家对“世界性品牌，地方性营销”战略的理解和认识，从而为这一战略的顺利实施打下了良好的基础。

4.5 案例分析

奥迪品牌中国之路

1986年，奥迪公司与中国进行首次正式接触，开始在长春与中国一汽集团共同进行一项技术的可行性研究。在此后两年中，奥迪轿车的技术开发工作继续进行，并于1988年授予一汽生产许可证。当年共组装了499辆汽车。

1990年，中国一汽安装了奥迪轿车组装线，日生产能力达50辆。1993年，奥迪加入一汽—大众合资企业。1995年，一汽—大众开始准备生产专门为中国开发的奥迪200 V6车型。

次年，奥迪200 V6下线。

1996年，奥迪在北京设立了售后服务部。奥迪的技术人员常驻在一汽的一号服务站，除提供技术支持外，还对中国员工进行在职培训。同年，奥迪在北京建立了一支由汽车销售、市场开发、公关和售后服务等专业人员组成的团队，以促进奥迪在中国市场的发展。

1999年，奥迪与其合作伙伴——一汽集团共同生产的奥迪A6在长春一汽—大众下线。奥迪A6填补了中国高档豪华轿车生产的空白。当年，奥迪在中国销售6 911辆轿车。

2000年，第一个奥迪标准经销商展厅在北京落成，奥迪将全球统一的、高标准的销售服务体系引进中国。当年，奥迪在中国的销量比上一年增加了约1.5倍，达17 451辆。

2001年，奥迪A8 正式投放中国市场，这标志着奥迪系列中的旗舰产品登陆中国。随后，新款奥迪A4和奥迪TT跑车也相继在中国投放，为中国消费者提供了更多的个性化选择。同年，奥迪引进了与世界同步的氙灯、驻车加热和电动座椅等技术装备，配备在2001年奥迪A6技术升级版上。奥迪当年在中国的年销量上升到27 890辆。

2002年，奥迪将其独有的multitronic®无级/手动一体式变速箱配备在奥迪A6上。随后，经过23项升级的新奥迪A6上市。这一年两次与国际同步的升级，使奥迪继续保持在中国豪华车市场上的领先地位。同年奥迪全能四驱越野车在中国上市，这辆真正意义上的公路、越野两用四驱车进一步增强了奥迪品牌的竞争优势。这一年奥迪在中国的销售达到36 492辆。

2003年，奥迪A4作为全球豪华品牌B级车的顶端产品在中国投产，它的投产使奥迪扩大了在中国生产的产品线。同年 7 月，创立全球高档豪华轿车新标准的新奥迪 A8 也在中国上市。2003 年 10 月， 奥迪 A6 行政型和运动型轿车投放市场，再次证明了奥迪在中国的成功。2003 年中国汽车市场销量总体上涨 69.6%，达 227 万辆，而奥迪汽车的总销量则达到 63 531 辆，上涨 71.5%。

2004 年 4 月，奥迪推出奥迪 A4 新车型，它除增加了更多的颜色选择外，还提供了一些个性化选装配置，包括娱乐包、运动包、冬季包、真皮包等。奥迪 A4 新车型成为追求高品质、个性化生活的精英人士的理想选择。同年 5 月，奥迪顶级旗舰产品奥迪 A8L 加长型 6.0 quattro 全时四轮驱动轿车投放中国市场。这款车是当今全球市场上技术最先进、性能最佳的顶级豪华轿车。它的推出进一步巩固了奥迪在中国高档车市场的领先地位。目前中国是世界第四大 A8 市场。8 月，国产奥迪 A6 2.5 TDI 柴油车也正式投放。在本年度中国车市整体下滑的情况下，奥迪全年销量增长 0.8%，达到 64 018 辆（其中国产奥迪 A6 为 46 177 辆，国产奥迪 A4 为 15 841 辆），占据了 68.9%的国产高档车市场份额。

2005 年 4 月，国产全新奥迪 A6L 上市。作为当时国内最豪华、最先进、国情适应性最强的高档轿车，全新奥迪 A6L 秉承了奥迪在全球的最高品质，其尊贵的外观设计、优异的运动特性、宽敞的内部空间和卓越的安全性能将驾乘的便捷、动感、舒适性体验提升到了同级轿车前所未有的境界。10 月，全新奥迪 A4 的上市进一步加强和完善了奥迪在中国的产品系列。面对激烈的市场竞争，奥迪 2005 年在中国取得了出色的销售业绩，销量达到 58 878 辆（根据 AAK 统计方式，即最终销售到用户的数字），增长 9.6%，中国成为奥迪在德国本土之外的第三大市场。

奥迪在不断向中国客户提供与全球同步的先进产品和服务的同时，积极参与一系列高规格的体育、文化活动，使中国客户更全面地体验到奥迪品牌的内涵。

2001 年 6 月，奥迪 A8 赞助了举世瞩目的世界三大男高音北京演唱会。2002 年 4 月，奥迪为博鳌亚洲经济论坛提供奥迪 A6 作为贵宾用车。2003 年 4 月，奥迪 A4 赞助了世纪音乐剧《猫》在上海的首演和皇马中国行。

2004 年，奥迪赞助北京国际马拉松赛、举办奥迪 quattro 杯高尔夫锦标赛、参加 DTM 德国房车大师赛上海站表演赛、亮相极具未来元素的概念跑车 RSQ，并成为北京 2008 年奥运会正式高级用车品牌，使中国客户更全面地体验到奥迪品牌的动感精髓。

2005 年，奥迪继续引领中国高档豪华轿车，举办和参与了一系列体现奥迪尊贵、进取、动感品牌形象的活动，如成立奥迪英杰汇，分别任命余隆先生、郎朗先生、靳羽西女士为奥迪英杰汇的"文化先锋"、"音乐先锋"和"时尚先锋"。

2006 年，赞助时尚芭莎明星慈善夜。

2006 年，赞助中国风尚大典。

2006 年，赞助张艺谋导演电影《满城尽带黄金甲》。

2007 年，协助举办第四届奥运歌曲征集评选活动。

奥迪品牌所代表的独特生活方式也在一系列活动中得到诠释，如赞助上海国际时装周和广州交响乐团等。另外，奥迪不断建立新的平台，如奥迪驾控之旅、北京奥迪品味车苑和上海奥迪媒体中心等，让消费者充分体验到奥迪品牌所具有的独特魅力。

面向未来，奥迪将继续与一汽—大众合作，致力于在中国的长远发展。未来投资计划包括引进更多的车型，更新生产设备，开展营销活动，不断加强全球统一销售服务网络的建设等。

目前奥迪在中国市场的经销商网络已覆盖 85 个城市，拥有 131 家经销商。

复习思考题

1. 简述汽车品牌的概念。
2. 简述汽车品牌市场细分的作用。
3. 简述汽车品牌市场细分的变量及特点。
4. 简述汽车品牌市场细分的原则，并举例说明。
5. 试举例说明汽车品牌市场细分方法中的一种，列出相关汽车品牌。
6. 简述汽车品牌市场定位的概念。
7. 简述汽车市场定位战略。
8. 根据猎豹和宝马的案例，从中选择一个案例，提出对汽车品牌市场细分及定位战略的观点。

第5章 汽车的分销渠道

【学习目标】

1. 了解分销渠道的概念
2. 了解分销渠道的作用和类型
3. 了解影响分销渠道选择的因素
4. 掌握汽车分销渠道的设计与管理

5.1 汽车配件分销渠道的作用与类型

汽车企业生产出来的产品，只有通过一定的市场营销渠道，才能解决生产者与消费者之间在时间、地点、数量和所有权等方面存在的差异和矛盾，顺利将产品转移到消费者手中，满足市场需要，实现企业的市场营销目标。

分销是市场营销组合的策略之一，它是汽车企业能否成功地将其汽车产品打入市场、扩大销售、实现企业经营目标的重要手段。美国市场营销协会给分销渠道下了个定义，即：分销渠道是指“企业内部和外部代理商和经销商（批发和零售）的组织结构，通过这些组织，商品（产品或劳务）才得以上市行销。”这个定义只着重反映分销渠道的组织结构，而没有反映商品从生产者流向最后消费者或用户的流通过程。

美国市场学者肯迪夫和斯蒂尔认为：分销渠道是指“当产品从生产者向最后消费者或用户移动时，直接或间接转移所有权所经过的途径。”

菲利普·科特勒认为：“一条分销渠道是指某种货物或劳务从生产者向消费者移动时，取得这种货物或劳务的所有权或帮助转移其所有权的所有企业和个人。因此，一条分销渠道主要包括商人、中间商和代理中间商。此外，它还包括作为分销渠道的起点和终点的生产者和消费者，但不包括供应商、辅助商等。”

科特勒认为，市场营销渠道（marketing channel）和分销渠道（distribution channel）是两个

不同的概念。他说："一条市场营销渠道是指那些配合起来生产、分销和消费某一生产者的某些货物或劳务的所有企业和个人。"这就是说，一条市场营销渠道包括某种产品的供产销过程中的所有企业和个人，如资源供应商（suppliers）、生产者（producer）、商人中间商（merchant middleman）、代理中间商（agent middleman）、辅助商（facilitators）以及最后消费者或用户（ultimate consumer or users）等。市场营销渠道包括生产者、收购商、其他供应商、各种代理商、批发商、零售商和消费者等；分销渠道则包括加工商、各种批发商、代理商、零售商、消费者等。

5.1.1 分销渠道的作用

分销渠道的作用可以从企业、消费者和国家 3 个角度进行分析。

1. 对企业的作用

① 分销渠道是企业进入市场必须之路。

② 分销渠道是企业的重要资源。

③ 分销渠道是企业节省市场营销费用、加快商品流通的重要措施。

2. 对消费者的作用

分销渠道为消费者获得价廉物美的商品提供了便利，节省了选购商品的时间和精力，减轻了消费者的负担。

3. 对国家的作用

① 连接生产和消费，是整个社会再生产过程中的一个重要环节，是国民经济的一个重要组成部分。

② 在整个社会化大生产过程中，分销渠道起着调节产、供、销平衡的作用；对国家税收的增加、资金的积累、就业的扩大起着不可忽略的作用。

5.1.2 分销渠道的类型

分销渠道的类型划分方式很多，主要是按照长度和宽度划分，按长度划分为直接渠道和间接渠道两种。直接渠道与间接渠道的区别在于有无中间环节，直接渠道是指生产企业不通过中间环节，直接将产品销售给消费者，也称为"零级渠道"；间接渠道是存在中间环节的渠道，又称为"一级渠道"、"二级渠道"和"三级渠道"，如图 5-1 所示。按照宽度划分，分销渠道可以划分为密集分销、选择分销和独家分销。

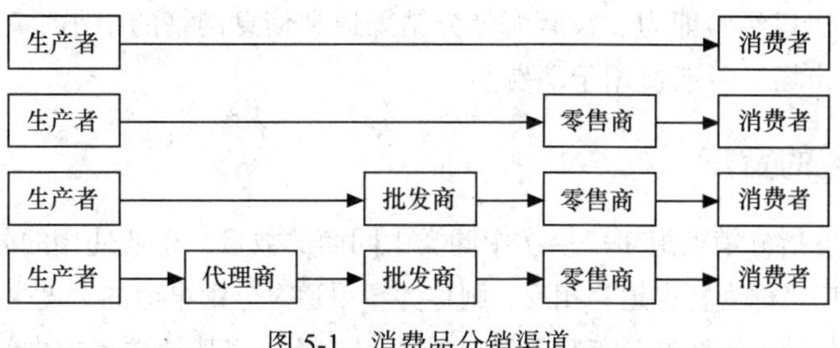

图 5-1　消费品分销渠道

1. 分销渠道的长度

（1）直接渠道（Ⅰ型：生产者→消费者）

即生产者直接将商品销售给消费者。这种渠道的具体形式有推销员上门推销、设立自销机构、通过订货会或展销会与用户直接签约供货等。很多日本汽车企业在早期采取的都是这种分销形式。由于该渠道耗费较多的人力、物力、财力，这种渠道只能作为其他销售方法的补充。

（2）一级渠道（Ⅱ型：生产者→零售商→消费者）

即由生产者先将产品销售给零售商，零售商再将产品销售给消费者。我国许多汽车生产企业都采用这种分销形式，比如各专业汽车生产企业、重型车生产企业等。

（3）二级渠道（Ⅲ型：生产者→批发商→零售商→消费者）

即由生产者先将产品销售给批发商，批发商将产品销售给零售商，零售商再将产品销售给消费者。这种分销渠道在我国的大中型汽车生产企业的市场营销中比较常见，如上海大众汽车公司、东风汽车公司等。

（4）三级渠道（Ⅳ型：生产者→代理商→批发商→零售商）

即在生产者和消费者之间，通过代理商、批发商、零售商 3 层中间环节，因此可以称为三级渠道。这种分销渠道比较适合于生活用品的销售，对于汽车配件来说不太适合。

综上所述，直接分销渠道的优点表现在以下几方面。

第一，企业可迅速及时地获得信息的反馈，从中了解国际市场的动态，据此制定适宜的营销策略。

第二，企业直接参与国际市场竞争，建立和开拓自己的销售网络，为树立企业形象，提高企业声誉，不断积累经验，进一步扩大国际市场奠定了基础。

第三，企业独立地进行出口管理，对国外的营销有了较大的控制权，有利于企业根据自己的战略目标对国外的营销活动做出适宜的调整。

但存在不足之处：第一，增加企业的经营成本，增大资金耗费及销售的风险；第二，直接销售主要适合于生产资料的销售。

同样，间接分销渠道的优点表现在以下几方面。

第一，企业可以利用国内其他组织机构在国外的分销渠道和营销经验，迅速将产品推向国外市场，取得良好的时间效益。

第二，减少了企业所承担的外汇风险及各种出口信贷的风险，对资金的使用有一定的安全性。

第三，企业不必设置从事进出口业务的专门机构或专门人员，可以节省人力、物力和财力，集中精力搞好生产。

不足之处表现为：第一，限制了企业在国外市场上经营销售能力的扩大；第二，间接分销渠道主要用于缺乏出口经验能力、没有海外分销渠道和信息网络的中小生产企业，或面对潜力不大、风险较大的市场，一般适用于消费品。

2. 分销渠道的宽度

分销渠道的宽度指分销渠道每一层次中同类中间商的数量，企业使用的同类中间商多，产品在市场上的分销面广，称为宽渠道；相反，则称为窄渠道。分销渠道的宽度主要有以下 3 种方式。

① 独家分销。指生产者在一定的市场范围内，选择一家某种类型的中间商销售产品，如独

家代理商或独家经销商。这种分销方式的特点是生产者对其控制力强，但竞争程度较低，市场覆盖面有限，同时对中间商的依赖性较强。

独家分销渠道的优点是：有利于控制市场营销，提高中间商的积极性；密切与中间商的合作关系，在推销方面得到大量的协助；提高生产企业的经营效率，节约费用，降低销售成本；提高中间商对顾客的服务质量；排斥竞争产品进入同一市场，提高企业的国际竞争力。

独家分销渠道的不足是：对中间商的依赖性太强，市场覆盖面窄；这种渠道意味着放弃一部分潜在顾客，有限的渠道宽度使企业适应性较差，销量难以扩大。

② 选择分销。指生产者在一定的市场范围内，通过少数几个经过挑选的、最合适的中间商销售其产品，如特约代理商或特约经销商。其特点是生产者对中间商的控制仍然较强，竞争程度扩大，相应地市场覆盖面也在扩大。但需要考虑怎样合理地界定中间商的区域。

选择分销渠道的优点是：可以节省费用开支，提高营销的效率；生产企业通过优选中间商，还可维护企业和产品的声誉，对市场加以控制；当生产企业缺乏国际市场经营的经验时，在进入市场的初期选用几个中间商进行试探性的销售，待企业积累了一定的经验，或其他条件具备以后，再调整市场销售策略，以减少销售风险。

选择分销渠道的不足是：企业难以在营销环境宽松的条件下实现多种经营目标；渠道对非选购品缺乏足够的适应性；企业要为被选用的中间商提供较多的服务，并承担一定的市场风险。

③ 广泛分销。指生产者尽可能地通过大量符合最低信用标准的中间商参与其产品的销售。特点是生产者对其控制力弱，竞争激烈，市场覆盖面广泛，分销越密集，销售的潜力越大。但必须注意在一定区域内，由于过渡竞争和由此引发的冲突不利于产品的销售。

广泛分销渠道的优点是：市场覆盖面广，购买者有较多的机会接触到产品。对于刚开始从事出口经营的企业，这种策略可以帮助其迅速打开局面，可以对这些中间商的工作效率进行综合评价，从中选择效率高的中间商继续为自己销售产品，同时淘汰那些效率低的中间商，有利于中间商之间展开竞争，不断提高商品销售效率。

广泛分销渠道的不足是：对于较小的地区市场，不宜采用；缺乏中间商的管理控制。

5.2 汽车分销渠道的设计与管理

5.2.1 分销渠道的设计

1. 影响分销渠道选择的因素

生产企业在设计分销渠道之前，应该对产品、市场及企业本身等各种因素进行综合分析，以便做出正确的决策。影响汽车生产商选择分销渠道的因素很多，主要有如下几个。

（1）产品特性

① 产品的单位价值。单位价值低的产品，往往通过中间商来进行销售，让中间商承担部分销售成本，同时有利于扩大产品的市场覆盖面，即分销渠道宽，环节多，且每一个环节层次多。

反之，单位价值高，分销路线就短。汽车属于价格昂贵的耐用消费品，不宜通过中间商来销售，应该减少流通环节。

② 产品的大小与重量。体积大、份量重的产品，往往意味着高的装运成本和高的储存成本，一般应尽量选择最短的分销渠道，汽车企业多数只通过一个环节，甚至取消中间环节，由生产者直接供应给用户。

③ 产品的易毁性或易腐性。产品是否容易损坏、腐烂，是影响产品实体运输和储存的非常关键的问题。易毁、易腐的产品，应尽量缩短分销途径，迅速地把产品出售给消费者。鲜活产品的渠道一般都较短，就是这个道理。汽车配件产品在这方面的性能较好，影响不大。

④ 产品技术的复杂性。产品技术比较复杂、对售后服务要求较高的产品，如微机、现代办公用品、大型机电设备等，一般生产企业要派出专门的人员去指导用户安装和维修，这些产品的分销渠道一般都是短而窄的。汽车正属于技术性高的产品，因此，渠道的长度和宽度不宜过大。

⑤ 产品的时尚性。式样或款式更新变化快的产品，如各种新奇玩具、时装等，分销渠道应尽量缩短，以免流转环节较多、周转时间较长。而时尚性不强、款式更新慢的商品，分销渠道可以适当长一点，以便广泛销售。

⑥ 是否为新产品。企业为了尽快地把新产品推向市场，通常会采取强有力的推销手段，甚至不惜为此付出大量的资金组建推销队伍，直接向消费者推销。当然，为节约成本，在情况许可时，也应考虑利用原有的分销渠道。

（2）市场因素

① 市场范围的大小。在一般情况下，产品销售范围越大，则分销渠道就越长。如产品要在全国范围销售或进入国际市场，则应广泛利用中间商，要选择较长、较宽的渠道；如果产品销售范围很小，或就地生产就地销售，则可由生产者直接销售或通过零售商销售。汽车市场范围较小，一般需要通过中间商进行销售。

② 消费者的购买习惯。消费者的购买习惯也影响分销渠道的选择。一些日常生活必需品，其价格低，消费者数量大，购买频率高，顾客不必做仔细的挑选，生产企业应尽量多利用中间商，扩大销售网点，其分销渠道应长而宽。对于一些耐用消费品，如汽车配件，其价格高，生产企业一般只通过少数几个精心挑选的零售商去销售，甚至在一个地区只通过一家零售商去推销，其分销渠道可以短而窄。

③ 竞争者的分销渠道状况。一般来说，企业要尽量避免和竞争者使用相同的分销渠道。如竞争者使用和控制着传统的分销渠道，本企业就应当使用其他不同的分销渠道来推销其产品。汽车配件市场竞争激烈，生产厂家比较多，可以采取与竞争者相同的分销渠道，以便让顾客进行产品价格、质量等方面的比较。

（3）企业自身因素

① 企业的声誉与财力。企业的声誉越卓著，财力越雄厚，越可以自由选择分销渠道，甚至还可以建立自己的销售网点，采取产销合一的方法经营，而不经过任何其他中间商。如果生产企业财力微薄，或声誉不高，则必须依赖中间商提供服务。

② 企业自身的销售力量和销售经验。一般来说，如果企业自身有足够的销售力量，或者有丰富的销售经验，就可以少用或者不用中间商；否则，就只有将整个销售工作交给中间商。

③ 企业对分销渠道的控制要求。如果企业想要严格控制产品的销售价格和新鲜程度，或为了产品的时尚，则要选择尽可能短的分销渠道，因为对于短而窄的分销渠道，企业比较容易控制。

（4）社会环境及传统习惯因素

社会环境这一因素主要是指政府的方针政策及对产品分销渠道的限制情况，主要包括经济形势、法律法规、传统习惯等方面的因素。由于汽车商品的特殊性及各个汽车生产企业自身因素的差异，在当前的社会环境条件下，企业应该对上述各种影响因素进行定量或定性分析，对各种渠道进行合理评价，进而拟定合理、完善的分销渠道。

（5）中间商方面的因素

企业应考虑中间商的服务对象是否与自己所要达到的市场面相一致，这是最基本的条件。例如，汽车生产企业应该选择具有一定财力和管理能力的中间商来销售其汽车配件，而且还要具备较好的销售服务推广能力等。

2. 分销渠道的设计

经营汽车配件的企业在设计分销渠道时，必须在理想渠道与实际可用渠道之间进行选择。一般来讲，新企业在刚刚开始经营时，总是先采取在优先市场上进行销售的策略，以当地市场或某一地区的市场为销售对象，因其资本有限，需要采用现有中间商。一旦经营成功，它可能会扩展到其他新市场。这家企业可能仍利用现有的中间商销售其产品，虽然它可能在不同地区使用各种不同的市场营销渠道。总之，生产者的渠道系统需因时因地灵活变通。

渠道设计问题可从决策理论的角度加以探讨。通常，要想设计一个有效的渠道系统，需经历 4 个阶段，主要有消费者需求分析、确定渠道目标、制定渠道方案和评估分销方案。

（1）消费者需求分析

分销渠道指的是产品或服务从生产者流向消费者（用户）所经过的整个渠道，因此，设计分销渠道首先应该了解目标市场上消费者的购买需求。分析消费者想要购买什么，比如汽车配件市场，汽车企业购买较多，对于购买配件的方便程度要求越高，渠道的分销面就越广。

（2）确定渠道目标

有效的渠道设计应以确定企业所要达到的市场为起点。从原则上来讲，目标市场的选择并不是渠道设计的问题。然而，事实上，市场选择与渠道选择是相互依存的。有利的市场加上有利的渠道，才可能使企业获得利润。渠道设计问题的中心环节是确定到达目标市场的最佳途径。每一个生产者都必须在顾客、产品、中间商、竞争者、企业政策和环境等所形成的限制条件下，确定其渠道目标。

生产企业在进行分销渠道的设计时，首先要决定采取什么类型的渠道，是直销还是通过中间商销售，即是采用直接销售渠道还是采用间接销售渠道。如果企业决定通过中间商分销其产品，就要决定中间商的类型：是批发商还是零售商？什么样的批发商和零售商？用不用代理商？具体选择哪些中间商？企业可以采用本行业传统类型的中间商和分销渠道，也可以开辟新渠道，选择新型中间商。企业在具体选择中间商时还要考虑以下因素：第一是市场覆盖面。中间商的市场覆盖面是否与生产企业的目标市场一致，如某企业现打算在西北地区开辟市场，所选中间商的经营地域就必须包括这一范围；第二是中间商是否具有经销某种产品必要的专门经验、市场知识、营销技术和专业设施等。

（3）制定渠道方案

在研究了渠道的目标之后，渠道设计的下一步工作就是明确各主要渠道的执行方案。渠道方案主要涉及以下几个基本的因素：

① 选择中间商的类型。企业首先要明确可以完成其渠道任务的中间商类型。根据目标市场及现有中间商的状况，可以参考同类产品经营者的现有经验，设计自己的分销渠道方案。中间商的不同对生产企业的分销渠道会产生影响。例如，汽车收音机厂家在考虑其分销渠道时，可以选择与汽车厂家签订独家合同，要求汽车厂家只安装该品牌的收音机；可以借助通常使用的渠道，要求批发商将收音机转卖给零售商；也可以在加油站设立汽车收音机装配站，直接销售给汽车使用者，并与当地电台协商，为其推销产品并付给相应的佣金。

② 确定中间商的数量。中间商类型的确定，实际上也决定了分销渠道的长度。企业必须确定在每一渠道层次利用中间商的数量，由此来选择分销渠道的类型，即独家分销、选择分销或广泛分销。分销渠道的选择主要取决于产品类型：便利品需要广泛分销，选购品一般适合选择分销，特殊品可选择独家分销。汽车配件、大型电子产品等多选择独家分销。

③ 确定渠道成员的权利和责任。为保证分销渠道的畅通，企业必须就价格政策、销售条件、市场区域划分、相互服务等方面明确中间商的权利和责任。主要有以下几方面。

- 价格政策。要求企业必须制定出具体的价格，并有具体的价格折扣条件，如数量折扣、促销折扣、季节折扣等政策。这样可以刺激中间商努力为企业推销产品，扩大产品储备，更好地满足顾客的需求。
- 销售条件。要求企业制定出相应的付款条件，如现金折扣；对中间商的保证范围，如不合格产品的退换、价格变动风险的分担等方面的保证。这样有利于中间商及早付款，加速企业的资金周转，同时可以引导中间商大量购买。
- 区域销售权利。这是中间商比较关心的一个问题，尤其是独家分销的中间商。因此，企业必须把各个中间商所授权的销售区域划分清楚，以便于中间商拓展自己的业务，也有利于企业对中间商的业绩进行考核。
- 相互服务。企业必须制定相应的职责与服务范围，明确企业要为中间商提供哪些方面的服务，承担哪些方面的职责；中间商要为企业提供哪些方面的服务，承担哪些方面的职责。在一般情况下，相互的职责和服务内容包括供货方式、促销的相互配合、产品的运输和储存、信息的相互沟通等。

（4）评估分销方案

分销渠道方案确定后，生产者就要根据各种备选方案进行综合评价，以便找出最优的分销渠道方案。对每个分销渠道进行评估，一般都需要遵循以下 3 个标准。

① 经济性标准评估。该评估主要是比较每个方案可能达到的销售额及费用水平。一是比较由本企业推销人员直接推销与使用销售代理商哪种方式销售额水平更高；二是比较由本企业设立销售网点直接销售所花的费用与使用销售代理商所花的费用，看哪种方式支出的费用大，企业对上述情况进行权衡，从中选择最佳分销方式。

② 可控性标准评估。一般来说，采用中间商可控程度较低，企业直接销售可控程度较高。分销渠道长，可控性难度大，渠道短，可控性难度会降低些，企业必须进行全面比较、权衡，选择最优方案。

③ 适应性标准评估。在评估各渠道方案时，还有一项需要考虑的标准，那就是分销渠道是否具有地区、中间商等适应性。首先是地区适应性，在某一地区建立产品的分销渠道，应充分考虑该地区的消费水平、购买习惯和市场环境，并据此建立与此相适应的分销渠道；其次是中间商适应性。企业应根据各个市场上中间商的不同状态采取不同的分销渠道。如在某一市

场若有一两个销售能力特别强的中间商，渠道可以窄一点；若不存在突出的中间商，则可采取较宽的渠道。

此外，如果生产企业同所选择的中间商的合约时间长，而在此期间，其他销售方法如直接邮购更有效，但生产企业不能随便解除合同，这样企业选择分销渠道便缺乏灵活性。因此，除非在经济或可控性方面具有十分优越的条件，否则生产企业必须考虑选择策略的灵活性。

5.2.2 分销渠道的管理

汽车配件企业选定分销渠道方案后，还要决策如何来管理渠道。一般来说，制造企业不可能像控制产品、定价和促销那样直接控制分销渠道，因为中间商是独立的经营者，他们有自身的利益要追求，有权在无利可图或不满意时撤出。客观上，制造企业和中间商之间也存在诸多矛盾，如零售商希望存货尽可能少些为好，以节约空间和减少资金占用，一旦发生断档，又要求制造商提供紧急订货服务，以抓住市场机会；而频繁供货使制造企业增加了送货成本，特别是小批量的紧急送货。但另一方面，从根本上来说，制造商和经销商的利益又是一致的，两者都只有通过将商品顺畅地卖给使用者才能获得效益，因此又要加强渠道内部各成员之间的协调与合作。企业必须安排专人负责分销渠道的管理，具体的管理程序包括以下主要内容。

1. 选择渠道成员

渠道方案确定以后，如何进行间接销售渠道管理，必须明确中间商应具备的标准。从生产企业来看，选择合适的中间商应具备的条件和特点有以下几点：

① 中间商的服务对象应与生产厂商的目标顾客基本一致，这是确定中间商最基本的条件；

② 零售商应该位于顾客流量大的地段，具有较好的交通运输及仓储、分销条件；

③ 拥有经销该产品须必备的知识、经验和技术，具有较强的售前、售中、售后服务能力；

④ 制造企业可以综合考评中间商的开业年限和行业经验，以及经营汽车产品的范围、企业盈利及发展状况、财务支付能力、协作愿望与信誉等级等。

2. 激励渠道成员

销售渠道由各渠道成员的结合构成。一般来说，各渠道成员都会为了共同利益而努力工作。但是，由于中间商是独立的经济实体，拥有自己的经营理论，在处理供应商、顾客的关系时，往往偏向顾客一边，或者过分强调自己的利益，并影响到其为企业分销产品的积极性。因此，企业必须在了解中间商的需求和欲望的基础上，用行之有效的手段对其进行激励是很有必要的。

① 采取有效措施提高中间商的积极性，密切双方的合作关系。例如较高的职能折扣、合作广告、举办展销、组织销售竞赛等，对中间商的工作及时考核，经营效果好的给予奖励或优惠待遇，建立长期合作关系。

② 企业应着眼于与有关中间商建立稳定、长期的伙伴关系。通过研究，明确各方在销售领域、产品供应、市场开发、技术指导、销售服务和财务等方面的相互要求，共同对这些方面的有关政策进行协商，并按照其信守承诺的程度确定合理的奖酬方案，给予必要的奖励。

③ 把汽车制造商与中间商双方的需要结合起来，建立一个专业化的垂直营销管理系统。汽

车制造商在企业内部设立相应的经销商关系管理部门，任务是了解中间商的需要，制定市场营销计划，帮助每一个中间商以最佳方式经营。通过该部门与中间商的共同工作，引导中间商深刻认识双方之间彼此依存、共同得利的关系。

3. 定期评估渠道成员的工作

对中间商的工作绩效要进行定期评估，目的是及时了解和发现问题，以便对不同类型的中间商有针对性地实施激励和推动工作，对表现较好的给予奖励，对于长期表现不佳者，果断终止合作关系。评估的具体内容包括以下几方面：

① 检查每位渠道成员完成的销售量和利润额，统计每位经销商的平均存货水平；

② 调查经销商是否积极努力推销本企业的产品；

③ 检查每位渠道成员同时经销多少种与本企业相竞争的产品；

④ 检查每位经销商为商品定价的合理程度，为用户服务的态度和能力；

⑤ 计算每位渠道成员的销量在企业整个销量中所占的比重，并与前期相比较。

通过上述诸方面的评估，企业可鉴别出那些贡献较大、工作努力的渠道成员，对这些中间商，企业应给予特别的关注，建立更密切的伙伴关系；对于鉴别出的那些不胜任的渠道成员，必要时应做出相应调整。

4. 协调渠道成员间的矛盾

渠道存在的基础是专业化分工所带来的相互依赖，制造商、批发商（代理商）、零售商只有依靠各自的专业化分工一起协作才能共同完成整条价值链的价值实现。渠道成员一般各有其特定的专业职能：制造商可能专门负责生产和全国范围内的促销，而零售商也许专门从事分销和当地促销，这种专业化带来了相互依赖。然而，各渠道成员都力图获得最大限度的自主权，于是相互依赖关系的建立就带来了利益上的冲突。渠道冲突，是指某渠道成员从事的活动阻碍或者不利于本组织实现自身的目标，进而发生的种种矛盾和纠纷。分销渠道的设计是渠道成员在不同角度、不同利益和不同方法等多因素的影响下完成的，因此，渠道冲突是不可避免的。渠道冲突包括 3 种类型。

（1）水平渠道冲突

这种冲突指的是在同一渠道模式中，同一层次中间商之间的冲突。产生水平冲突的原因大多是生产企业没有对目标市场的中间商数量分管区域做出合理的规划，使中间商为各自的利益互相倾轧。这是因为在生产企业开拓了一定的目标市场后，中间商为了获取更多的利益，必然要争取更多的市场份额，在目标市场上展开“圈地运动”。例如，某一地区经营 A 家汽车配件产品的中间商，可能认为同一地区经营 A 家企业配件产品的另一家中间商在定价、促销和售后服务等方面过于进取，抢了他们的生意。如果发生了这类矛盾，生产企业应及时采取有效措施，缓和并协调这些矛盾，否则，就会影响渠道成员的合作及产品的销售。另外，生产企业应未雨绸缪，采取相应措施防止这些情况的出现。

（2）垂直渠道冲突

这种冲突是指在同一渠道中不同层次企业之间的冲突，这种冲突较之水平渠道冲突要更常见。例如，某些批发商可能会抱怨生产企业在价格方面控制太紧，留给自己的利润空间太小，而提供的服务（如广告、推销等）太少；零售商对批发商或生产企业可能也存在类似的不满。

垂直渠道冲突也称为渠道上下游冲突。在某些情况下，生产企业为了推广自己的产品，越过一级经销商直接向二级经销商供货，使上下游渠道间产生矛盾。因此，生产企业必须从全局着手，妥善解决垂直渠道冲突，促进渠道成员间更好地合作。

（3）多渠道间的冲突

随着顾客细分市场和可利用的渠道不断增加，越来越多的企业采用多渠道营销系统。不同渠道间的冲突指的是生产企业建立多渠道营销系统后，不同渠道服务于同一目标市场时所产生的冲突。例如，汽车配件企业在同一地区通过几家经销商销售，当地又有品牌专营店，汽车制造商自己又开店直销，三者之间会引起诸多冲突与不满等。多渠道间的冲突在某一渠道降低价格（一般发生在大量购买的情况下）或降低毛利时，表现得尤为强烈。因此，生产企业要重视引导渠道成员之间进行有效的竞争，防止过度竞争，并加以协调。

导致以上渠道冲突的原因，一是各自目标不同，二是没有明确的授权，三是对未来的预期不同，四是中间商对制造商过分依赖。协调渠道成员间的矛盾冲突必须从以下几方面着手控制。

① 构建渠道伙伴关系，确立共同的目标和价值观。要解决渠道冲突，特别是要解决企业和渠道组织的冲突，首先要认识到渠道组织作为外部组织，和企业一起构成了价值链，是产品价值实现的必要环节。因此，企业首先要从理念上认识到企业和渠道组织的关系不应该是对立的关系，而应该是价值实现的伙伴关系。只有在这个正确理念的指引下，企业才能正确地采取一系列措施和渠道组织共同进行价值实现。通过确立共同的目标和价值观，有助于渠道成员增强对渠道环境的认识，从而更有助于互相为对方考虑，从整体考虑，最终有利于避免冲突的出现。

② 对渠道成员间的权利、责任、义务尽可能明确界定。渠道成员之间冲突发生的差异性原因多种多样，目标不相容、渠道分工的差异、技术的差异等都可能产生渠道冲突。实际上大部分差异是可以通过明确界定渠道成员间的权利、责任、义务等来避免的。因此，这就要求企业在进行渠道规划时尽可能多地考虑到实际情况，详细界定渠道成员间的权利、责任、义务，这样才能尽可能减少以上差异所带来的渠道冲突。

③ 渠道成员间要成立渠道管理组织。企业和渠道组织之所以能在一起，是因为要通过各自的专业化分工协作起来共同完成分销任务。因此，为了更好地分工协作，同时更好地处理渠道冲突，企业和其他渠道成员有必要共同成立渠道管理组织，如渠道委员会。它可以及时处理随时出现的渠道冲突，并且最重要的是通过建立定期或不定期的沟通机制，使企业和渠道组织、渠道成员间能加深对共同目标的认识，加深相互理解，最终避免冲突的实现。

5. 调整分销渠道

由于汽车消费者购买方式的变化、市场扩大或缩小、新的分销渠道的出现，现有渠道结构不能带来最高效的服务产出，在这种情况下，为了适应市场环境的变化，现有分销渠道经过一段时间的运作后，就需要加以修改和调整。调整分销渠道主要有如下几种方式。

① 增减渠道成员。这是一种结构性调整，即对现有销售渠道里的中间商进行增减变动。企业要分析当增加或减少某些中间商时，会对产品分销、企业收益等带来什么影响，影响的程度如何等，比如，企业决定在某一目标市场增加一家批发商，不仅要考虑所带来的直接利益，还应考虑对其他经销商的需求、成本和情绪会有何影响。

② 增减销售渠道。这属于功能性调整，如果增减渠道成员不能解决问题，企业可以考虑增减销售渠道的做法。增加或减少一条销售渠道都需要对可能带来的直接、间接反应及效应做系统的分析。例如，某汽车配件公司发现其经销商注重家用轿车市场而忽视商用车市场，导致其商用车销售不畅，为了促进商用车市场的开发，需要增加一条销售渠道，必须做出系统的分析。

③ 调整改进整个渠道。也属于功能性调整，即企业对原有的分销体系、制度进行通盘调整，这类调整难度最大。因为它不是在原有渠道基础上的修补或完善，而是全面改变企业的渠道决策，它会带来市场营销组合有关因素的一系列变动，通常由企业最高管理层做出。

当营销环境发生较大变化，造成现有分销渠道系统在满足目标顾客需求和欲望方面与理想系统之间出现越来越大的差距时，厂商就要考虑对原有分销渠道进行调整。厂商可借助投资收益率分析，确定增加或减少某些分销渠道或对整个分销渠道做出调整。当目前已有的渠道成员不能很好地经营目标市场时，可以考虑重新选定某个目标市场的渠道成员来占领市场；当现有渠道成员不能将厂商产品有效送至目标市场时，优先考虑的不应该是将这个渠道成员剔除，而是考虑能否将其用于其他目标市场。

5.2.3 我国汽车市场分销渠道的模式

根据与WTO成员国签署的协议，我国政府将逐步降低关税和增加进口汽车配额，到2006年全面开放。可以预见我国汽车市场将面临前所未有的竞争。尤其是汽车服务贸易领域的开放，意味着跨国汽车企业集团进入中国的最后屏障被排除，民族汽车工业将被迫与通用、戴克、大众等汽车巨人同台竞技。在短期内，资金、技术、管理经验的差距将很难迅速缩小。如何积蓄实力，确立民族汽车工业的核心竞争力是摆在中国汽车人面前的一个紧要问题。汽车分销渠道是汽车工业产品销售的重要基础和保障。在短短几年时间里，通过构造强劲控制力的汽车分销渠道体系，获得与跨国汽车公司抗衡的资本，这将是增加我国汽车工业生存与竞争能力最现实的竞争优势。

1. 我国汽车市场分销渠道模式

（1）品牌专营是轿车市场的主流渠道模式

现今国内的品牌专营模式几乎普遍按照国际通用的汽车分销标准模式建设，采用“三位一体”（3S）制式或“四位一体”（4S）制式：以汽车制造企业的营销部门为中心，以区域管理中心为依托，以特许或特约经销商为基点，集新车销售、零配件供应、维修服务、信息反馈与处理为一体，受控于制造商的分销渠道模式。

广州本田是国内公认较为成功的品牌专营模式。它直接采用日本本田公司的品牌专营模式，是国内首家采用“四位一体”制专营店分销网络的汽车制造商。目前广州本田已拥有250家品牌专卖店，在专卖店的后面就是售后服务中心。品牌专营店在外观形象和内部布局上统一规范、统一标识，给人强烈的视觉冲击，有助于提升品牌形象魅力；实行以直销为主的终极用户销售；将汽车销售与售后服务融为一体，从而赢得客户的信赖。

但同时，品牌专卖店的运营成本较高，特许经营带来的垄断使终端服务很难尽如人意，导致品牌短期利益和长期利益难以平衡，这是目前品牌专营亟需解决的问题。

（2）集约式汽车交易市场是用户购买汽车产品的主要场所

汽车市场集中了国内外各种品牌、价格、档次的汽车，由多个代理经销商分销，形成集中的多样化交易场所，使购车人在同一地点即可比较选择各种品牌的车辆。就总体水平看，北京、上海等大型城市的汽车交易市场发展得较为完善，并且各具特色。汽车交易市场极大地适应了私人购车的需要，并且将汽车销售过程中涉及的十几个部门的监督管理服务集中到一地，方便了消费者；通过交易市场规模优势，可以形成汽车销售、配件供应、维修保养、信息反馈四位一体，从而形成综合的社会效益，并有利于维护消费者的合法权益。

从经营模式上看，汽车交易市场主要有 3 种类型。

一是以管理服务为主。管理者不参与经营销售活动，而是由经销商进场经营销售，交易市场只负责做好硬件建设及完善管理。北京亚运村汽车交易市场就是这一模式的典型代表。由于市场内汽车品种齐全，交易规范，吸引了全国各地的顾客到交易市场购车。特别是政府有关综合部门直接驻场，不仅能有力地规范市场交易秩序，同时方便办理一系列的交易手续。

二是以自营为主。其他进场经销商非常少，即市场管理者同时也是主要的汽车销售者。该类型的汽车交易市场约占有形市场的 80%～90%。

三是从销量上看，自营与进场经销商各占 50%。

传统的汽车交易市场大多只是各种品牌汽车的集中展厅，硬件和软件条件都无法满足消费者日益增长的需求，而且同一品牌的汽车在市场内又往往因为恶性竞争导致价格混乱。

（3）汽车工业园区是有形市场新的发展方向

随着北方汽车交易市场入股北京国际汽车贸易服务园区，汽车园区这一全新的分销渠道模式也首次呈现在人们面前。汽车工业园区结合中国市场“既集中又分散”的特点，将国外几种渠道模式有机结合，成为集约式汽车交易市场发展的新方向。但它决不是汽车交易市场简单的平移和规模扩张。汽车园区相对于汽车交易市场和品牌专营店的最大优势就是功能的多元化。汽车园区具有全方位的服务集成功能，把传统的集约型融入现代专卖的渠道模式，以 3S、4S 店集群为主要形式；在规划和筹建上力求与国际接轨，并适度超前。如北京国际汽车贸易服务园区设计了九大功能园区——国际汽车贸易区、汽车试车区、二手车贸易区、汽车特约维修区、国际汽车检测中心、汽车物流配送中心、北京国际汽车保税区、休闲娱乐区、汽车解体厂，在某种程度上诠释了汽车园区的功能内涵。实现现金交易、信贷交易、租赁交易 3 种方式集成，并且具有销售、融资、办理手续一站式的服务功能，成为国际汽车交易中心、售后服务中心、展览信息交流中心和国内外汽车厂商咨询服务中心。

（4）汽车连锁销售业已开始发展

“加盟亚飞，做当地汽车销售大王”的广告语揭开了汽车连锁经营的序幕。通过与制造商建立品牌专营或买断资源经营方式，建立全国性的统一服务网络，利用连锁的规模为用户提供服务。北京亚飞汽车连锁总店是 1997 年 3 月经原国家经贸委、国家工商行政管理局批准的汽车特许连锁经营试点单位，已在全国 218 座城市设立了近 400 家连锁分店。亚飞总店与分店采用“统一定货、统一配送、统一管理、统一形象、统一服务标准”，以消费信贷、租赁销售等新方式进行销售，在推动汽车流通和市场秩序化方面发挥了一定的作用，并且形成一个具有较强市场覆盖力和突破力的销售网络。目前亚飞积极借鉴国际成功经验，把市场网络与先进的营销方式及相关行业的优势结合起来，与欧洲汽车国际有限公司合作，在全国汽车联网租赁上取得进展；与中国人民保险公司、中国农业银行、北京市商业银行合作，推动消费信贷的规模化进程，稳步发展市场优势。

目前中国汽车市场已经全面进入品牌经营时代。在这种分销模式中，如何将连锁经营的规模优势与制造企业的品牌经营结合起来，利用网络和资金优势，强化品牌，是当前亟需解决的问题。

2. 汽车市场分销渠道模式的建议

① 坚持品牌专营的主渠道地位。品牌专营，对汽车工业的发展起着积极的推动作用，并且也是目前最为有效的一种渠道模式。尤其是在消费者对汽车服务功能的延伸具有较高需求的时候，品牌专营具有无法比拟的优越性。制造商在品牌经营上要着重提高软件水平，降低成本，提高顾客满意度。

② 虽然传统的汽车交易市场与现代汽车工业的发展需要相去甚远，在某种程度上已完成其历史使命。但由于其能够降低用户的购买和比较成本，依然受到消费者的认可。因此在很长一段时间内这种模式依然会存在，只是内容将有所改变。为了适应今后汽车市场的发展趋势及私人购车的需要，汽车交易市场要进行战略调整：引进各大汽车名牌专营店，使专卖店集群成为市场的主体形象；加大招商引资，完善“四位一体”功能；促进经营机制的改变，由管理型向经营管理型转变。

③ 对汽车园区进行合理规划。汽车园区的建设大多位于城郊，因此应顺应城市的整体发展规划，合理利用土地，加强交通设施的规划，以功能化、规模化、园林化等特点，体现“以人为本”的现代经营理念，加强园区周边设施的配套建设，调动投资者的积极性，打消顾虑，增加投资力度，促进汽车园区的建设和发展。

④ 汽车连锁经营，采用了世界第三次商业革命的成果——特许连锁经营作为手段，以低成本、低风险迅速发展销售网络。当前应完善连锁服务体系，将保险、维修、零部件供应和汽车救援等在全国建立起连锁体系，真正实现汽车连锁经营的规模经济优势效益。

⑤ 探索开拓电子商务等创新型渠道模式。通过电子商务提供的模块化服务网络系统，在满足顾客需求、降低流通成本、减少交易环节、便利沟通等方面具有传统分销渠道无可比拟的优越性。通过网络进行信息传播，加强客户关系管理，实施有针对性的沟通，可以极大地提高顾客满意度，创造消费价值。

5.3 案例分析

【案例一】

美国汽车分销模式

作为世界汽车消费第一大国，美国汽车生产厂商采取的渠道模式追求简单实用。大多企业采用地区销售分公司的做法，直接协调产销关系，力求直接对终端市场进行有效调控。美国汽车厂商一般不参与直接销售，而是由零售商来完成。目前美国市场共有汽车专卖店2.2万个，但是，汽车零售店只负责销售，售后服务部分则仍旧由厂家分公司运营。汽车销售渠道以“低成本、低投入、高产出、高效率、高素质”为特点，美国汽车经销商税前利润平均29.3%，平均人均卖出汽车18辆/年，而中国不足1辆。

优势：采用地区销售分公司模式的优势在于，汽车企业可以非常有效地控制物流和终端，信息的反馈快速有效，能够较好地根据市场销量和需求进行生产调整，同时为车型改良等提供了丰富的数字依据。

劣势：厂商投入的资金成本较大，特别是企业的库存与运输成本，是美国汽车企业较大的负担。

【案例二】

英国汽车分销模式

英国汽车分销模式相对比较保守，大多采用的是较为传统的区域分销代理模式，这和欧洲发达的贸易体系是密不可分的。由于区域分销贸易企业相对比较稳定，汽车厂商相对较多，因此渠道利润也比较丰厚，很多分销商逐渐成长为世界级品牌代理商。但是，由于汽车经销采取“5S”终端模式（新车销售、旧车回收及销售、零配件供应、维修服务和信息反馈），终端压力很大，成为包袱。

优势：汽车生产厂商可以迅速地收回生产成本，获得再次开发和扩大生产的资金。同时，由于分销商对渠道具有较大的控制权，可以及时根据市场情况进行有针对性、地域性的促销，来拉动汽车的销售。

劣势：英国模式的劣势在于经销商的压力和成本都较大，再加上激烈的市场竞争，使得汽车销售商的利润急剧缩水。因此，专卖店网络已显颓态。销售网点过于密集，利润空间逐年减少，合并或者破产的经销商越来越多。因此，欧盟也积极调整策略，决定“开放汽车销售形式”，重新设计适应新环境的营销形式，将销售和维修完全分开，并且对汽车零售业进行改革，允许多品牌经营，减少中间环节，以达到降低成本、促进消费的目的。英国销售渠道的改革，也给中国热火朝天的“4S”店建设潮带来有益的反思。

【案例三】

日本汽车渠道模式

日本汽车分销渠道大多还是采取独立经销商模式，而且，独立经销商与企业合作紧密，有些企业还会直接投资分销渠道建设。在日本分销渠道中，没有所谓4S店的形式，而是采用遍布全国、安排有序的品牌汽车分销点，这些分销点除了销售汽车以外，也提供一定的基本汽车维修和配件服务。日本汽车分销网络与生产厂商联系的紧密令全世界咋舌。美国当年通过艰苦的贸易谈判，终于迫使日本开放了其汽车市场，但是，美系汽车厂商在进入日本市场后，却发现没有一个渠道愿意代理来自日本以外的汽车品牌。

优势：汽车生产厂家与独立经销商之间有着超越合约的紧密合作，数十年不变。厂商和经销商之间的利润也保持在一个高效、合理的范围内，有利于在全国建设、布控销售网络，避免了恶意竞争，保证了市场对五大品牌产品的忠诚度。

劣势：日本本土汽车市场，就如同安全的鱼塘，因为没有竞争者，很难为企业提供有力的发展动力。但由于日本外向型经济的特性，海外市场的激烈竞争弥补了国内竞争力的不足。事实证明，日本这种“精致”的分销渠道在海外的试验是失败的。

【案例四】

中国当前几种汽车渠道模式的比较

中国汽车分销渠道在传统上一向采用总代模式，但是，随着国外品牌的涌入、家用轿车的普及，传统的分销渠道已经不能满足市场的需求，汽车厂商为加快渠道流通，提高品牌形象，完善售后服务，纷纷进行渠道转型。特别是随着国外汽车企业不断进入中国市场，在带来汽车产品和品牌的同时，也带来了高效的分销模式。目前，国内汽车行业分销渠道改革总的趋势是扁平化，以加快产品和资金流动，加强对市场和终端的控制。

模式 A：通过与原代理商合资合作，成立省级联营公司。省级联营公司一般只代理联营企业的产品，其销售范围内的终端，既可以是以厂家为主体的多型号、多品牌销售中心，也可以是单一品种为销售目标的品牌专营。厂家通过与联营公司紧密合作，来确保渠道独享、信息畅通和物流的有效调配。

模式 B：区域代理模式的缺陷和优势都非常明显。优势在于企业可以很快获得资金回笼，通过代理商的保证金或者预支进货款，甚至企业可以弥补前期生产流程管理和市场营销费用，但是厂家对终端的控制不足，分销渠道不够稳定，特别是在汽车行业竞争越来越激烈的情况下，渠道冲突也越来越容易发生。同时，由于代理商往往积压大量的库存，以抵消企业的库存压力与成本，往往导致销售渠道不畅，车型更新换代的速度缓慢，各地区车型差异很大，给企业的市场战略带来了很大影响。

模式 C：一些汽车企业在模式 B 的运作过程中，逐渐感受到模式 B 的缺陷越来越大，为了追求渠道的扁平化和对终端的直接控制，一些汽车厂商开始抛开原有代理商或者联营分销商，直接招标，利用经销商资源，大建品牌专卖店、4S 店等，谋求通过分销得到市场、品牌的双重受益。但是，这种模式也存在巨大的隐患，经销商投资过大，导致终端在面临市场竞争中捉襟见肘，特别是市场行为不规范，也使得经销商在争夺代理权时对生产企业分销部门行贿受贿。

汽车渠道年终返点促进“热销”假象。汽车厂商对于完成或者超额完成全年销售任务的汽车经销商提供返点奖励，根据品牌不同，奖励金额比例在 0.5%～1.5%之间。这种销售鼓励的确对提高销售量起到一定的促进作用，但是同时也搅乱了市场价格。很多经销商为了提高销售量，以低于厂商市场指导价数千乃至上万元的价格抛售汽车，目的只有一个，就是赚取年终销量返点。

汽车物流除了在市场上为企业提供储运服务外，还承担着汽车仓储的责任。一般来说，汽车储运服务商与厂商合作利润来源有 3 种：汽车运输利润、汽车仓储费用和汽车销售利润。一些储运企业免费为厂商提供仓储运输服务，赚取汽车销售利润，这成为汽车销售渠道重要的一环。

复习思考题

1. 什么是分销渠道？分销渠道的类型有哪些？
2. 简述分销渠道的作用。
3. 影响分销渠道选择的因素有哪些？
4. 简述分销渠道的管理与调整。
5. 举例说明常见的分销模式有哪些。
6. 什么是分销渠道的宽度？
7. 我国分销渠道的模式有哪些？
8. 怎样管理分销渠道？

第6章 汽车促销策略

【学习目标】

1. 了解汽车产品促销的基本概念
2. 了解公共关系营销的原则和实现公共关系活动的主要方法
3. 掌握汽车推销的促销技术和营业推广的方式
4. 掌握汽车市场营销的促销方式和手段

促销策略是现代市场营销的一个重要组成部分，促销策略运用得是否得当，关系到企业产品的市场形象，进而影响到企业的生存与发展。促销活动实质上是一个沟通过程，它的主要任务是将有关企业和产品的信息传递给目标市场上的顾客，以达到扩大销售的目的。在今天这样一个“信息爆炸”的时代，开展有效的促销活动对企业生存与发展至关重要。

6.1 汽车促销与促销组合策略

6.1.1 促销与促销组合概述

1. 促销的概念

促销，是促进销售的简称，是指营销人员通过各种方式传授商品或服务的信息，协助或促进消费者认识、了解企业所提供的商品或服务，激发其购买欲望或购买兴趣，促使消费者购买某种商品或接受某种服务。

2. 促销的作用

现代市场营销将各种促销方式归纳为4种基本类型，即人员推销、广告、营业推广、公共关系。促销活动对企业的生产经营意义重大，是企业市场营销的重要内容。促销的作用主要表现在以下几方面。

① 传递信息。现代市场营销是以市场为中心的，研究引导消费者需求、刺激消费者购买欲望的一种市场运作，其首要问题是企业将产品信息传递给消费者。无论是产品进入市场前还是进入市场后企业都要积极、及时地向市场介绍其产品，使消费者了解产品的信息，以寻求需要与供给的最佳结合点，唯有如此才能刺激消费者，激发消费者的购买欲望。以前那种“酒香不怕巷子深”的观念正在被市场修正，“酒”不仅要香，而且要让消费者知道，并便于购买。现代市场营销的丰富实践表明：一个企业即使开发出优良的产品，但如果不能将产品的信息有效传递给消费者，那么企业的一切努力都是“梁山泊的军师——无用”。只有时时刻刻注意与消费者的沟通，进行有效的信息传递，才能引导和刺激消费，促进产品的销售，进而占领市场，为企业的生存赢得空间。

② 扩大产品需求，加速流通。企业促销的目的就是扩大产品销售，而促销的落脚点在于诱导需求和刺激需求，唤起消费者对企业及产品的好感。成功的促销活动不仅能刺激消费者的消费激情，而且能在一定条件下创造需求，延长产品的市场寿命，使市场需求朝着有利于企业产品销售的方向发展。正如被誉为汽车销售之神的神谷正太郎所说：“汽车的需要是创造出来的”。而这种创造本身所依靠的手段就是促销。

③ 突出产品的特点，强化市场优势。不论是什么类型的汽车，市场上都存在着众多的生产厂家，产品竞争的焦点是对用户的争夺。如何争取用户的青睐，其主要手段之一就是突出产品的特点，宣传其消费价值和能给用户带来的独特利益，从而树立起该产品在市场上的形象，促进用户对其的偏爱，进一步加强企业在市场中的地位，为企业发展创造有利条件。

6.1.2 促销的方式

1. 人员推销

人员推销又称为人员促销，是企业推销人员对顾客通过面对面或者信函、电话等方式推销企业产品的促销方式。人员推销方法灵活，针对性强，容易促成及时成交，但对人员素质要求高，费用也较大。

2. 广告

广告，顾名思义广而告之，是企业通过一定的宣传媒体向公众传递产品或服务信息的一种促销宣传方式。它的信息传播面广，容易引起大众注意，并且形式多样。但说服力小，不能直接成交。在现代社会中，广告已成为人们经济生活中必不可少的组成部分。有人认为现代人生活在广告中一点也不过分，它不仅对人们的购买行为产生影响，而且也影响着人们的消费习惯、生活方式。汽车工业企业和其他企业一样，都在不惜投入巨额资金通过新闻媒体和广告来宣传自己的产品，树立产品和企业形象。据有关资料显示，仅 1989 年德国的汽车广告费就达 12.58 亿德国马克，法国达 40 亿法国法郎，而美国 1990 年所有的汽车广告费则高达 57 亿美元。

3. 营业推广

营业推广是指企业为鼓励某种产品的销售或者刺激早期消费而采取的一种劝购行为，包括兑奖、彩票、赠奖、样品展销会、展览会、回扣等。吸引力大，效果明显。和其他促销方式相比，营业推广是一种短期的、暂时的促销方式。

4. 公共关系

公共关系是指企业为了扩大影响而采取的有组织、有计划的活动。它影响面大，对消费者印象深刻，是一种间接促销。

6.1.3 促销组合策略

促销组合企业在制定促销策略时，可以采用一种促销方式，也可以采取几种促销方式的组合。这种在市场营销过程中对人员推销、广告、营业推广、公共关系促销手段的综合运用就是促销组合。汽车工业在确定促销策略时，除应考虑到各种促销方式的特点和效果外，还应考虑下列因素的影响。

1. 产品的种类

产品的种类不同，购买者的行为往往存在很大的差异，不同种类的产品应采取不同的促销组合。例如，重型汽车、专用汽车由于使用者相对集中，技术相对复杂，价格较高，购置时往往需要详细的说明、解释，因而应以人员推销为主，辅之以广告和公共关系；而轻型汽车和供家庭和个人使用的普通车辆，由于市场分散、面广、量大、单位价值总量小，所以应采用广告宣传为主，结合营业推广，辅之以人员推销和公共关系。

2. 产品的生命周期

企业应根据产品生命周期不同阶段的特点，选择不同的促销组合。在产品投入市场初期，企业应当加强广告宣传，配合以人员推销，将产品的信息传递给消费者，激发其初始需求。对于汽车销售，在这一阶段，广告和人员推销都很重要，企业要利用推销人员将产品信息传递给中间商或直接到用户，介绍产品并鼓励他们试用；而广告则是希望中间商或用户能注意到该产品，带有明显的告之性。产品进入成长期后，广告仍是主要的宣传方式，但人员推销的力度应加大。由于利益的驱动，在这一时期众多的竞争者将进入市场，促销的重点应放在宣传企业产品的品牌上，争取顾客的偏爱，激发顾客的选择性需求，以强化产品市场优势，提高市场占有率。在成熟期，市场竞争日益激烈，但市场格局趋于稳定，消费者对产品有了一定的了解，企业在促销活动中应加强产品特点及优势宣传，突出企业的形象，显示产品的附加利益，巩固已有的市场份额并拓展市场。产品进入衰退期后，企业应以营业推广为主要促销策略，辅之以提醒或广告。由于这一时期产品和销售进入衰退阶段，促销费用应逐渐减少，节约开支。

3. 市场现状

市场规模和类型不同，用户的数量也就不等。规模小、相对集中的市场，应以人员推销为主，如各种专用车辆以及产业用户需求车辆的销售。市场规模大，用户分散的市场，广告是最有效的促销手段，如普通轿车及农用车、摩托车的销售。此外，企业在考虑市场时，应充分考虑到竞争对手的状况，选择合适的促销策略和促销组合。

4. 促销费用

一个企业能够用于促销的费用也影响促销组合的选择。企业在选择促销组合时，首先要进行促销预算，即综合考虑促销目标、产品特征、企业财力及市场竞争状况等因素；其次要对各种促销方式进行比较，以尽可能低的费用取得尽可能好的促销效果；最后要考虑到促销费用的分摊。例如，有些企业采用生产企业做广告、中间商进行人员推销的营销模式，以企业统一最低限价和销售回扣的方式来确定促销费用。

6.2 汽车人员推销与推销管理

6.2.1 人员推销的概念、形式及策略

1. 人员推销的概念

人员推销是一种起源最早的促销方式。它是指企业的推销人员直接与购买者接触、洽谈并向其介绍产品，以达到促销目的的一系列活动。

2. 人员推销的形式

汽车产品人员推销主要有两种形式：一是上门推销；二是会议推销。上门推销的好处是推销员可以根据各个用户的具体兴趣特点，有针对性地介绍有关情况，并容易立即成交。而会议推销具有群体推销、接触面广、推销集中、成交额大等特点，而且企业可在会内会外“开小会”，同与会客户充分接触。只要有客户带头订货，形成订货气候，就容易实现大批量交易。我国汽车公司经常采用会议方式促销。

3. 人员推销的策略

人员推销策略是指在人员推销的过程中巧妙而灵活地运用各种方法和技巧。推销人员应根据不同的推销气氛和推销对象审时度势，采用不同的策略，吸引用户，促其做出购买决定，达成交易。推销人员必须掌握的基本推销方法有如下几种。

① 试探性方法。如推销员对顾客还不甚了解，可以使用率先设计好的能引起客户兴趣、刺激客户购买欲望的推销语言，投石问路，进行试探，然后根据其反应再采取具体推销措施。面对较陌生的客户，推销要重点宣传产品的功能、风格、声望、感情价值和拥有后的惬意等。

② 针对性方法。如果推销人员对客户需求特点比较了解，也可以事先设计好针对性较强、投其所好的推销语言和措施，有的放矢地宣传、展示和介绍产品，使客户感到推销员的确是自己的好参谋，真心地为己服务，进而产生强烈的信任感，最终愉快地成交。

③ 诱导性方法。推销员要能唤起客户的潜在需求，要先设计出鼓动性、诱惑性强的购

货建议（但不是欺骗），诱发客户产生某方面的需求，并激起客户迫切要求实现这种需求的强烈动机，然后抓住时机向客户介绍产品的效用，说明所推销的产品正好能满足这种需求，从而诱导客户购买。如果不能立即促成交易，但能改变买者的态度并形成购买意向，为今后的推销创造条件，也是一种成功。销售人员要始终注意自己所提建议的成功性言辞要有条理、有深度，语气要肯定，不能模棱两可，更不能有气无力，避免说服的一般化，要以具体事实作后盾。这就要求推销人员应掌握较高的推销艺术，设身处地为客户着想，恰如其分地介绍产品，真正起到诱导作用。所以一名合格的推销员应具有丰富的产品知识和管理学、社会学、心理学等方面的知识。

推销员在了解了上述推销方法后，还必须掌握一些推销技巧。

① 建立和谐的洽谈气氛的技巧。推销员与客户洽谈，首先应给客户一个良好的印象，懂礼貌、有修养、稳重而不呆板、活泼而不轻浮、谦逊而不自卑、直率而不鲁莽、敏捷而不冒失。在开始洽谈阶段，推销人员应巧妙地把谈话转入正题，做到自然、轻松。

② 排除推销障碍的技巧。推销员如果不能有效地排除和克服所遇到的障碍，将会功亏一篑。因此，要掌握排除下列障碍的技巧：排除客户异议障碍，如果发现客户欲言又止，推销员应自己少说话，直截了当地请客户充分发表意见，以自由问答的方式真诚地同客户交换意见和看法，对于客户一时难以纠正的偏见和成见，可以将话题转换；排除价格障碍，应充分介绍和展示产品特点，使客户感到“一分钱一分货”；排除客户习惯势力障碍，实事求是地介绍客户不太熟悉的产品，并将其与他们已经习惯的产品相比较，让客户乐于接受，还可以通过相关群体的影响，使客户接受新的观念。

③ 与客户会面的技巧。一是要选好见面的时间，以免吃“闭门羹”；二是可采用请熟人引荐、名片开道、同有关人员交朋友等策略，赢得客户的欢迎。

④ 抓住成交机会的技巧。推销员应善于体察客户的情绪，在给客户留下好感和信任时，应抓住机会发动进攻，争取签约成交。

一个好的推销员，除了掌握上述方法与技巧外，其推销业绩还与推销员的良好个性有关。例如，口齿要伶俐，要有“三寸不滥之舌”；脑子要灵活，反应要快，善于察言观色，善解人意；性格要温和，不急不躁，善于与人相处，富有耐心，尤其在中国这个看重礼仪的邦国里从事推销活动，推销员一定要做到不管市场是热是冷，都要常“走亲戚”，有生意谈生意，没有生意叙友谊，把老用户当知己，把新用户当朋友。做生意不可过于急功近利。

6.2.2 人员推销的基本职责

在现代营销活动中，人员推销不仅仅只是出售现有的商品，还要配合企业的整体营销活动来适应、满足和引导顾客需要。因此，推销人员的具体职责在不同的情况下是不同的。推销人员的职责可分为3类：订单处理、创造销售和专使销售。

1. 订单处理

订单处理是推销人员和电话营销人员都需要完成的任务。它可以分为批发商和零售商两个水平的订单处理。销售人员进行订单处理时，一般是在确定顾客需求后完成订单。订单处理是销售环节最基本的工作之一。

2. 创造销售

创造销售常常通过增加新顾客和引进新产品和服务来创造新业务。新产品常需要高水平的创造性销售。在销售人员的 3 个任务中，它是最重要的。创造销售可出现在电话营销、店堂销售和外勤推销中。

3. 专使销售

专使销售是指非直接销售。例如，医药公司的销售人员试图说服医生这个非直接顾客，开处方时选用本公司的产品。然而，公司的实际销售人员最终通过批发商或将产品直接卖给药剂师。外勤销售和电话营销都要进行专使销售。在专使销售中，技术支持越来越重要。小组销售中经常包括技术支持人员，他们的任务是帮助顾客设计、安装、维护设备和培训。

6.2.3 人员推销过程

"公式化推销"理论将推销过程分成 7 个不同的阶段，如图 6-1 所示。

寻找顾客→事前准备→接近→介绍→克服障碍→达成交易→售后追踪

图 6-1 人员推销过程示意图

① 寻找顾客是推销工作的第一步。

② 事前准备。推销人员必须掌握 3 方面的知识：产品知识，即关于本企业、本企业产品的特点、用途和功能等方面的信息和知识；顾客知识，包括潜在顾客的个人情况，具体顾客的生产、技术、资金情况，用户的需要，购买者的性格特点等；竞争者的知识，即竞争者的能力、地位和它们的产品特点。同时还要准备好样品、说明材料，选定接近顾客的方式、访问时间、应变语言等。

③ 接近。即开始登门访问，与潜在顾客开始面对面的交谈。

④ 介绍。在介绍产品时，要注意说明该产品可能给顾客带来的好处，要注意倾听对方发言，判断顾客的真实意图。

⑤ 克服障碍。推销人员应随时准备应付不同的意见。

⑥ 达成交易。接近和成交是推销过程两个最困难的阶段。

⑦ 售后追踪。如果销售人员希望顾客满意并重复购买，则必须坚持售后追踪。推销人员应认真执行订单中所保证的条件。例如，交货期、售后服务、安装服务等内容。

6.2.4 汽车推销的管理

从国外汽车公司来看，特别是日本丰田汽车公司，对推销人员的管理是人员推销的一项重要内容，它直接关系到企业产品促销策略的实际效果。

1. 推销人员的分类和任务

推销人员，广义地讲，指参与企业营销活动的所有人员，包括销售员、发货员、制单员、内勤人员以及市场信息的收集和发布人员、企业或产品形象的塑造人员等多层人员；狭义地讲，仅指直接向顾客推销产品的销售人员。这里只讨论狭义范围内的推销人员。

按照产业分类，推销人员可分为：生产企业的推销人员，批发商的推销人员和零售企业的推销人员。

① 生产企业的推销人员，指向其他生产企业、中间商或批发商推销产品的人员。由于此类推销人员的业务量大，对企业的市场影响大，所以对这类推销人员的要求也比较高，他们不仅要有丰富的商品知识、技术知识和市场知识，而且要有独立处理问题的能力。

② 批发商的推销人员，指向零售企业及产业用户推销产品的人员。他们主要需要多方面的商品知识，其他方面要求不像生产企业的推销人员那么严格。

③ 零售企业的推销人员，即售货员，是只向产品的最终用户推销产品的人员。其能力要求比较低，主要是需要一定的推销技巧和服务质量。

推销人员的任务，首先是推销产品，即将企业的产品销售给顾客，包括传递信息、接近顾客、推销产品、完成销售等，这是推销人员的基本任务。其次，开拓市场。推销人员不仅要注意市场调查，而且要进行经常性调查研究，寻找新的客户，开拓产品销路，发掘新的需求市场。第三，提供服务，即了解顾客需求，提供商品信息，帮助顾客选购，及时办理手续等。第四，树立企业形象。推销人员的形象在某种程度上代表着企业的形象，因此，推销人员应加强与顾客的沟通，及时将他们的意见反馈给企业，发挥好企业与顾客的桥梁作用，使顾客对企业产生好感和信赖，树立起企业在顾客心目中的形象，从而达到促销的目的。

2. 推销人员的选拔与培训

在竞争激烈的市场中，企业为了实现促销目标，强化市场优势，对推销人员都有明确的要求。一般来讲，一名合格的推销人员应具备下列条件。

① 要有强烈责任感和使命感。推销人员首先要对自己从事的工作有正确的认识，要以企业的发展为重，意识到自己的责任和使命。丰田汽车公司之所以在推销方面能取得巨大的成绩，三菱系统推销员的说法可能最有说服力："丰田精神已经彻底贯彻到丰田系统推销员中去了"，"丰田系统的推销员不但人数多，而且他们都坚决相信丰田汽车公司的汽车是最好的。"其次，要有踏实的工作作风、持之以恒的热情和信心。一名丰田汽车公司的推销人员在发现一位潜在用户时，两星期之内拜访达20次，最终使他变成了丰田汽车的用户。此外，要遵纪守法，讲究职业道德。

② 良好的业务素质。一名合格的推销人员一般应具备下列素质。

- 产品知识。推销人员不但要熟悉企业产品的质量、性能、型号、用途、价格、生产工艺、销售渠道，而且要掌握市场中其他同类产品的情况。
- 企业知识。掌握本企业的历史、目标、组织、财务、产销情况以及企业在同行中的地位。
- 专业知识。掌握与推销活动相关的各种专业知识，如市场营销、消费心理、公共关系学、社会学及经济法规等。

③ 较强的工作能力。推销人员的工作能力主要体现在以下几个方面：良好的心理素质和语言表达能力，较强的判断能力和应变能力，以及果断的决策能力和较强的社交能力。

④ 较好的个人形象，包括推销人员的气质、风度、长相、身高等。

当企业无法直接选择到符合要求的推销人员时，就只能对现有人员或已挑选出来的人员进行培训，使之达到企业的要求。培训的方法主要有讲课、讨论、示范、学习以及以老带新等。

例如，1974 年丰田汽车销售公司在爱知县爱知郡建立的“丰田汽车销售公司进修中心”，1990 年雪铁龙公司在 Villepinte 开办的一个商业培训国际中心（CIFC）等，都取得了良好的效果。

3. 推销人员的管理

推销人员由于流动性大，工作艰苦，责任重大，如何加强汽车推销人员的管理是企业关注的问题之一。从目前的情况来看，一般实行定额管理和自我管理相结合的方式。

① 定额管理。即企业为每一个推销人员制定出一定时期内应推销出去的汽车数量。例如，丰田汽车公司规定，新推销员每月 3～5 辆，10 年以上的推销员每月十三四辆等。实行定额管理要注意对推销人员责任区的划分，不应出现同一地区本企业推销人员间的相互竞争。

② 自我管理。由于推销工作自身的特点，推销人员的自我管理就显得非常重要，如丰田汽车公司就专门制定出了推销员自我管理的办法。

4. 推销人员的评价

对推销人员的评价主要是工作的业绩，一般来说，工作的业绩主要体现在以下几个方面。

① 销售定额的完成情况。

② 新客户销售量。

③ 销售利润。

④ 资金回笼情况。

⑤ 负责地区的市场占有率。

⑥ 销售服务质量。

可以根据推销人员的销售业绩和顾客对推销人员的满意程度两个指标去评价推销人员，将推销人员划分为以下 5 种典型类型，如图 6-2 所示。

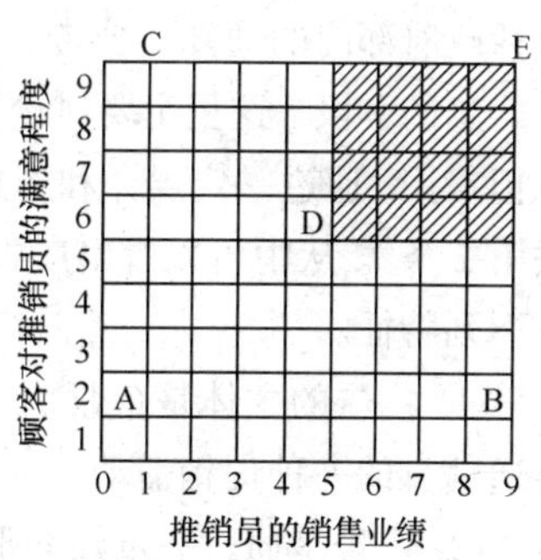

图 6-2 推销员评价坐标图

① 不称职型（A 型）。这类推销员不仅销售业绩差，而且顾客对其工作的满意度也非常低。公司对这类推销员显然应当加强教育，限期改正，否则应取消其推销员资格。

② 基本不称职型（B 型）。这类推销员虽然有较好的销售业绩，但顾客的满意度非常低，这类推销员对公司具有危害性，因为他的业绩可能是采取不正当手段获得的。其行为可能有损公司形象，不利于公司增加销售。从长远看，这种推销员将成为 A 型。公司对此类推销员应加强思想教育，端正其工作态度，如不见效，公司应果断取消其推销员资格。

③ 基本称职型（C 型）。此型与 B 型正好相反。这类推销员对公司没有危害性，但很可能是因为客观原因或自身能力原因致使销售业绩不甚理想。对此类推销员，公司应帮助其分析原因，如属能力有限，则应加强业务培训，或调换工作岗位。

④ 称职型（D 型）。此类推销员的销售业绩和顾客反映都不差，但离优秀推销员仍有差距。对此类推销员，公司应给予更多的关心和激励，使其成为推销能手。

⑤ 优秀型（E 型）。此类推销员是公司的财富，越多越好，公司应对他们予以奖励、表彰，维护其积极性，让其风格保持下去。

以上只是几种典型情况，公司对每个推销员进行考评时，可根据推销员的销售业绩和公司对其顾客满意程度的调查情况，确立该推销员应处于哪一位置。一般应以图 6-2 中的 DE 区域（阴影部分）表示合格，其他区域表示不合格。

6.3 广告

6.3.1 广告概述

1. 广告的概念

在现代社会中，广告已成为人们经济生活中必不可少的组成部分。有人认为现代人生活在广告中一点也不过分，它不仅对人们的购买行为产生影响，而且也影响着人们的消费习惯、生活方式。汽车工业企业和其他企业一样，都在不惜投入巨额新闻媒体和广告来宣传自己的产品，树立产品和企业形象。据有关资料显示，仅 1989 年德国的汽车广告费就达 12.58 亿德国马克，法国达 40 亿法国法郎，而美国 1990 年所有汽车的广告费则高达 57 亿美元。

广告，简单地说就是广而告之，英文为 advertising，本意为“注意，诱导，大喊大叫”等。广告作为一种传播信息的手段，有广义狭义之分。广义的广告不仅包括各种商业性广告，而且包括政府部门的通知、公告、声明及各式各样的启事等。狭义的广告，则指传播有关商品和劳务信息的手段。这里主要讨论狭义的广告。因此，可以把它定义为：“商品经营者或服务提供者承担费用，通过一定媒介和形式直接或间接地介绍自己所推销的商品或者所提供的服务”（广告法第 2 条）。从中可以看出广告的基本内涵不外乎是传递信息和商品促销。作为商业广告，它具有下列特征。

① 广告的主体是企业，广告是一种企业行为，它是企业为了推销商品或者服务而向消费者传递信息的一种促销活动。

② 广告是通过一定媒介形式传播的，它是以群体为对象而进行的信息沟通。

③ 广告的内容是商品或者服务。企业通过广告传递给消费者的信息是商品或者服务，以诱发消费者的购买欲望，达到促销目的。

④ 广告是有计划、有目的地传递某种信息。计划是企业事先准备的所要传递的信息内容，目的在于形成对企业商品或服务的需求，树立起企业形象，使信息接收者做出对企业有利的反应。

⑤ 广告需要支付费用。任何形式的广告都需要支付一定的费用，包括广告制作费和媒体刊播费等。免费广告仅仅是广告宣传的特殊形式。

2. 广告的功能和作用

在现代经济生活中，广告作为一种促销手段和一种经济现象，无处不在，无处不有，它扮演着重要的角色，发挥着重要的作用。这些都是由广告的功能所决定的。广告的基本功能主要有以下 3 点。

① 显现功能。任何商业广告都是通过图表、文字、色彩、实体形象或者声音、音乐、数字等形式，介绍某种商品或服务以及企业的名称、商品价格、服务条件、销售时间等。公众通过广告认识商品、服务，了解商品的基本用途和有关内容。因此，广告的显现功能主要在于广告的内容是否清楚得当。

② 诱使功能。广告宣传的目的在于引起消费者对企业产品或企业的注意，刺激消费者的购买欲望，诱使其形成购买行为，并通过对产品的宣传，激发其新的消费需求和购买行为。

③ 艺术功能。广告也是一门艺术，它以艺术的表现手段塑造广告艺术形象，再现所宣传的商品，使消费者在感知商品的同时，也得到艺术的熏陶和美的享受。

广告的功能是通过它的作用体现出来的。广告的主要作用表现在以下几个方面。

① 介绍产品，传递信息。广告能使不特定群体顾客了解有关产品的存在、优点、用途和使用方法等，有助于潜在消费者根据广告信息选择符合自身要求的产品。市场上汽车品种繁多，企业之间竞争激烈，如何才能使消费者钟情于自己企业的产品，首先就要将产品的信息传递给消费者，使消费者能感知到企业产品的性能、特点，而这一点正是广告所要表现的内容。

② 刺激消费，扩大产品销路。广告所要达到的目的就是促进企业产品的销售。对于新产品的推广以及产品的潜在消费群体，广告具有刺激购买欲望、培养新的需求和创新消费方式等作用。

③ 树立企业形象，维持或扩大企业产品的市场占有率。用户在购买汽车时，企业的形象（包括信誉、名称、商标等）往往是选择的重要依据之一，因此，企业能否在消费者心目中树立起良好的形象，直接关系到产品的销售，影响企业产品的市场份额。

总之，广告的作用是多方面的，企业在市场经营活动中应切实加以利用。但是，广告仍有其自身局限性。首先，广告无法独立完成促销任务，它的作用必须依赖于其他方面的措施。其次，广告的使用必然会增加企业产品的生产成本，如 1989 年法国雷诺公司平均每辆汽车的广告费就达 1 500 法国法郎。最后，由于市场容量有限，广告刺激消费的作用受到抑制。因此，只有正确地认识广告的作用，并充分利用它，广告才能为企业产品的营销发挥其应有的价值和作用。

6.3.2 广告媒体及其选择

1. 广告媒体

广告媒体是广告者向广告对象传递信息的载体。广告媒体的种类繁多，根据其不同的物质属性可以进行如下分类。

① 印刷媒体，如报纸、杂志、商品说明书、画册、商品目录等。

② 电子媒体，如广播、电视、电影、幻灯、电子网络，电子显示大屏幕等。

③ 流动媒体，如汽车、火车、飞机、轮船等。

④ 邮政媒体，如订购单、征订单、函件、电报等。

⑤ 户外媒体，如站牌、广告栏、海报、汽球、招牌等。

⑥ 展示媒体，如商品陈列、柜台门面、橱窗、展厅等。

⑦ 包装媒体，如产品的外包装、手提袋、购物袋等。

各类广告媒体都能从不同侧面向人们传递商品信息，但不同的广告媒体传递信息的时间与范围不同，广告效果各异，其中报纸、杂志、广播、电视被称为四大最佳媒体，也是目前我国主要的广告载体。随着科学技术的发展，计算机的普及和大众化，电子网络在广告中的作用将日渐突出，在不远的将来电子网络将会成为广告的主要载体之一。下面具体介绍一下汽车广告中常用的几种媒体。

① 报纸媒体。报纸是新闻宣传中最有效、应用最广泛的工具，也是我国和世界许多国家目前选用的主要广告媒体之一。其优点是，覆盖率高、影响面广、传递迅速、时效性强，集权威性、新闻性、可读性、知识性、可记录性于一体，制作简便，费用低廉，用于汽车的广告能比较全面地介绍汽车的主要性能指标，给读者以整体了解。其缺点是时效较短、内容庞杂、容易分散读者的注意力，制作和印刷欠精细、静态分析，形象效果欠佳。

② 杂志媒体。杂志是一种以刊登小说，散文杂记、评论、专业论文等为主的印刷读物。杂志媒体的优点是：对象明确，针对性强，保存期长，信息能充分利用，印刷精致，图文并茂。汽车广告一般选用专业性杂志，如世界汽车、汽车与配件、轿车、大众汽车等。杂志媒体的缺点是：定期发行，时效性差，传递范围窄。

③ 电视媒体。电视通过声音、图像、色彩、动作等视觉和听觉形象的结合传递各种信息，是重要的现代广告媒体。其优点是：覆盖面广、收视率高、直观生动、感染力强、宣传效果好。其缺点是：信息消逝快，不易保存，编导复杂，费用昂贵，选择性差，目标不具体。电视媒体用于汽车广告，一般只能进行品牌宣传，难以给观众以具体的介绍。

④ 广播媒体。广播通过电波传递各种信息，是一种被广为利用的听觉媒体。其优点是：传播迅速、次数多、范围广、及时性强、方便灵活、制作简便、收费低廉。其缺点是：有声无形、印象不深、难以保存、盲目性大，选择性差。用于汽车的广告主要适用于对中间商的宣传。

⑤ 电子网络媒体。它既具有电视媒体的优点，同时又克服了不易保存的缺点，拥有杂志媒体的长处，是一种现代化的集多种媒体优点于一身的广告媒体。

⑥ 户外媒体。户外媒体包括招贴、路牌、壁画等多种形式，它具有传播面广、费用低、收效快，用语简洁、画面醒目、标识清楚等特点，是一种大众传播方式。但由于设置地点、宣传对象不确定，广告效果不稳定，也不太显著。在汽车广告中，此类媒体的运用也比较常见，如果运用恰当，也能给人以深刻印象，如首都机场附近的日本丰田汽车公司的广告牌："车到山前必有路，有路必有丰田车"的两行大字，就给行人留下了深刻印象，产生了较好的广告效果。

2. 广告媒体的选择

广告媒体繁多，其功能各有千秋，要使公众接受广告者的观点，不仅要有优秀的广告设计，而且要选择合适的宣传媒体。只有这样，才能使企业以最低的成本、最佳的宣传效果向公众传达预期的广告信息，这也正是广告能否起到作用的关键之一，企业在选择广告媒体时应当综合考虑。

① 企业对信息传播的要求。企业在确定宣传媒体时，首先，要考虑媒体的覆盖面、频率和影响。覆盖面广、频率高、影响大的媒体是各企业进行广告宣传时的首选媒体，但是这类媒体的收费往往很高。因此，企业在做广告时，一定要量力而行，既可选择覆盖全国，影响大的宣传媒体，如中央电视台、中央各大报纸，也可以选择覆盖面较小，但产品用户比较集中的地区或专业性宣传媒体，如中国交通报、交通安全报、交通信息台等。其次，企业需要达到的广告目标，如信息传播的覆盖率、重复率和最低时间限度，信息的可信度，以及产生的效应等。企业应从中选择最主要的目标，据以确定宣传媒体。最后，宣传成本。在选择宣传媒体时，不仅

要考虑到媒体自身的特点、企业需要达到的广告目标，还要考虑到宣传成本。这项成本不是企业可以投入的宣传费用，而是广告信息触及成本，即单位广告触及人数所需要的费用。这一指标对于衡量媒体的宣传效果、合理选择媒体具有一定的指导意义。

② 产品的性能和特点。产品本身的性能和特点不同，其使用方法、消费对象、销售方式千差万别，这种差别决定着广告媒体的选择。如对家用轿车、农用车等，由于消费对象广泛，选择电视媒体做广告的效果比较好。对于技术性强、需要详细介绍的各类专用车辆、载重车辆，则选择报纸和杂志较妥。同时也应该注意到，消费者对汽车既需要形象的外观、漂亮的造型，还需要了解具体的技术参数，如最高车速、油耗、发动机功率等。因此，汽车广告都以电视、广播宣传品牌形象，以报纸、杂志介绍其技术指标，以多种媒体相结合的方式来宣传汽车产品，只是各种汽车在选用媒体时各有其侧重。

③ 消费者的媒体习惯。对于不同的广告媒体，消费者接触的习惯不同，企业应将广告刊登在目标消费群体经常接触的媒体上，以提高视听率，如有关汽车的杂志、报刊、电视节目、交通广播频道等。

④ 竞争对手的广告策略。企业在进行产品宣传，选择媒体时，不仅要考虑以上几个方面的影响，而且要注意竞争对手的广告策略，因为竞争对手的广告策略往往具有很强的针对性和对抗性，只有充分了解竞争对手的广告策略，才能充分发挥自己的优势，克服劣势，最终取得良好的宣传效果。

6.3.3 广告策略

企业做广告时需要决策的内容很多，除上述媒体的选择外，至少还应决策好以下内容。

1. 广告目标的选择

首先，应对企业营销目标、产品、定价和销售渠道策略加以综合分析，以便明确广告在整体营销组合中应完成的任务和达到的目标。其次，要对目标市场进行分析，使广告目标具体化。

广告目标的具体内容包括：①促进沟通，需明确沟通到什么程度；②提高产品知名度，帮助顾客认识、理解产品；③建立需求偏好和品牌偏好；④促进购买，增加销售，达到一定的市场占有率和销售量。

2. 广告同产品生命周期的关系

产品所处生命周期不同，广告的形式和目标应有所差异。对处于导入期和成长期的产品，广告的重点应放在介绍产品知识、灌输某种观念、提高知名度和可信度上，以获得目标用户的认同，激发购买欲望。对处于成熟期的产品，重点则应放在创名牌、提高声誉上，指导目标用户的选择，说服用户，争夺市场。对处于衰退期的产品，广告要以维持用户的需要为主，企业应适当压缩广告的作用。

3. 广告定位策略

① 广告的实体定位策略。就是在广告中突出宣传产品本身的特点，主要包括功能定位、质量定位和价格定位，确立怎样的市场竞争地位，在目标用户心目中塑造何种形象，从而使广告最

富有效果。例如，洁银牙膏突出防治牙周炎，博士伦则对那些惧怕隐型眼镜的人说“舒服极了”。

② 目标市场定位策略。目标市场定位使广告传播更加具有针对性。例如，中国中央电视台黄金播出时间是晚 7 点至晚 9 点，如果是农用机械，这种广告最好不选择夏秋两季晚 7 点至 8 点播出，因为这段时间我国大部分地区的农民还在劳作。另外，进入外国市场，也要按照当地特点进行重新调整，使之符合当地的文化和传统习惯。

③ 心理定位策略。心理定位主要包括正向定位、逆向定位和是非定位 3 种方法。正向定位主要是正面宣传本产品的优异之处，逆向定位主要是唤起用户的同情与支持，是非定位则强调自己与竞争对手的不同之处，把强大的竞争对手逐出竞争领域。

美国当代营销学专家韦勒曾说过一句话：“不要卖牛排，要卖烧烤牛排时的滋滋声。”他深刻揭示了心理定位的内涵。他认为广告在介绍产品时，应突出它的新意义，赋予一种美好的形象，也就是说要将享用这种产品的乐趣表现出来，从而改变原有的习惯心理，树立新的商品观念和消费观念。

4. 广告创意与设计

确定了广告的媒体之后，还必须根据不同媒体的特点，设计创作广告信息的内容与形式，立意应独特、新颖，形式要生动，广告词要易于记忆，宣传重点要突出。切忌在别人看了广告后却不知道广告要表达的是什么产品的什么特点。广告应达到讨人喜欢、独具特色和令人信服的效果，或者说要达到引起注意、激发兴趣、强化购买欲望并最终促成购买行为。

5. 广告时间决策

广告在不同时间宣传会产生不同的促销效果。这一决策包括何时做广告和什么时刻做广告。前者是指企业根据其整体市场营销战略，决定自什么时候至什么时候做广告，是集中时间做广告，还是均衡时间做广告；是季节性广告，还是节假日广告等。后者则是决定究竟在哪一时刻做广告。如电视广告是在黄金时间做广告，还是在一般时间内做广告，是否与某一电视栏目相关联等。

纵观国内外的汽车广告，宣传的主题主要是围绕汽车产品的安全性、环保性、节能性、动力性、驾驶性、舒适性和浪漫性等内容展开。

6.3.4 广告预算

企业在进行广告宣传时，不仅要考虑到广告的作用，而且要考虑到广告的费用，要进行广告预算。广告可以选择不同的媒体，采取不同的策略，但一个企业的广告预算却要受到企业的承受能力的限制，其结果必然要影响到媒体和策略的选择。

广告预算的指导思想是：以最小的费用求得最佳的宣传效果、最大的销售量。企业在确定广告预算时常采用以下方法。

1. 销售比例法

销售比例法是以广告与销售额或利润的关系来确定广告预算的方法。例如，在 1984 年美国各汽车公司广告费用占其销售额的 2%～9%，法国雪铁龙公司 1989 年的广告费为 47 亿法国法郎，占其国内营业额的 2.8%。这种方法是以企业过去的经验，按照一定的销售额或利润的比例，确定广告费用的支出。该方法简单、明了，但在应用时应注意市场的变化和产品生命周期的变化，随时修正，以避免预算的不足或造成不必要的浪费。

2. 目标法

目标法是根据完成广告目标必须进行的广告宣传核算成本，得出广告预算，但这种方法的缺点是效果很难预计。

3. 对抗平衡法

对抗平衡法是以同行业中，特别是有竞争关系的企业的平均广告支出来预算企业的广告费用。这种方法的缺点是：平均广告费用支出较难测量，缺乏特色。

4. 支付能力法

支付能力法是根据企业在一定时期所能承担的财力来确定广告预算。这种方法得出的广告预算不一定符合市场发展的需要。

6.3.5 广告效果评价

广告是市场营销中重要的一环。在决定了广告的主题、内容、表达策略、表现媒体并将广告信息传递给公众之后，广告工作的全程并没有结束。因为企业的宣传目的是否达到，效果如何，影响怎样，所支出的广告费用是否物有所值等都是未知数，因此，企业还需要对广告效果进行评价，以修正和改进广告目标和预算。广告效果评价一般有两种方法：一是沟通效果评价，二是销售效果评价。

1. 沟通效果评价

沟通效果评价是判断公众在接收到广告信息后的心理态度。它可分为事先预评和事后测评两种方式。

（1）事先预评法

在广告播出前对广告的效果进行评价，以了解广告在消费者中的反应。其方法主要有 3 种。

① 直接测评法。由消费者小组或广告专家小组观看各种广告，然后请他们就广告的吸引力、可读性、认知力、影响力、行为力等方面做出评价，根据评价结果来评判此广告的优劣。

② 实验测评法。广告研究人员利用各种仪器来测量选定的消费者对于广告的心理反应，如心跳、血压、瞳孔的变化等现象，从而判断广告的吸引力。

③ 调查测评法。广告播出前请消费者看一组广告或者将若干广告方案交给消费者，请他们对广告进行回忆，以测量广告是否突出主题，是否给消费者留下深刻的印象，并进行评判，请他们从中选择出消费者最容易接受的方案。

（2）事后测评法

在广告播出后，对广告的效果进行测评，以判断广告的效果，其方法主要有两种。

① 回忆测评法。广告研究人员通过研究公众对广告中的主题和内容的追忆来判断广告的吸引力和效果。

② 认别测评法。在广告播出后，请公众对他们曾经接触过的广告进行辨认，以此来判断广告的效果。常用的指标有：粗知百分率，即声称听到或看到此广告但不能说明其内容的公众百分率；熟知百分率，即能正确辨认该产品和做此广告的广告主的公众百分率；深知百分率，即能正确辨认该产品和广告主，并能记住该广告内容一半以上的公众百分率。汽车产品在不同的生命周期阶段，对广告效果的要求不同。在导入期，要求认识产品；在成长期，要求认识品牌；在成熟期，要求了解特点和优势；在衰退期，则需要信任和情感。

2. 销售效果评价

广告的效果并不能完全依赖沟通效果来衡量，其真正衡量标准是广告对企业产品销售的作用和能带给企业的经济效益，即产品销量的增减。但由于影响促销的因素复杂，它不仅受到广告效果的影响，而且受到产品的质量、价格、销售渠道、市场竞争环境、企业过去形象等方面的制约。因此，对广告的销售效果评价非常困难，常用的测评方法有 3 种。

① 单位广告成本促销手法。企业将广告前和广告后销售量的增加量和广告费用相比测定广告效果。

单位广告成本促销率=（广告后平均销售量 - 广告前平均销售量）/广告费用

② 地区实验法。将做过广告的地区和未做过广告的地区的产品销售量进行比较，以此来判断广告的效果。

③ 广告费增量比率法。根据广告后取得的销售额增量与广告费用增量进行对比的结果来测定广告效果。

广告费增量比率=（销售额增量/广告费增量）× 100%

6.4 汽车销售中的公共关系

6.4.1 公共关系的概念和作用

1. 公共关系的概念

“公共关系”一词译自英文 public relations（PR），简称公关。广义的公共关系是指个人、企业、政府机构或其他社会组织为了自身目的而采取的改善与他人关系的活动。

公共关系作为一种社会关系和社会现象有着悠久的历史，它主要是一种人与人之间的关系，并具有双向配合性，表现为公共关系主体为了自身的根本利益或特定利益而追求沟通、理解和支持，建立人与人之间良好关系的过程。随着社会的不断发展，人们对公共关系的作用日益重视，到了 20 世纪中叶，国际上成立了国际公共关系协会，公共关系逐步为企业界所接受，成为一种促销手段。本书所讨论的是狭义的公共关系，即企业为了适应环境，争取社会公众的了解、信任、支持和合作，以树立企业良好形象和信誉为目的而采取的各种有计划的行动。企业是一种社会组织，不可能离开社会而独立存在，都不可避免地要与社会各界发生各种交往关系。诸如政府机构、司法机构、社会团体、金融机构、新闻界、经销商、代理商、消费者等，要想生存与发展，就必须采取有计划的行动和策略处理好这些纵横交错的关系，以赢得社会公众的理解、好感和喜爱，这是企业成功必不可少的条件，也是公共关系的根本任务。公共关系主要由3 个要素组成，即公共关系的主体、客体和公共关系实现机制。其中，公共关系的主体在市场营销中主要是指企业；公共关系的客体是指与企业有关的社会公众，它包括内部公众（如股东、员工等）和外部公众（如顾客、新闻媒体、金融机构、政府部门、竞争对手、供应商、中间商等）；公共关系的实现机制是指传播，即公共关系主体与客体之间的沟通渠道与中介。

2. 公共关系的作用

开展公共关系活动的作用主要是建立信誉，争取谅解，提高效益，建立名牌企业和名牌产品，内求团结，外求声誉。企业为了生存和发展，必须创造最佳社会关系环境，公共关系注重处理全方位的社会关系，能树立良好的社会形象。从市场营销角度来讲，公共关系有如下作用。

① 直接促销。企业公共关系可在新闻传播媒介中获得不付费的报道版面或播放时间，实现企业特定的促销目标。

② 间接促销。企业在把社会利益和公众利益放在第一位，在不断提高产品质量和服务质量的前提下，通过有计划地、持续不断地开展传播和沟通、交往与协调、咨询与引导等公共关系的职能活动，就会不断提高信誉和知名度，不断塑造良好的企业形象和产品形象，赢得公众的理解和信任。企业生产的产品形象好、信誉高，必然会提高吸引力和竞争力，从而间接地促进产品销售。

③ 发挥有效管理的职能。企业的公共关系能与内部公众和外部公众进行双向信息沟通，协调好企业与内部公众和外部公众的关系，就能防止和缓和企业与内外公众之间的各种矛盾，真正取得谅解、协作和支持，以达到“内求团结，外求发展”的目的。

6.4.2 公共关系的手段和策略

1. 公共关系的手段

（1）通过新闻媒介传播企业信息

这是企业公共关系最重要的活动方式。通过新闻媒介向社会公众介绍企业及产品，不仅可以节约广告费用，而且由于新闻媒体的权威性和对象的广泛性，使它比单纯的产品广告的宣传效果更为有效。它的主要方式有如下几种。

① 撰写新闻稿件。由企业的公关人员对企业具有新闻价值的政策、背景活动和事件撰写新闻稿件或者轻松有趣的报道，散发给有关的新闻传播媒体，并争取发表。这种由第三者发布的报道文章，对公众来说，可信度高，容易获得公众的认可，有利于提高企业的形象，而且不必付费。如每天在“中国交通报”、“中国汽车报”以及其他报刊上出现的各类介绍、宣传企业及产品的文章都属于此类，比较典型的如“反败为胜的艾柯卡”、“奔驰汽车的故事”、“一汽汽车质量万里行”等。

② 举办记者招待会。这是搞好与新闻媒体关系的重要手段，也是借助于新闻工作者之手传播企业各类信息、争取新闻界客观报道的重要途径。

③ 邀请记者或其他知名人士参观企业，加深他们对企业及产品的印象，并进行评述。例如，丰田汽车公司在推出丰田2号新型车时就采用了此类方法。

④ 制造新闻事件。许多著名的企业不仅重视发现新闻，而且善于制造新闻。有目的地制造出来的新闻，常常能在新闻界引起轰动，而且能引起公众的强烈反应。如日本丰田汽车公司的破坏性试验，日产公司1988年推出色菲露轿车的做法等，都是比较成功的事例。

⑤ 编写影视剧本，参与影视剧的制作。通过与影视界的合作，将企业的过程编写成影视剧本，可以提高企业的社会形象，加深社会公众的了解，如一汽的"解放"、江铃的"红泥河"等。

（2）散发宣传资料

宣传资料包括与企业有关的所有刊物、小册子、画片、传单、年报等。这些资料要印刷精美，图文并茂，并在适当的时机向目标顾客及有关社会团体、社会公众散发，可以吸引他们认识和了解企业，扩大企业的影响。但这种形式受宣传资料散发或影响的范围限制。

（3）借助公关广告

通过公关广告介绍、宣传企业，树立企业形象。公关广告的形式和内容可概括为3类：其一，致意性广告，即向公众表示节日欢庆、感谢或道歉等，这类广告在每年的公众节日里最为常见；其二，倡导性广告，即企业首先发起某种社会活动或提出某种新观念；其三，解释性广告，即企业就某方面的情况向公众介绍、宣传或解释；其四，赞助性广告，即企业通过赞助某项社会活动，以扩大企业的影响和知名度，如每年一度的"丰田杯"等；其五，服务性广告，即企业通过有计划、有组织地为用户提供服务，来引起公众对企业及其产品的兴趣和关心，如"××汽车服务月活动"等。

（4）举办各种专题活动和策划企业领导人的演讲或报告

通过这类活动的举办，扩大企业的影响和潜在客户对企业产品的认识，它包括举办各种专题讲座、产品演示会、报告会，举办各种庆祝活动等。

（5）参与社会公益活动

企业通过参与各种社会公益活动和社会福利活动，能协调、改善与社会公众的关系，树立"好公民"的形象，这是一种日益流行的公关活动，如向贫困地区捐献车辆，为某项社会活动提供交通工具，资助各种社会慈善事业、教育事业和重要节日等。这类活动的效果虽然具有间断性，但它的宣传效果却很好，不仅能赢得受益者的好感，而且能引起新闻界的关注，制造新闻热点。例如，丰田汽车公司为了改善美国人对日本汽车大量涌入的不满情绪，利用各种机会向美国各类消费者组织、社会福利机构捐赠，还为13个美国中学生提供在日本学习的奖学金。丰田公司对美国人的奉承就颇得一些美国民心，有助于消除美国人对日本汽车的反感，改善相互关系。

2. 公共关系的策略

公共关系的主要任务是沟通和协调企业与社会公众的关系，以争取公众理解、支持、信任和合作，实现扩大销售。这一任务决定了其工作的主要内容是如何正确处理与公众对象的关系。根据企业公共关系的对象和企业的发展过程，可以使用的公共关系的主要策略如下。

（1）企业与消费者的关系

在市场经济体制下，企业的一切活动都围绕着消费者的需求运转，"顾客就是上帝"从一个侧面反映了企业与消费者之间的关系。消费者作为一切企业社会价值最重要的评判者，他们的需要是企业营销活动的出发点，也是企业存在和发展的前提，因此，企业公共关系工作的主要内容是促使消费者对企业及其产品产生良好的印象，提高企业及其产品在社会公众中的知名度、信任度。企业与消费者的沟通主要分为：售前沟通、售中沟通、售后沟通 3 种。

① 售前沟通，即企业与潜在用户的沟通。汽车作为一种技术和价值含量都比较高的商品，消费者在购买时不可能像买一包火柴、买一根雪糕那样随便，购买前必然要进行较长时间的了解、比较，需要收集一定的资料，企业应有计划地、主动地收集消费需求信息，及时将企业及产品的情况，如企业的宗旨、规模、在同行中的地位，产品的性能、规格、销售方式以及售后服务的内容等，传递给潜在用户，并了解其反应，以使企业更好地满足用户的要求，达到引导消费、坚定潜在用户的购买信心和决心的目的。例如，东风公司宣布的：只要有用户要求，东风汽车售后服务队伍可以在 48h 之内到达用户身边；法国的雷诺、雪铁龙称 24h 全天候接受和受理用户的售后服务要求等。

② 售中沟通，即企业与现实顾客的沟通。由于此时消费者的消费要求已经明确，而市场上的同类产品众多，企业需要将自己的产品优势及能给消费者带来的特殊利益这类信息传递给消费者，协助引导消费者使用自己的产品，如散发宣传资料、汽车的有关技术指标资料等，这些工作一般由推销人员来完成。

③ 售后沟通，即企业与产品用户之间的沟通。它主要包括：第一，在售后服务中推进公共关系。汽车作为一种机电产品，其售后服务的质量直接关系到顾客的购买信心。有人说：第一辆汽车是靠推销人员卖出去的，第二辆、第三辆则是靠售后服务卖出去的，可见售后服务工作对汽车销售的影响。在售后服务中加强与用户的沟通，可以及时了解用户的反馈信息、改进服务方式，树立良好的服务形象。第二，重视用户投诉。企业的有关人员要重视用户的投诉，认真对待，及时处理，这不仅有助于企业提高产品质量和调整产品结构，而且能消除企业与用户的误会与摩擦，增加相对了解，建立持久的合作关系，从而影响相关消费群体对企业及产品的认识，促进产品的销售。

（2）企业与相关企业的关系

汽车作为一种集机械、电子、化工等产品为一体的商品，企业要想独立完成从自然原料到产品销售的整个过程根本不可能，它无时无刻不与相关企业发生着各种各样的关系，这些关系主要可分为以下几种。

① 企业与竞争企业的关系。现代社会是一个竞争的社会，企业的产品在市场上会有许多竞争对象，企业在处理与竞争企业的关系时，要树立公平竞争的思想，正确处理竞争过程中的各种矛盾和冲突，绝不能采用诽谤、中伤、贿赂等不正当手段挤垮对手，以免企业的自身形象和信誉受到损失。

② 企业与中间商的关系。汽车工业企业的产品除了直接销售的情况外，更多的是通过中间商来进行推销。企业要想在市场中发挥更大的作用，中间商的作用不可忽视。在处理与中间商的关系时，首先要使中间商觉得推销本企业产品能给他带来可观的利润或能促进其他商品的销售，产生经济效益，因此，企业应向中间商提供品质优良、设计新颖、适销对路的产品。其次，要加强与中间商的沟通。企业应将自己的各种基本情况及有关产品的所有情况准确地告诉中间商，增强中间商的经销信心，同时应及时了解中间商对本企业产品的意见或建议，以便企业及时调整和改进，并将结果及时反馈给中间商，以取得中间商的合作和支持。关于这一点日本的丰田汽车公司和日产公司做得比较出色，它们和中间商建立起了一种相互信赖、相互依存的关系，能达到一种共命运的境界。

③ 企业与供应商的关系。汽车工业企业，特别是整车生产企业要生产产品，就必然会涉及各种原材料、零部件的供应问题，相应地就要和供应商发生关系，因此，正确处理与供应商的关系是企业关心的主要问题之一。企业在处理与供应商的关系时，要以长期友好合作为目标，以互惠互利为基础，注意双方市场信息的沟通与交流，从而维持良好的供应关系，促进企业的生产和销售。

（3）企业与政府及社区的关系

① 企业与政府的关系。政府不仅是国家权力的执行机关，而且还是引导企业适应宏观经济发展要求的宏观调控者，企业在政府的指导下开展经营活动，因此，企业必须处理好与政府相关职能部门的关系，在接受政府有关部门的指导和监督的同时，赢得政府的信赖和支持。另外，政府作为企业产品的主要用户之一。处理好与其的关系，还可以促进企业产品的销售。国外的许多大汽车公司都设立有专门的机构处理与政府部门的关系。

② 企业与社区的关系。企业存在的一个条件是必须有一定的生产经营场所，正是因为有这个场所，企业才能开展生产经营活动，同时也就会和周围的企业、居民、社会组织发生各式各样的关系，只有建立起融洽的社区关系，企业才能站稳脚跟。企业与社区的关系主要依赖于信息的交流和参与社区的社会活动，其主要方式有：满足社区对企业的正当要求，加强企业与社区内居民的联系，为社区居民提供优良的服务和必要的公益赞助，积极参加社区内的社会活动，从而树立起企业在社区居民中的形象，为企业的发展创造良好的周围环境。

（4）企业与新闻界的关系

企业与新闻界的关系主要是指企业与新闻媒体和新闻工作者的关系。在现代社会生活中，新闻媒体和新闻工作者的作用日益突出，它不仅可以创造出社会舆论，影响公众的观念，而且还可以引导消费，影响公众的生活方式，从而影响企业的社会形象，间接调整企业行为，因此，他们是企业实施公关策略、争取社会公众、实现公关目标的重要对象。

（5）企业内部公共关系

企业内部的公共关系活动，其目的在于加强企业内部团结，协调企业、员工、企业部门及投资者四方的关系，它直接关系到企业生产经营活动的正常开展，影响到企业经营目标的实现。改善企业内部的公共关系的基本方式主要有下列几种方法。

① 完善企业的规章制度，提高企业管理水平。企业的规章制度和管理活动是企业生产经营的保证，也是处理企业内部公众关系的依据，它对于提高企业职工的责任心、保证企业的正常运转、减少企业内部矛盾都具有重要意义。

② 加强企业文化建设。企业文化是企业在长期的生产经营活动中所形成的一种精神意识和工作作风。加强企业文化建设的目的在于调动员工生产和参与管理的积极性和首创精神，使他们牢固树立以厂为家、与厂共存亡的意识，以极大的热情和充沛的精力投身于工作，使企业的生产和经营永远保持旺盛的生命力。加强企业文化建设的主要方法有如下几种。

- 加强企业与内部公众的沟通。企业与内部公众的沟通主要是指企业与内部员工的沟通和企业与投资者的沟通。企业与内部员工的沟通可以在及时发现企业运行中的问题、合理安排员工的工作、充分发挥企业员工的参与意识等方面发挥重要作用，如福特汽车公司的“建议制度”、丰田汽车公司的“动脑筋创新委员会”等就是这方面的实例。企业与投资者的沟通主要采取定期公布或报告企业的运行情况、企业的经营效益和企业投资的目标等方法，加强投资者对企业的了解，增强投资者的投资信心，为企业增加投资、拓展资金来源和企业的进一步发展创造条件。

- 满足企业员工合理的物资要求和精神要求。企业的生产经营活动与企业员工的工作热情和工作态度直接相关，满足员工合理的物资要求是建立良好的员工关系的基础，也是企业能否保持员工工作热情的基本前提，而员工的工作态度则取决于员工各种需要的满足程度。随着社会经济的发展，人们不仅需要物质方面的满足，而且需要精神方面的满足，每个人都希望自己的能力得到充分发挥，其价值能得到充分的体现，并被社会所认可。因此，企业应在条件允许的情况下，满足员工的合理要求，积极开展各种有益于凝聚企业精神、有益于丰富员工的物质文化生活、有益于调动员工工作积极性和工作热情，也有益于建立企业与员工相互信任的劳资关系的各种活动，为企业的稳定与发展创造良好的内部环境。

（6）企业在不同发展阶段的公共关系策略

企业除了要注意处理上述几种关系外，还要注意在不同的发展阶段公共关系工作的侧重点应有所不同。在企业的创建时期，不仅社会公众对它了解甚少，甚至企业员工也不甚了解，此时企业公共关系的任务是让公众感知企业及产品，并争取在公众中建立起一个最初的良好印象和信誉，帮助企业站稳脚跟，开发市场。其方法是运用各种媒介和手段，使公众对企业及产品能尽快了解，使他们树立起对企业及产品的信任和信心。在企业的发展阶段，企业公共关系工作的任务是保持企业声誉，树立更好的企业形象，提高企业的市场份额，并拓展新的市场。其主要方法是宣传企业地位，突出产品特色，引导市场消费，为企业的进一步发展创造条件。

总之，企业的公共关系工作是现代企业管理的产物，它对企业产品的销售工作有着重要的作用，企业应注意加以利用。

6.4.3 公共关系的评价

1. 公关评估方法

（1）民意测验法

选择一定数量的目标公众，通过问卷等形式征求他们对公关活动的意见，并加以分析、统计来说明公关工作的效果。

（2）专家评估法

请有关专家对公关工作提出自己的意见和观点，从不同角度来分析公关工作的效果。

（3）访问面谈法

由公关人员通过个别交谈和集体访谈的方式，了解公众对公关工作的意见和看法，借以评估公关工作的效果。

（4）观察法

公关人员通过观察目标对象对公关工作的反应，来评估公关工作的结果。

（5）资料分析法

通过企业生产经营资料、销售数据的变化来征询公关工作的效果。

2. 公关计划的评价

由于公共关系常与其他促销工具一起使用，故其使用效果很难衡量。汽车营销公关的效果通过展露度、公众理解和态度情况、销售额和利润贡献3方面来衡量。

（1）展露度

计算出现在媒体上的展露次数，这种方法简单易行，但无法真正衡量出到底有多少人接受了这一信息及对他们购买行为的影响。

（2）公众理解和态度情况

这是指公共宣传活动引起公众对汽车产品的品牌理解、态度方面的前后变化水平。

（3）销售额和利润贡献

公共关系通过刺激市场、同消费者建立联系，把满意的消费者转变成为品牌忠诚者，提高了销售额和利润。计算销售额和利润贡献率，是衡量公共关系效果最科学的方法。

6.5 营业推广

6.5.1 营业推广概述

营业推广是指企业在特定的目标市场中，为了迅速刺激需求和鼓励消费而采取的促销措施。它是一种时间多、刺激强的促销手段，与广告比较，公共关系对销售的刺激来得更为直接和迅速。营业推广采用的主要方式有：产品展示会，销售折扣，样品赠送，抽奖赠品等。

营业推广具有针对性强、方法灵活多样和非经常性的特点，一般来说需要其他促销手段配合，它对企业推出新的品牌或新的产品、争取中间商合作有较大作用。但营业推广长期使用或单独使用往往会引起消费者的反感，容易造成消费者对企业的误解，如长期采用降价、有奖销售等方法就容易造成这种影响。

6.5.2 汽车营业策略

1. 信用消费策略

汽车属于高值耐用产品，即便在西方经济发达国家，也常常要采取信用消费的形式购买汽车。信用消费也可称为消费信用，它是一种从商业信用和银行信用中独立出来的信用形式。消费者凭借自己的信用先取得产品的使用权，然后，通过信用消费来取得产品的所有权。有关资料表明，在德国汽车市场上，新轿车的年销量约为300多万辆，绝大多数为私人购买。但是，由于历史的原因，德国西、东两部的车款来源却是不一样的。西部地区，新车购置费用的50.1%为个人积蓄，24%为旧车售款，6.5%为亲友馈赠、购车优惠和各种津贴等，19.4%为银行信贷；东部地区，个人积蓄占49.5%、旧车回款占17.2%，亲友馈赠、购车优惠和各种津贴占3%，银行信贷占30%。显然，在不同的社会经济条件下，购车用款的来源也是不同的。在美国，80%～85%的新车都是通过分期付款得到的。

我国曾经是一个公车消费的国家。即便在改革开放以后，汽车消费者群也多是“三大”式的人物，即大官、大款、大腕等。但是，“三大”消费市场的容量毕竟有限，而且大多是现实的消费者。显然，我国汽车工业的发展必须寄希望于潜在的消费者群——普通老百姓。这些人虽然有购买汽车的欲望，却缺乏购买汽车的能力。但是，通过信用消费，不但可以使他们的理想变成现实，而且可以起到刺激私车消费、启动汽车市场，挖掘市场潜力、扩充市场容量的效果。在我国，一汽生产的红旗轿车曾经是典型的“官车”，为了改变“官车”形象，使寻常百姓也能坐上昔日只有高官才能坐的汽车，一汽贸易轿车销售有限公司成立了“特殊业务组”，通过分期付款、租赁销售等措施进行促销。陕西安达公司闻风而动，通过分期付款和现钱交易，一次购买红旗轿车 97 辆。

除此以外，信用消费还是市场竞争的手段。像美国汽车市场，通用、福特和克莱斯勒三大汽车公司竞相采取了信用消费的策略。除分期付款之外，汽车租赁业的竞争也在加剧。北京亚运村汽车交易市场甚至打出了“长安零首付，夏利零利息”的旗号，令消费者怦然心动，不到两个月就销售出了上千辆汽车。

一般来说，信用消费主要有分期付款、消费贷款、按揭贷款、产品赊销 4 种类型。

（1）分期付款

分期付款是一种中长期信用消费。

在我国，一汽和上海大众是最早采取分期付款方式促销汽车的企业，曾用此种方式对客运企业进行过促销。长安奥拓推出针对私车用户“首付一万八，奥拓开回家”的“1818”方案，即只要首付 18 000 元，18 个月内付清剩余款项，并支付 10%的利息，即可获得奥拓轿车的所有权。当时长安奥拓的售价为 58 800 元，首付之后，每月分付 2 267 元，中等偏上收入的家庭均可轻松圆了“轿车梦”。长安奥拓推出的分期付款方案，不但使奥拓轿车在北方汽车市场上的销量翻了一番，而且引起了强烈的轰动效应。柳州五菱、天津夏利、神龙富康、一汽捷达等也相继开展了分期付款业务。占据中国轿车市场半壁江山的上海桑塔纳也加入分期付款的行列，从而把分期付款的促销方式推向了高潮。

分期付款作为一种无抵押信用消费，它的实施既需要健全的信用机制作依托，也需要较高的信用程度作保证，而恰恰是这两点，均难以做出乐观的估计。国内汽车厂家开展的所谓分期付款业务，实际上是由汽车生产厂家为用户垫付余款。显然，这里存在着很大的经营风险。明知有风险，还得去冒险，说是分期付款，其实，不过是一种无可奈何的促销手段，离真正意义上的分期付款相距甚远。为了降低经营风险，企业还是应当坚持鼓励全额付款的政策。如上汽集团对于投放厦门出租市场的 800 辆桑塔纳 2000，就推出了两种付款方式：全额付款，价格为 15.5 万元；分期付款，价格为 16 万元，余额 3 年付清，月息为 0.7%。1998 年，他们还对全额付款者赠送价值 1 800 元进口防爆太阳镜的奖励。除此之外，就是与保险公司携起手来，由保险公司对可能出现的经营风险实施担保，否则，热热闹闹的分期付款只能是得不偿失的空忙。

为了适应这种信用消费购车的实施，平安保险南京分公司推出了“分期付款购车保险”。这种在西方国家早已风行多年的险种，一经推出，立即引起了众多汽车厂商的关注。远在湖北的神龙汽车公司和南京两家销售公司闻风而动，与该公司进行了业务洽谈。20 世纪末，这种“机动车辆消费贷款保证保险”经中国保险监督管理委员会批准，由中国人民保险公司在全国范围内开办。同时，上海银通信托资信公司也推出了一项资信业务：消费者只须缴纳 14%的手续费，并把汽车所有权抵押给银通公司，即可得到 80%的垫付车款。其实，不同的消费者群，信用程度是不一样的。对于风险程度较低的消费者群，可以大胆地实行分期付款。上汽集团就宣布，北京新闻记者在购买桑塔纳2000时，可以享受分期付款的优惠。北京轻汽公司也宣布，北京地区用户在购买北京轻卡时可以享受分期付款的待遇。国家《汽车分期付款销售暂行管理办法》的出台，加上原有的50多个金融管理法规，对于规范厂家和商家的经营行为，保证分期付款方式的健康发展，将会起到积极的促进作用。

（2）消费贷款

消费贷款是分期付款的特殊形式。

分期付款的实质是企业垫付，这对生产厂家来说，既是不公平的，也是高风险的。但是，通过消费信贷购买汽车，按照市场经济的规律进行操作，既为消费者提供了方便，又为生产者消除了风险，是比较理想的促销方式。有关资料表明，波兰居民购买汽车时，50%的人是通过银行贷款购买的。通用、福特、大众和菲亚特等汽车公司，相继在波兰开展汽车信贷业务，利率适中、服务优良，很受消费者的欢迎。中国人民银行也推出了《汽车消费贷款管理办法》，该办法不但规定了汽车消费贷款的条件，如民事能力、偿还能力、稳定职业、信用程度、有效抵押、单位保证、首期付款、清付期限和贷款利率等，而且还规定了首付数额和贷款数额，如首付数额不得低于20%，贷款数额不得高于80%，以及清付期限不得超过5年，贷款利率按同期贷款利率执行等。工商银行最先开办了汽车消费贷款业务，对汽车消费贷款采取了“积极试点、审慎操作、安全有效”的发展战略，在全国40多个城市率先推出了捷达、奥迪、红旗、富康、夏利、桑塔纳6种品牌轿车的消费贷款，并在此前召开了“加强汽车金融服务会议”。

但是，这种贷款支持与分期付款一样，同样存在信用程度的问题。所谓的“加强汽车金融服务会议”，加强的也只是厂家和商家等团体消费者而不是个体消费者。如工商银行上海分行就只选择本市注册资金在100万元以上、信誉良好的汽车经销商作为汽车消费贷款的代理商；有的则提出，必须以有价证券或所购房产等作抵押，或者所在单位出面担保，或者保险公司提供保证，并根据担保者资信情况缴纳数额不等的保证金。如此大套小套，无异于现钱交易。中国北方车辆公司曾与中国建设银行、中国工商银行和中国农业银行北京分行有关部门在北京举办了为期3天的“北京首届贷款购车展销会”，由于担保门槛较高，购车程序复杂，3天里竟没有一个人办完贷款手续，也没有一辆车从现场开走。这种只对有钱者提供贷款的做法，对于突破“三大”的框框，推动汽车消费并没有实质意义。只有解决了担保资质，才能真正拉动私车消费，这需要建立个人资信评估机构，管理个人资信资料；建立个人信用保险机制，多家共同承担风险；建立个人信用基金，基金组织提供担保；银行适当放宽条件，促进消费贷款发展等。

20世纪末，一种较为新颖的消费贷款新方式在上海首先推出——“消费者向经销商申请贷款”。上海浦东发展银行广州分行与广东“三九”汽车有限公司合作，率先推出了在经销商那里购车、贷款的分期付款业务。“你买我的车，我给你借钱”是商家的促销口号。其实，无论是厂家贷款还是商家贷款，归根结底，钱还是要出自银行。之所以绕来绕去，不就是绕开风险吗？解开汽车信贷症结的关键，是在银行与用户之间搭建一座桥梁，以自己的资质分别面对银行与用户，既化解银行的恐惧，也排除用户的困难，并通过消费贷款推动汽车消费、促进汽车产业的发展。以自己的资质作为投资，上联厂家，下联用户，架起桥梁、沟通供需，并以此获得利润，求得发展。显然，这是比商家信贷更新的行业。

（3）按揭贷款

按揭贷款是消费贷款的特殊形式。

无论是分期付款还是消费贷款，都存在所说的“担保瓶颈”。无人担保也无物抵押者，将难以实现“汽车之梦”。但是，按揭消费却是“买啥押啥”，当消费者向厂家或商家申请分期付款或消费贷款的时候，这种信用消费的目的物，即将要拥有的汽车也可以用来抵押。中国建设银行曾为一汽捷达轿车提供了规模为8.15亿元的按揭贷款。以按揭促销、以捷达抵押，在社会上产生了极大反响。但是，也有一些银行并不真正理解按揭贷款的意义，在操作过程中纷纷加入了一些轿车产权之外的附带抵押措施，将个人申请者排除在外，使按揭贷款变成了分期付款或消费贷款。

（4）产品赊销

汽车赊销是一种短期的信用消费。

赊销购车的用户只需按照首付款与整车款之间的差额，另外购买 2%的赊销信用保险，即可以通过赊销拥有汽车。如果赊销人连续 3 个月没有缴纳赊销车款，或者赊销人和赊销车失踪 3 个月以上，保险公司将负责赔偿厂家或商家的车款损失。而银行的加盟也为消费者和销售者提供了诸如就近交款、按时结算、监督还款、清理拖欠的种种方便。此种赊销策略，虽然与国际上流行的汽车赊销尚存在差距，却为我国的信用消费开辟了新的途径。

2. 租赁消费策略

通过租赁促进销售，是一种既对厂家有利也对商家有利的“双赢”战略。北京出租汽车公司创办我国首家汽车租赁公司——福斯特公司。北京世纪通汽车俱乐部开始在全国 36 个机场实施“世纪通卡”汽车租赁工程。“一地入会，异地租车”，中国消费者也开始尝到了租赁消费的甜头。目前，首汽租赁公司也正在与世界第二大汽车租赁企业 VIAS 公司商谈合作意向，以求实现“一国入会，各国租车”的梦想。

在我国，2006 年我国汽车市场会超过日本，稳居世界第二。2012 年左右，我国汽车市场会超过 1 000 万辆。2020 年后，我国汽车市场可能超过 2 000 万辆，成为世界上最大的汽车消费市场。但是，我国拥有驾驶执照者却高达 4 000 多万人。近 3 000 万“有本无车”者，既是汽车租赁行业的潜在市场，也是汽车生产厂家的潜在市场：从多元化经营的角度看，汽车厂家不但可以生产自己的汽车，而且可以出租自己的汽车。时至今日，“本地担保，异地租车”、“本地租车，异地还车”以及“联网企业担保”等多种租赁模式已经遍地开花。

3. 组合销售策略

所谓组合销售，即搭配销售，是指将汽车与其他产品结合在一起，组合成一个销售单元，红花绿叶，相得益彰，从而产生组合效应的促销策略。

4. 以物易物策略

所谓以物易物，其实就是以物换车。从一定意义上说，生产者也是消费者。汽车厂家通过购买原料和能源等来从事生产，同时，也通过销售产品和服务等来获得利润。正因为如此，也就找到以物易物的基础。如果消费者拥有生产汽车所需的物资，而又缺乏消费汽车所需的资金，汽车厂家采取“以物易物”的变通之策显然也可以进行促销。

5. 以旧换新策略

所谓以旧换新，其实就是以车换车。神龙公司的用户可以采用“以旧换新”和“极限贷款”

的方式将旧的牌号汽车换成新的，通过鉴定车况、估算车价、确定差额，就可以获得销售公司提供的10万元“极限贷款”，开走新的轿车。上汽集团也成立了“机动车辆置换公司”，通过以旧换新促销桑塔纳，当月就实现新旧置换500辆。天津汽车销售公司“置换中心”还针对旧车作价较低、车主不太积极的特点，采取了“取新补旧”的策略，新降旧升2 000元，使旧车高于市场价，有效调动了夏利用户以旧换新的积极性。

6. 试乘试驾策略

所谓试乘试驾，是指通过用户的尝试驾驶和乘坐体验，加强他们对汽车的了解，培养他们对汽车的情感，从而激发其购买动机的促销策略。

试乘试驾的高级形态是试用。其实是实地演练，实质是“路上展销”，消费者可以根据自己的愿望试开各种品牌的轿车和货车。中国北方设备工程公司曾经推出“西安奥拓先用后买”活动。购车者只要验证合格并缴纳5 000元押金，就可以将一辆手续齐全的西安奥拓开走，如果在24h及120km之内还车并选购新车，将免去购车者的试车费用。天津夏利还对购车新手提供陪试、陪练服务。通过有关的研究发现：消费者在试开试乘之后决定购买的可能性是在展室内参观后决定购买的5倍。

7. 有奖销售策略

所谓有奖销售，是指通过设置奖项和中奖概率，激发消者购买动机的促销策略。

6.5.3 汽车推广策略

1. 展销会

所谓展销，即通过展览来进行促销。显然，展销会是一种面向社会公众的汽车推广形式。因此，自汽车诞生之日起，汽车展销也随之而来。像法国巴黎香榭丽舍大街产业宫举办的“世界自行车、汽车展览会”，是世界上最早的汽车展览，它使人们记住了戴姆勒·奔驰的名字。

我国的上海、北京也多次举办国际汽车工业展览会，此外，广州、深圳、天津、大连、南京、杭州、宁波、西安、成都等城市也都先后举办过各种类型的专业车展。时至今日，举办和参加汽车展销会已经成为一项重要的促销策略，受到了汽车生产厂家的高度重视。展销并举、以展促销，在早期的汽车大展上，有些汽车生产厂家甚至可以预售出年产量的一半以上。

一般来说，汽车展览会主要有国际车展和国内车展、厂家车展和商家车展、专业车展和主导车展、固定车展和巡回车展、实物车展和虚拟车展、临时车展和永久车展等多种类型。

2. 订货会

订货会是一种面向重要客户的汽车推广形式。一般来说，订货会都是由企业自办或行业联办，通过发函或广告，邀请那些用量较大的直接用户，或者销量较大的中间商家等莅临会议，向他们发布信息、介绍产品，与他们联络感情、建立联系，并通过洽谈或者谈判来达到争取订单、推广产品的目的。

3. 邀请参观

邀请参观也是推广。雪铁龙是世界上最早将开放参观作为推广策略的公司。开放参观不但是一种宣传方式，而且是一种管理方式。在邀请参观开始时，厂家邀请参观博览会的人试开试乘自己的汽车，这种汽车推广方式曾经被人们称为“人为广告”和公共关系。许多著名汽车公司甚至把邀请参观运用于市场开拓。丰田汽车公司还专门建造了一栋招待参观者的宾馆，内设有产品陈列室、电影放映厅和公司资料室等。如果是丰田汽车的用户，还可以免费享用宾馆里舒适的客房。通过参观而增进好感，潜在用户很容易转化为现实用户。

4. 通报信息

通报信息也是推广。雪铁龙公司、福特汽车公司等汽车巨人经常通过通报信息、创办内部汽车杂志，将汽车营销信息传递给有关人员、企业职工和感兴趣的新闻记者。了解是理解、信任和支持的基础，当然也是汽车推广的形式。

5. 汽车大赛

汽车大赛既是竞技体育的形式，也是汽车推广的形式。由于汽车大赛的关注者多，传播得远，并且具有刺激强烈、印象深刻的特点，或胜或负，都可以大大提高企业及其产品的知名度和美誉度。尤其是胜利者，将可以因此而获得大量的订单。许多著名汽车厂家之所以对参与或赞助汽车大赛情有独钟，其原因就在于此。

6. 知识竞赛

知识竞赛是通过竞赛方式宣传汽车知识、拓宽汽车市场、促进汽车销售的活动。汽车生产厂家或销售商在组织知识竞赛的过程中，通过内容的选择性和问题的导向性，使活动具有汽车推广的意义。例如，上海和平汽车销售有限公司在上汽集团和天汽总公司的支持下，就曾举办了首届“和平杯汽车知识大奖赛”。此次大奖赛的宗旨虽然是让公众了解我国汽车工业的历史和现状，并因此而起到普及汽车知识、建立汽车文化的作用，其实是从根本上提高了上汽和天汽及其产品的知名度和美誉度，并以此来培育和拓宽自己的汽车市场。

在西方国家，特别是德国，知识竞赛还常常被作为汽车质量管理的手段来应用。一汽大众汽车有限公司也通过举办“捷达知识大奖赛”经媒体报道后而名扬天下，不但表现了一汽大众领导对汽车质量的重视，而且起到了汽车推广的作用。

7. 无偿赠车

无偿赠车是友好关系的象征，也是汽车推广的策略。1996 年 5 月 20 日，正在中国访问的英国副首相赫赛尔延代表英国政府向中国政府赠送了一辆由英国陆虎汽车集团生产的极品名车——“览胜”牌越野汽车，在英国，“览胜”虽为汽车，却又被视为 “国宝”。既是“国宝”，则只能藏之“名山”，所以，这只“览胜”就只能由故宫博物院收藏了。还是“陆虎”市场销售部董事总经理约翰·罗赛尔先生说得明白：“由故宫这样一座宏伟的博物馆使用‘览胜’，我们感到万分荣幸。尤其令人兴奋的是，能在赫赛尔延副首相访问期间举行赠车仪式，并能够借此机会向中国正式介绍‘越野’陆虎系列车型。中国是一个具有巨大潜力的振奋人心的市场，我们希望这将成为陆虎集团与中国人民以及故宫博物院长期友好合作的良好开端。”“览胜”本为“国宝”，由国家作为国礼，这是威信效应；由副首相亲自赠送，这也是威信效应；由故宫代为收藏，这又是威信效应；举行赠车仪式，这还是威信效应。威信效应层层叠加，由此引起的从众反应也就可想而知。

8. 免费供车

在人头攒动之地、万众瞩目之时，任何乘风而上、借机亮相的汽车，其价值也会随风见涨，成为影响巨大的广告汽车。在韩国汉城举行的世界第三届亚欧会议上，共有22位国家元首和政府首脑参加，陪同者和随行者有1 200多人，企业界和经济界知名人士3 000多人，还有700多名外国记者。对于汽车厂家和商家来说，这次会议无疑为他们提供了展示和推广汽车的绝佳良机。世界各大汽车公司都争先恐后地为韩国政府提供“礼仪用车”。韩国现代公司因为占尽了天时、地利、人和，而成为“礼仪用车”的主要供应者，共提供汽车294辆。德国宝马公司提供了5300CC级BMW L7汽车等107辆；戴姆勒·奔驰提供了S430型汽车21辆；沃尔沃公司提供了S80型汽车7辆。亚欧首脑开大会，汽车厂家心欢喜。这些汽车有幸承载了与会的亚欧首脑，也有幸映入了记者们的惠眼，趁机炒热，身价当然会随风见涨。

9. 组合商店

汽车属于低交易频率的商品，目标市场小，顾客光顾少。从汽车推广的角度看，这是十分不利的。但是，如果在销售店堂或展销大厅里放置某些高交易频率的商品，如低值易耗品、特殊选购品等，则可以“招徕”顾客，提高交易频率，产生推广效果。

“新组合家庭汽车商店”改变了汽车商店只卖汽车的传统模式，在销售多种外国品牌汽车的同时，也为汽车消费者准备了许多与汽车有关的商品，从防盗器、防晒膜、真皮椅套，香水瓶、防撞贴、车载电话，甚至还有钓鱼竿、烧烤架、旅游帐篷等。这些商品或为生活用品，或为汽车饰品，都属于低值易耗品或特殊选购品。现有汽车用户需要经常光顾，潜在汽车用户也能各取所需，以场景销售潜移默化，以情景销售激发动机，如同淅沥春雨，可以产生润物无声的推广效果。

10. 窗口公司

远景性和渐进性既是公共关系的原则，也是市场营销的原则。远景性原则着眼于未来，渐进性着手于现在。两者着眼点虽然不同，却又是并行不悖的。只有以面选点、以点带面，才能从“一枝独秀”发展到“万紫千红”。为此，人们把那些着眼于未来、立足发展的经营单位称为“窗口公司”。显然，窗口公司与销售店堂不同，销售店堂着眼于营业，窗口公司则着眼于推广。一汽集团为了拓宽进出口业务，融集海内外资金，在香港成立了名为“香港振兴科技开发有限公司”的窗口公司，放眼看世界，笑纳四海客，从而把自己与世界连接起来。北京市是中国最为活跃的汽车市场，亚运村是北京最为活跃的交易场所，立足亚运看天下，许多汽车厂家都在这里开设了销售场所。上海汽车工业销售总公司以亚运村举办的汽车博览会为契机，在亚运村开设了一个名为“SAIC 桑塔纳轿车购车服务指南”的常设咨询服务机构，推介桑塔纳车的性能，组织技术讲座，开展咨询服务，反馈市场行情，培育潜在市场，形成销售合力，并最终提高桑塔纳在北京的市场占有率。

6.5.4 汽车促销策略的制定

促销（promotion）是促进产品销售的简称，是企业通过人员与非人员的方式，使企业与消费者之间沟通信息，引发、刺激消费者的消费欲望和兴趣，使其产生购买行为的活动。

促销的核心是沟通信息，没有信息的沟通，企业不把汽车产品和购买途径等信息传递给客户，也就谈不上购买行为的发生，因此促销活动是以信息传递为起点的，然后完成销售，最后又以信息反馈为终点。通过促销宣传可以使用户知道企业生产经营什么样的汽车产品、有什么特点等信息，能够突出企业产品的特点，强化汽车企业的形象，巩固市场地位。

促销的目的是引发、刺激消费者的购买欲望，进而产生购买行为。在消费者可支配收入的情况下，消费者是否产生购买行为主要取决于消费者的购买欲望，而消费者的购买欲望与外界的刺激、诱导密不可分，因此促销应首先吸引消费者的注意，引起消费者的兴趣，进而引发购买欲望，产生购买行为，这就是促销的“AIDA”模式，即注意（attention）、兴趣（interest）、购买欲望（desire）、购买行为（action）。以上 4 种因素的实现，取决于促销的时机、手段、方法等诸多因素，合理地运用促销策略，可以在市场的不断变化中，既保证企业一定的销售额，又保证企业的盈利。

如何制定促销策略是每个汽车生产企业都十分慎重和重视的问题，一个好的促销策略可以巩固和提高市场占有率，提高销售额，强化汽车品牌。营销人员在制定促销计划时，必须先确立促销目标，运用合理的促销方式，才能够运筹帷幄，决策千里。制定促销计划时应遵循下列步骤。

（1）确定促销活动目标

每一次促销活动应有其明确的目标。促销目标是营销目标的细分目标，并协助达成营销目标。明确宣传和促销要达到一个什么样的目的，才能正确制定宣传和促销政策，达到吸引顾客、抑制竞争对手、保护成熟市场的目的；达到争夺顾客、扩展市场的目的；达到奖励经销商和消费者、增加销量的目的。每一项促销工具包括人员推销、广告、公共关系、营业推广都必须有具体的目标，例如，每月销售额提升 7%、市场占有率提高 5%，品牌认知度提高 15%等，明确的促销目标拟定后，如何达成任务，可按照目标管理办法分别拟定汽车制造商、经销商、销售人员的个别目标，化整为零加以实施。

（2）确定促销活动对象

确认促销活动的对象即确定向谁促销，其实就是确定产品或服务针对的消费者。在潜在市场中，哪些人需要产品，哪些人在使用该产品的过程中受益，那么这部分人就是目标市场所在。只有认准了潜在客户，才能采取最有效的促销手段，与他们进行营销沟通，并在沟通过程中传达最适合于他们的营销信息。确认销售对象，并描述这些具有购买能力、能决策的潜在需求者的特征，如购买者的教育程度、社会地位、年龄特征、地域特征、社会心理特征等，及分析购买该产品的理由、促销商品的市场幅度，说明何时购买、如何购买等。

（3）确定促销时间

要把握好促销活动开始和结束的时间，在新产品投入市场初期，宣传和促销力度应加大；在成熟市场，当面对竞争产品的冲击时，企业可采取适当的促销，以抵御竞争产品的渗透；在销售淡季，企业也可通过促销刺激消费。准确的促销时机是促销效果的保证，所以促销时要把握好时机。

（4）选择促销方式

促销方式有人员推销、广告、营业推广、公共关系 4 种，人员推销即汽车企业利用销售人员推销汽车产品，也称直接推销。广告是指通过报纸、广播、电视、广告牌等广告传播媒体向目标用户传递信息。营业推广又称为销售促进，是指汽车企业运用各种短期诱因鼓励消费者和中间商购买、经销或代理汽车产品或服务的促销活动。例如展出、展览表演、赠送、奖励等。公共关系是指汽车企业在从事市场营销活动中正确建立企业与社会公众的关系，以便树立良好的形象，从而促进产品销售的一种活动。这些促销方法各有优缺点，如表 6-1 所示。

表 6-l 各种促销方法的优缺点

促销方式	优　点	缺　点
人员推销	销售方法灵活，针对性强，易于与顾客建立长期的友好合作关系，容易促成及时成交	对人员素质要求高，费用较高
广告	信息传播面广，易引起注意，形式多样，可倡导消费，引领消费潮流	说服力小，不能直接成交
营业推广	吸引力大，效果明显	只能短期使用
公共关系	影响面大，对消费者印象深刻	促销效果间接，产生效果所需时间长

促销方式的选择是促销策略中的重点内容，在促销活动中，汽车企业常常同时并用多种促销方式。各种促销方法组成促销组合，所谓促销组合，就是企业根据汽车产品的特点和营销目标，综合各种影响因素，选择和运用多种促销方式。促销组合是促销策略的前提，在促销组合的基础上，才能制定相应的促销策略。

从销售活动运作的方向来分，有推销策略和拉销策略，人员推销和营业推广属于推销策略，广告宣传和关系促销属于拉销策略。推销策略中以人员促销为主，以经销商、消费者的营业推广为辅，把商品推向市场的促销策略，其目的是说服经销商或消费者购买企业的产品，并层层渗透，最后到达消费者手中。拉销策略以广告促销为主，通过创意新、规模大、寓意深、情节美的广告吸引顾客的眼球，直接诱发顾客的购买欲望，由客户向经销商、经销商向制造商求购。

在制定采用何种促销组合前，应先考虑如下几个因素。

① 产品种类和市场类型。例如，重型汽车因市场集中，人员推销对促销的效果较好，而轻型车和微型车市场分散，所以广告对促进这类汽车的销售效果就更好。

② 促销预算。任何汽车企业用于促销的费用总是有限的，这有限的费用自然会影响促销组合的选择。因此，在选择促销组合时要根据财力情况进行促销预算，对各种促销方法进行比较，以尽可能低的费用取得尽可能好的促销效果。

③ 产品生命周期。当推出新车型时，产品处于导入期，需要进行广泛的宣传，以提高知名度，因而广告的效果最佳，营业推广也起到一定的作用；当产品处于成长期时，广告和公共关系仍需加强，营业推广则应相对减少；产品进入成熟期时，应加强营业推广，削弱广告，因为此时大多数用户已了解该产品，在此阶段应大力进行人员推销，以便与竞争对手争夺客户；当产品进入衰退期时，营业员推广措施仍可适当保持，广告则可以停止。

充分考虑了上述问题之后，现在将对 4 个主要的促销手段逐一进行分析。

（1）人员推销

人员推销是通过销售人员与消费者的直接接触来达到销售目的的促销方式。它具有直接联系、机动灵活、现场洽谈、及时反馈、选择性强、有利于建立良好的人际关系等优点。但是它的费用较高，在发达国家大致是广告费用的2～3倍，而且推销人员的素质对推销的成败有决定性的作用。它的推销方式有两种。

① 走访推销。指汽车推销人员携带汽车产品的说明书、广告传单和订单等走访顾客，推销产品。

② 接待推销。指汽车企业在适当地点设置固定的门市、专卖店等，由销售人员接待上门的顾客。

（2）广告促销

广告即广而告之，不管人们喜不喜欢它，它已成为人们生活的一部分，成功的汽车广告给人以强烈的视觉冲击，意味深长的寓意，让人过目不忘，百看不厌。在现代社会中，可供选择的广告媒介越来越多，除了报纸、杂志、广播、电视四大媒体之外，企业还可以利用邮寄、电影、招贴、橱窗、路牌等多种手段进行广告宣传。尤其值得一提的是，在互联网日益发达的今天，利用网络进行广告宣传是一个重要的手段。汽车广告的类型有下列几种。

① 产品广告。汽车生产厂家借助传播媒介，把所产汽车在功能、造型、品牌、商标、包装和销售服务等方面的特点以"戏剧化"的形式传达给消费者，不但可以提高他们的价值感受，而且可以激发他们的购买动机。

② 品牌广告。它所传达的并非产品信息，而是汽车厂家在理念、行为、结构和标志等方面的特点。它可以间接促销，产生长期和全面的社会效益。

③ 实物广告。企业借助汽车本身向消费者传播信息，如通过汽车博览会、汽车展厅、各类汽车比赛、汽车模型、试乘试驾等活动向消费者展示汽车产品。

（3）营业推广

在汽车促销活动中，营业推广在促销组合中的地位越来越重要。它是一种行之有效的促销手段。其类型包括如下几种。

① 对消费者的营业推广。

- 有奖销售。如北京现代公司对购买索纳塔的用户举行"韩国5日豪华游"的抽奖，金杯汽车送2 000元礼品，同时年底前还可参加新马泰游抽奖活动等。
- 赠送现金、代金卡、优惠券。一些经销商推出"买车送笔记本电脑"、"购车送保险"、"过年送礼包"，有的甚至宣布，"只要来，就送礼品"，如买富康系列的任意车型能得到3 000元的油票、千里马赠送四项主险和全车装饰、风神蓝鸟送全车装饰等。
- 价格折扣或价格不变而赠送配置。在一些特殊时期（如淡季、特大节假日、纪念日等）给购车者以一定的价格优惠或价格不变而增加汽车配置。如2003年买捷达送3 000元装饰，帕萨特、POLO推出促销价，风神新蓝鸟暗降2万元，宝来豪华型在价格不变的基础上增加了电动可调式前排座椅、前置6碟CD，舒适型增加了CD唱机，基本型增加了前后电动玻璃升降机、电动可调和可加热后视镜等。
- 分期付款和以租代销。由于汽车是高档消费品，各大汽车厂商均推出各具特色的分期付款方式和以租代销方式。
- 以旧换新。这种促销方式在发达国家非常流行，我国也有个别厂商采用。
- 使用奖励。企业对忠诚优秀的用户以精神和物质上的奖励。如一汽曾经奖励给一名广东的消费者一辆捷达柴油车，因为在这名消费者的带动下，其家族总共购买28辆捷达轿车；东风汽车公司曾在全国范围内对驾驶东风牌载货汽车、行驶里程达到数万千米、从未出过事故的驾驶员给予奖励。

② 针对中间商的营业推广。

- 价格折扣。汽车厂商通过价格折扣或赠品方式，对中间商在产品价格、支付方式等方面给予优惠，以促进双方合作。如一汽大众对其产品的专营店免费提供广告宣传资料，以成本价提供捷达工作用车，优先满足紧俏产品的供应，优先培训等。
- 销售竞赛。制造商为了刺激中间推销商的积极性而规定一个具体的销售目标，对完成销售目标的中间商实行一定的奖励。如奖励现金、免费旅游、实物奖等。但这个目标应是经销商有能力完成但又必须经过努力达到的，否则对经销商的刺激不大。
- 产品展销，定货会议。制造商通过展会、定货会向经销商展示其生产的汽车产品的优点及特征，引起经销商的兴趣，从而扩大销售。
- 推广津贴。企业为促进经销商购进其产品并帮助推销产品，支付给其一定的推广津贴。

③ 针对销售人员的营业推广。

对销售人员的营业推广是为了提高员工的销售积极性和提高销售技巧，鼓励他们热情推销产品或处理某些老产品，或促使他们积极开拓新市场。其可以采用如下方式。

- 销售竞赛，如有奖销售，比例分成。
- 免费提供人员培训、技术指导。

（4）公共关系

公共关系是指一个公司为了谋求社会各方面的信任和支持、树立企业信誉、创造良好的社会环境而采取的一系列措施和行动。从销售角度看，它是企业为获取公众的信赖、加深用户印象而用非直接付费方式进行的一种促销活动。

（5）确定促销的口号

促销活动口号的制定，必须注意到：口号要响亮、有吸引力；促销活动内容要推陈出新；表现方式要简洁、易懂；避免会招来反感的口号。

（6）确定促销地点

要考虑促销活动的实施地区是全国大规模运动，或是在限定地区内实施。由于大量的广告多半与促销活动同时进行，为加强执行效果，应让广告范围与促销活动实施地区相一致。若预定有讲座、产品展示表演、参观工厂等活动时，应事先筹划场地、妥善安排。

（7）确定促销预算

确定促销预算的惯常做法就是在估算竞争对手促销预算的基础上来确定自己的促销预算。对竞争对手的促销预算的评估，其目的只是以它为借鉴，在此基础上，根据具体情况，做出适合本企业实际的促销预算方案。

另一更为准确的方法是先将计划采用的促销手段列出一份清单，暂时不考虑钱的问题，然后根据各个项目的收费标准，对清单中列出的所有促销项目做总的预算，并根据实际情况对方案进行调整，直到觉得调整的预算方案对自身的企业而言可以接受为止。

（8）确定促销总体方案

当上述问题一一确定之后，就可确定促销总体方案，必须自始至终协调和整合总体方案中所采用的各种不同的促销手段，这一点对实现预期促销目标来说显得非常重要。制定详细的推行计划是保证促销方案顺利实施的前提。

（9）评估促销绩效

评估促销绩效即评估促销预期达到什么效果；是否达到目标，尚存在什么缺陷。对促销总体方案做出评估和调整，其目的不仅仅是为了调整那些效果不佳的促销手段，同时也是为了使以后的促销总体方案能够更有效地为实现促销目标服务。

6.6 案例分析

【案例一】

零贷款利率——美国车市渡过危机的促销利器

一、案例介绍

2001 年“9·11”事件后，为了应对汽车销售大幅下滑，激活汽车市场，美国通用汽车公司推出“零贷款利率”促销活动，福特、戴姆勒·克莱斯勒公司也相继推行。

2001 年“9·1l”事件前，美国汽车产业的产销与国家 GDP 同步发展。1999～2000 年美国经济处于稳定发展之中，从 2000 年下半年开始，能源危机后美国整个经济发生了变化，2000 年 GDP 还微弱增长 0.8%，2001 年第 1 季度下降 0.6%、第 2 季度下降 1.6%、第 3 季度下降 0.3%，但第 4 季度则上升 2.7%，2002 年第 l 季度反弹到 5.0%，第 2 季度回落到 1.1%。“9·11”事件后，美国股市暴跌，经济严重波动，但其车市不仅没有崩溃，而且呈现明显增长，2001 年销售汽车 1 720 万辆，2002 年 1 至 8 月销量达 1 166 万辆。汽车再一次成为美国经济发展的重要支柱，这同通用汽车公司及时地推出“零利率贷款”策略促销大获成功不无关系。

“9·1l”恐怖袭击当天，包括 CEO 瓦格纳在内的多位通用汽车公司高官不在底特律，由于美国机场正处于全面禁飞状态，他们又一时难以回到总部。2001 年 9 月 13 日通用汽车召开地区销售代表会议所提供的信息显示，“9·11”事件后的纽约连一辆车都未销售出去，整个通用汽车销量锐减 40%。2001 年 9 月 17 日，在通用北美区总裁 Ron Zarrella 的主持下正式出台的“推广零利率贷款购车活动”，尽管此种促销手段此前一直限定在特定区域和部分车型，但这次破例对所有车型均实施这一销售政策。由于这项计划涉及通用汽车公司的财政问题，所以必须提请公司董事会批准，2001 年 9 月 18 日董事会以最快的速度批准该项促销计划。

通用汽车公司利用“零利率”贷款促销，使其销售迅速恢复到“9·11”事件前的水平。后来福特汽车公司的经销商也随之跟进，甚至华人汽车商经营本田车的也跟进，大众品牌经销商将贷款利率降至 0.9%，这样的促销手段效果出奇地好，在美国形成了新一轮购买汽车的高潮。

此项促销活动已于 2002 年年初相继期满。但是，2002 年 7 月 3 日美国通用汽车公司又重新宣布恢复零利率贷款促销，对 2002 年的 45 种车型提供 36、48 和 60 个月的零利率贷款；福特汽车公司随后跟进，对部分 2002 年的车型提供 36 和 60 个月的零利率贷款；戴姆勒·克莱斯勒公司也不甘落后，对大部分道奇、克莱斯勒和吉普车型提供 60 个月的零利率贷款。自此，新一轮的零利率汽车促销大战就轰轰烈烈地展开了。

美国汽车商重新恢复零利率贷款的效果如何呢？应当说，确实在一定程度上刺激了消费者的购车愿望，给美国车市带来了活力。据业内人士估算，一辆售价2万美元的轿车，如果获得36个月的零利率贷款，消费者就可以节省1 903美元，这具有相当大的吸引力。由于推行零利率贷款促销活动的刺激，2002年7月份美国车市十分火爆，创下了几乎破纪录的销量，比2001年同期增长9%。其中，通用汽车销量为46.32万辆，比去年同期增长29.2%，福特汽车销量为31.95万辆，同比增长5.7%，克莱斯勒的汽车销量为20.05万辆，同比增长0.4%，其吉普车销量则同比上升了23%。

二、案例分析

尽管“9·11”事件后美国经济下滑、失业大幅增加，使消费者信心大跌，但在汽车企业采取的零贷款利率促销手段的强力刺激下，美国的汽车销量上升到了创纪录的水平。可见“零贷款”利率确实是让消费者无法抵抗的促销利器。

度过“9·11”事件后，为什么美国汽车市场会出现新一轮的零利率促销大战呢？主要原因有3个。其一，2002年以来，美国经济复苏的不确定性因素再次影响了消费者的消费需求，车市内需不振。1月份美国汽车销量减少5.2%，2月份汽车销量减少3.5%，5月份减少6%，6月份减少1.5%。汽车销售的持续下滑带给汽车生产商巨大的压力，为扼制下滑趋势，增加汽车销售量，汽车厂商被迫恢复零利率贷款。其二，美国汽车业的产能过剩也是促使车商采取零利率贷款的因素之一。截至2002年6月7日，美国汽车产量比去年增加了7.7%，但5月份美国的新车销量却减少了 6%。而且，通常来说，美国车商都想在秋季生产新款汽车之前，尽快处理完旧款的汽车。因此希望通过采取零利率贷款这种促销手段加快旧款车的处理。其三，保住现有的市场份额是汽车厂商努力扩大销量的原动力。汽车业内专家指出，有1/3到2/3的购车者在下一次购买汽车时，会考虑购买同一厂商的汽车。一旦市场份额缩减了，汽车厂商受到的打击将越来越大，这也是美国汽车厂商采用零销售贷款的重要原因。

零利率贷款可以刺激消费、扩大销售，但也存在不少弊端和隐患，主要问题有3个方面。首先，零利率促销使汽车厂商的利润大幅减少。有关机构的统计数字表明，零利率在绝大部分车型上所带来的利润小于促销措施带来的损失，这样零利率只会给汽车业带来“没有利润的繁荣”，而且促销让利越多，利润就越少，最终可能会将汽车业引入死胡同。其次，零利率促销活动虽然使销量大增，但也形成了未来的销售“真空”。消费者提前了购车计划，下一年就有可能出现销售透支。由于“真空”的存在，将来的销售难度就更大了。再次，零利率贷款使得利润减少，必然影响新车型的开发。由于公司没有资金投入新车型的开发，老车型在市场上停留的时间就会延长，而消费者不会选择购买滞销货，除非有更大的让利措施，这就极易形成恶性循环。特别要看到的是，零利率贷款虽然可以暂时扩大销售，而一旦取消了这项活动，销售又会锐减。美国汽车厂商在实施的零利率贷款计划陆续期满时，通用汽车当月销量减少 12.8%，福特汽车销量减少10.4%，克莱斯勒销量减少6.8%。显然，依赖无息贷款刺激市场需求并不是万能法宝、长久之计。

可以说，零利率贷款促销只是在特定情况下的短期促销行为，是一种风险很大的促销手段，是一把利弊皆有的双刃剑。因此对其必须谨慎处之，不可轻易效仿。值得关注的是，2002年5月，湖北国盛实业公司宣布对于分期付款购买赛欧车的用户提供两年期的零利率。这一举措在国内汽车业引起轩然大波。那么，零利率贷款是否适用于当前中国汽车市场呢？业内专家认为，中国政治稳定，经济形势良好，汽车市场需求旺盛，市场开发潜力很大，不必效仿美国利用零利率贷款来带动销售。据国际汽车制造商组织 OICA 的预测，中国 2004 年的车市规模将达到 270 万辆，有望成为世界第 4 大汽车市场；近 10 年中国汽车销量都将保持两位数的增长。有关专家认为，在这种形势下，我国汽车业应当把主要精力放在提高汽车质量、降低生产成本及搞好售后服务上。当然，也要着力搞好信贷销售。目前，国外汽车个人信贷消费已达 60%～70%，而我国信贷消费只占汽车总销量的 10%～15%，市场蕴藏着巨大的发展空间。虽然零利率贷款促销不一定适合我国，但适当调整贷款利率、与国际市场相适应还是值得研究的课题。

三、问题与讨论

1. 促销的含义、核心、目的是什么？

2. 为什么说零贷款是风险较大的促销策略？

3. 分析我国实行零贷款促销的利弊。

【案例二】

非常时期、非常促销——汽车“非典时期”的促销策略

一、案例内容

2003 年 5 月，“非典”肆虐，人人印象深刻。同样使人印象深刻的，还有中国车市的异常火爆。在抗击“非典”的过程中，国内各大汽车厂商也不甘落后，除了捐钱捐物外，还开辟出各种促销途径，使社会效益与经济效益有机结合，这些在非常时期开展的营销活动称为“危机营销”。

东风雪铁龙公司在“非典”期间，为了刺激车市升温，推出降价促销，对其旗下中低档的富康系列轿车展开全国范围的促销活动，其中新自由人率先从 2003 年年初的 9.78 万元调整至 8.8 万元促销价。富康系列轿车作为东风雪铁龙旗下的主力车型之一，被消费者称为中国两厢车的经典。来自北京亚运村汽车交易市场的销售数据显示，自 2003 年 5 月份“非典”以来，富康系列轿车一直占据市场同级别车型销量排名前 3 名，销售占有率高达 37%。

针对部分消费者对“非典”的恐慌心理，北汽福田为用户购买了专门针对“非典”设计的保险。在 2003 年 5 月 15 日～6 月 25 日期间购买奥铃汽车的用户将无偿获得中国泰康保险公司的 10 万元“非典”保险。除了购买“非典”保险外，只要有用户来电咨询，公司就立即上门联系。即使用户还未决定购车，只是提出看车要求，公司也会立刻派专人送样车上门让用户试车。同时，每一个上门销售的员工，都要在事前进行全面的健康检查，确认无恙后方可出发，对上门的奥铃汽车也先进行严格全面的消毒。在上门和陪用户试车的过程中，奥铃工作人员必须按公司制度戴口罩、手套等防护措施，回到公司后，对汽车再次检查消毒。即使是在“非典”一度严重的北京市场，奥铃在“非典”时期的销售量也竟然是“非典”前的 3 倍，创造了奥铃在北京市场销售史上最好的销售成绩。危机营销功不可没。

广州风神汽车公司在“非典”时期推出了“非常健康行动”的活动，该公司承诺新车全面加装光触媒健康防护罩，所有蓝鸟车主均可回厂免费加装，免费进出厂消毒，免费检查进厂车辆空调系统，100 个品种的精品、备件 9 折优惠，维修、服务工时费 9 折。不难看出，风神公司非常巧妙地把预防“非典”与夏季营销联系起来，打出了“NISSAN 新蓝鸟率先采用纳米科技——光触媒长效健康技术，开创高级房车健康新纪元，让您拥有一个健康纯净的驾乘空间”的广告诉求，在众多竞争对手中脱颖而出。

“风雨过后见彩虹——南京菲亚特关爱与您同路”。在此次“非典”时期的促销活动中，南京菲亚特采取了人性化的关怀和呵护：“编织爱的车窗，隔离病毒的侵扰，温暖呵护一路相随。”特别时期，南京菲亚特 4S 中心将免费为新老客户提供全车消毒及清洁过滤器服务，为客户建造健康清新的车内空间。同时，南京菲亚特还适时推出 3 款新配置车型满足消费者更多的选择。风雨过后见彩虹，无论何时，勇往直前的信念将伴随消费者风雨同路。

针对“非典”对消费者的购车造成不便这一情况，奇瑞公司从 2003 年 5 月初起在北京、广东、上海等地开展了“您买车，我接送”的活动。凡是想购买奇瑞车的人，只要拨通本市经销商的电话，就会有专门的“奇瑞清洁卫生服务车”将顾客接到奇瑞的销售店里进行选车。并且，不论顾客是否决定当天订购奇瑞车，公司都会根据顾客的要求将其安全地送回住处。公司将通过广播、手机短信及电视广告等形式将活动的内容传达给消费者，并将接送名额限定在每天 30 ~ 50 名，而且会根据各地“非典”的防治情况灵活调整本次活动的截止日期。奇瑞一系列的新举措令奇瑞 2003 年的销售量大幅上升，1 ~ 11 月份 7 万多台的销售量比去年增长了近 60%。

二、案例分析

本案例涉及促销时机的把握。不同时间商家推出的促销策略是不同的。“非典”的机会，有的厂商抓住且大赚一把，美滋滋的，有的厂商错失了，扼腕叹息。

当“非典”突如其来袭击中国大地时，它带给中国经济的负面影响是可想而知的，而“非典”却拉动了中国车市。究其原因不过是“非典”时期，健康备受关注。公共汽车上人多，怕传染，本来是持币待购的消费者，“非典”正好帮助其下了买车的决心，再加上厂家、经销商推波助澜，采用适时的促销，大打安全放心牌，让消费者买得舒心、用得放心，消除后顾之忧，自然销售火爆。

而当“非典”一过，消费者的心理恐慌已过去，消费潜力提前释放，消费者又恢复了持币待购现象，厂家和经销商的促销策略也应相应改变，推出买车送现金、送配置、降价促销等活动。因此把握促销时机，掌握消费者心理，才能在激烈的竞争中立于不败之地。

促销时间的长短根据实际情况而定，促销应在规定时期内进行，如许多厂商采用降价促销的方式，这种促销应严格按照促销的规定时期运作，如时间超长，消费者会认为是该车型的降价而非促销，会对该车的价格产生疑问，对厂商失去信任感。在降价促销后价格回升，会使已买车的消费者感到自己购买的是物有所值、价格稳定的商品，而持币待购者则期待着厂家下一次的促销。

准确的促销时机是促销效果的保证，所以促销时要把握好时机。可利用人们密切关注的重大事件借机促销；可由企业设定议题如引领环保消费、举行新闻发布会、企业成立纪念日等造势，大搞促销；可利用市场旺季乘势实施密集经销，突出自己的产品，在竞争中占得先机。

三、问题与讨论

1. 如何选择促销时间？

2. 在“非典”时期，各汽车厂商采用了哪些促销手段？

3. 分析为什么“非典”时期的车市销售情况良好。

【案例三】

奇瑞促销——为汽车“黑马”插上腾飞的翅膀

一、案例内容

上汽奇瑞建厂于安徽芜湖，4 年前，在中国的汽车家族中，人们还不知道有一个奇瑞。今天，当走进任何一个都市，在如水般的车流中，都会发现有奇瑞的身影。仅仅 4 年，奇瑞人创造了一个奇迹，在中国欣欣向荣的车市中，从一文不名，一跃成为汽车销售量增长迅速的汽车厂家，被称为汽车界的“黑马”。与国内汽车行业的合资企业不同，奇瑞公司始终依靠国有资金作为发展后盾，而且奇瑞对于自己的产品拥有完全自主的知识产权。它以平实的价格、雍容的外形、可靠的质量、多样的车型赢得了消费者的喜爱，每一个车型上市都出现供不应求的热销场面。奇瑞，以其卓而不凡的表现一举成为汽车王国最有特色的个体，尽管遭遇了 2001 年下半年的持币待购现象，但奇瑞当年的销量还是达到了 2.8 万辆，一下子抢到了国内轿车市场 4%的份额，国内不少老牌车型至今也未曾达到这样的业绩。2002 年年初，国产经济型车掀起了新一轮的降价风潮，几乎所有 10 万元以下车型的价格都大幅度下调，唯有奇瑞还保持着原来的价格。尽管如此，销量不降反升，2002 年 6 月份的销量已经超过了 4 500 辆。据中国新闻社调查表明，奇瑞轿车位列“消费者心目中十大中档车名牌”、“价位最贴近消费者轿车”之首，成为“十大消费者购车首选品牌”。之所以创下这样的成绩，除了其汽车过硬的质量、较高的性价比外，其出色的促销活动策划功不可没。

奇瑞公司从诞生之日起，就将“服务无边，满意有度”这一理念贯穿于整个服务过程中。继“送清凉”、“真情回报全国人民”活动后，又推出“送温暖，迎新年，奇瑞真情服务再行动”活动。为使奇瑞车主能够度过一个温暖的冬日，在活动期间，对奇瑞车进行以暖风检查为重点的全面检修工作；新增南北通用、冰点-40℃的变速器；东北、西北、内蒙古、北京地区 2001 年购买的奇瑞车免费更换冰点-45℃冷却液，并采取各种形式与客户代表座谈等，沟通联谊，听取客户意见，改进工作。在北京开设的专场店中，促销活动的形式是，每 5 辆奇瑞车为一组，抽出一位获奖者，奖金为 5 000 元。在此专卖店试营业期间的 40 天时间里共销售奇瑞 132 辆，取得了很好的销售成绩。

2002 年，奇瑞公司先后与中国农业银行、中国工商银行签订了授信协议，从而顺利实现了“花未来钱一族”的愿望，奇瑞销售点还试行了“零利息贷款”，更是提供了消费者强大的消费支撑，而经过整合后的银行、保险和相关部门的联合使奇瑞消费者享受到的是绝对星级的服务。

2003 年 9 月 29 日到 10 月 8 日，凡是奇瑞风云系列轿车的用户，只要到全国任何一家奇瑞特约服务店，就可以免费享受到奇瑞公司推出的“假日关怀，畅行无忧”的金秋服务活动，此次活动内容包括电器、灯光系统免费检查，制动系统免费检查，转向、行驶系统免费检查 3 大类共 12 项爱车健康诊断服务，另外还可免费获取由奇瑞公司经验丰富的工程师针对秋季用车而精心编制的《奇瑞驾驶指南——金秋篇》。

随着轿车保有量的迅速增加，驾车出游的新高峰将不可避免地到来。五一、国庆长假无疑是亲朋好友饱览祖国大好河山的好时机，既要玩得痛快，更要玩得安全，因此确保安全就是远行前要考虑的首要因素了。为此，上汽集团奇瑞汽车有限公司一如既往地推出了奇瑞金秋免费服务活动，以此回报近 15 万风云系列轿车用户对奇瑞公司的信任。

据悉，凡是参加此次“假日关怀，畅行无忧”金秋服务活动的奇瑞风云系列轿车的用户还有可能获得“假日快乐之星”大奖。活动结束后，奇瑞特约服务店将把参加此次活动的用户资料汇总到奇瑞公司总部，然后随机抽选出“假日快乐之星”。一等奖 10 名，二、三等奖各 20 名，并获得价值不菲的奖品。

2003 年 11 月 11 日到 24 日，上汽集团奇瑞汽车销售有限公司派出 2 名既懂技术又熟悉公司历史和政策的人员，会同驻地商务代表处的服务经理对福州、厦门、广州、深圳等 8 个海关系统的奇瑞——东方之子轿车用户进行了回访；同时把当地奇瑞公司最好的主力服务站点的服务经理介绍给相关的海关用户，为后期优质的服务做好了前期铺垫。据悉，轿车厂家派人到海关这样的大客户那里主动进行服务的模式，在全国奇瑞还是首创。

由于海关自身工作的特殊性，目前我国平均每 4 名海关工作人员就有一部工作用车，车辆涵盖了从进口到国产各档次的车型。无论在车型的种类还是数量上，海关系统都是汽车消费的大户。经过长期、广泛的分析比较，国家海关总署于 2003 年 8 月 25 日与奇瑞汽车销售有限公司签订了 221 辆奇瑞——东方之子轿车的购销合同。10 月，这批车辆陆续从武汉海关中转发往各地方海关。

为了保障这批奇瑞东方之子轿车在海关的良好使用，奇瑞公司进行了这次回访服务活动，并在每一辆东方之子轿车使用前都对其在服务站进行一次 PDI 检查，确保使用时车况处于良好状态。考虑到是新车，再加上海关工作特别繁重，所以奇瑞公司决定由服务站派出素质强的业务人员，对东方之子的驾驶人员进行有关的培训，避免不当操作给车辆造成损害，以保持东方之子轿车长期良好的车况。此次回访服务受到了相关海关人员的高度赞扬，他们认为奇瑞公司能够派销售和服务专员上门服务，是国内首家生产厂商引领的一种全新的、贴近顾客的上门服务形式。

在服务上，奇瑞出台了许多新的政策，把“2 年 6 万公里”的质量担保期延长到所有老客户，并派出百位专家赴全国 95 个城市进行“真情回报，奇瑞迎春服务大行动”，赢得了消费者的好评。2001 年奇瑞公司举办的“驾奇瑞，黄山行”活动使客户产生信任感，愿意宣传奇瑞，向自己的亲朋好友介绍购买奇瑞车，最多的客户推介了十几辆。“亲情推介”在奇瑞的整个销售中占有很重要的地位。据介绍，奇瑞 2001 年 12 月前没有在电视上做过正式的广告，两万多台销售中的大部分都靠口口相传实现的，很多客户开奇瑞车觉得还可以，就介绍给自己的亲戚朋友。在奇瑞的客户档案中，有 1 162 个家庭中拥有 2 辆奇瑞车，购买 3 辆的有 212 个家庭，亲戚朋友一共有 4 辆奇瑞的家庭就占 63 个。最多的一个大家庭拥有 14 辆奇瑞车！据统计，通过“亲情推介”销售的车辆总数达 1 838 辆，约占销售总量的 5%左右，这种趋势还呈持续上涨的态势。用服务赢得客户、赢得市场，奇瑞无疑是精明的。

奇瑞一起步就十分注重服务网络的建设。经过近 10 个月的努力，奇瑞公司初步建立了细致而庞大的销售服务网络，在全国建立了 150 多家四位一体的经销服务点。因为他们认为，当价格竞争逐渐平息，产品利润趋于合理后，销售网络的建立、服务质量的提高将是下一步竞争的焦点和核心。对客户来说，购买只是一时的行为，而购买后的使用才是长期行为。其实，早在奇瑞上市之初就把服务放在首位，提出“让消费者购买物有所值的商品，享受物超所值的服务”，提出要做“汽车界的海尔”，向客户提供“保姆式服务”，在产品投放市场的一个月后，他们就迅速建立了 800 电话 24 小时免费服务热线，安装了全国联网的用户信息管理系统；制定了各种服务政策；开展了一系列活动，把服务放在重中之重的地位上。他们学习发达国家“以人为本”的服务理念，打造“奇瑞服务”品牌，为消费者提供全方位、高质量的服务。

奇瑞一方面利用经济杠杆提高经销商、服务商的服务水平和服务质量，加大考核力度，采取末位淘汰制，预计每年的淘汰率在 5%左右；另一方面出台了新的保护消费者利益的措施，即兼顾出租车和私家车、公务车共同利益的质量担保，出租车为 1 年或 10 万公里，私家车与公务车为 2 年或 6 万公里。此举不仅为客户节约了维修和保养的费用，而且还提高了车辆的使用效果和寿命，更重要的是客户得到了一份有力的心理保障。奇瑞人表示，他们要精心打造“奇瑞服务”品牌，让奇瑞的客户不仅享受到“与世界接轨”的价格，还要享受到“与世界接轨”的服务，解决客户在使用过程中遇到的各种问题。

对奇瑞而言，最难过的日子是 2001 年年末和 2002 年，车市跳水降价声不断，各汽车厂商为争夺市场纷纷打出价格牌，2002 年年初，红旗轿车狂降 3 万元，首开降价先河，随后桑塔纳、帕萨特、别克、赛欧同时降价。国产车各品牌中平均降幅最高的是夏利，其中夏利 2000 由 12 万元降至 9.7 万元，降幅近 20%，富康和捷达个别车型也降至 10 万元以内。奇瑞的价格受到多方质疑，到底降还是不降？奇瑞选择了不降。因为它是新兴产品，很多车型的降价是因为处理库存，而奇瑞没有降价的理由。虽然在外界看来，不降价对于奇瑞来说是一步险棋，而事实证明，奇瑞的销量在 2002 年价格战中没有削减反而神奇般地增长了，证明奇瑞的价格与其市场定位相符。

从 2001 年 3 月第一辆奇瑞上市到 2002 年年初推出奇瑞二代，起步车型的价格一直在 9 万元以下，在这个价格附近的大多是一些比奇瑞小一个级别的车型，在内部空间上无法与奇瑞同日而语，而与同级别的其他车型相比，奇瑞的价格又要便宜 20%以上，也就是说奇瑞的车主花小型车的价钱买到的是紧凑型车的空间，其吸引力是不言而喻的。除了空间上的优势外，在配置上也颇有竞争力，售价为 8.96 万元的现行款奇瑞 EX 型配备了多点电喷发动机、环保空调、185 宽胎、4 门防撞梁以及儿童安全锁等设备。后来推出的“温馨版”又在此基础上增加了浅内饰、助力转向、中控锁、电动窗和后座安全带等更为实用和舒适的设施，而价格仅为 9.38 万元，性能价格比相当出众。售价为 12.58 万元的 ET 车型配备了自动变速器、助力转向、真皮座椅、双气囊、ABS、6 碟 CD 等设备，完全可以与售价更高的中档轿车媲美。除此之外奇瑞还不断推出新款车型，将旧款的奇瑞轿车纳入“风云”系列，然后又推出“都市经典”、“QQ”、“东方之子”、“旗云”，并在网络上及社会上展开大规模的竞猜价格及推广活动，效果相当不俗。平易近人的价格加上齐全的配置、多种车型的选择，奇瑞创造的一系列销售神话也就不足为奇了。

二、案例分析

本案例是个促销综合案例。从奇瑞的成功案例中可以看出多样化的促销、高质量的售后服务、合理的价格是奇瑞的制胜法宝。中国轿车工业目前正处在一个品牌辈出的时代，“谁拥有更多的消费者，谁就是胜者”，市场消长将在精益销售、渠道和服务竞争上见分晓。除了价格之外，汽车生产厂家和经销商都试图努力通过提升汽车在品牌、质量、营销方式、服务理念等方面的竞争来吸引消费者，占领市场。

在汽车市场竞争激烈的今天，多样化的促销虽不是消费者决定购车的决定因素，但促销对提高品牌信任度、扩大市场知名度、赢得消费者的好感等诸多方面有很大作用。奇瑞充分发挥品牌传播的拉动效应与公关促销的推动效应，将推广活动与广告宣传紧密结合，合理调控，整合推广。厂家在不同时期的促销活动，体现了汽车制造商、经销商让利给消费者、贴近消费者、一切为了消费者着想的理念，让新老车主体会到真正的实惠。

如果说花样繁多的促销手段只能赢得短期的消费者，那么各个厂家都以无微不至的服务作为一种促销手段，用服务推动品牌的发展，真正赢得消费者长久的信赖。各个汽车厂商强化服务，突出服务，甚至向用户推出一些优惠政策，以此来保持原有的市场份额和向更广阔的市场进军。以服务促销已成为汽车行业营销工作中的重要手段。

价格是汽车市场中非常重要、敏感的环节，它直接影响汽车市场的需求、销售量、企业利润等。2002 年在经济型车开始涌入市场的时候，消费者对轿车降价有着强烈的预期，包括媒体对价格的炒作，国产车降价的呼声达到了高潮。在这种情况下，奇瑞当时有两条出路：要么跟着往下砸价格，把价格降下去，用一种有效的、迎合购车者心理的方式；还有一种方式就是保持价格的相对稳定，通过其他的方式提高品牌在市场上的影响力。奇瑞面临两难的抉择，他选择了后者，坚定地走稳定价格的策略，在2002年取得了不俗的成绩。但是市场在变，促销策略也不是一成不变的。随着同档次车型的不断增加，奇瑞的价格压力也越来越大，2003年奇瑞实施“春雷行动”，风云系列轿车在提升配置的前提下平均降价15%，最高降幅超过1.7万元，当然打的也是“促销”牌。

当前除去个别厂家明确提出“降价”外，多数车型的价格变动打的都是“促销”牌。例如，2003年一汽大众推出B计划，从4月2日至5月31日，宝来轿车各种车型由经销商进行1万元左右的促销优惠；上海大众帕萨特、POLO、东风雪铁龙爱丽舍、宜康新自由人等车型也开展了促销活动，优惠幅度从几千元到上万元不等……

慎言降价，代之以促销，是国内汽车企业的“传统”。汽车降价是一个复杂的系统工程，需要综合考虑市场的增速、轿车的供给量、新车型的影响、消费者的心态、企业对市场的判断以及对价格决策的控制力等多种因素，绝不是仅靠媒体呼吁或一两家企业的降价举动就可以实现的。从企业角度看，降价是一门艺术，何时降、降多少，才能最大限度地促进销售，是很难完全把握的，因此采取促销方式“投石问路”不失为一种应对之策。

三、问题与讨论

1. 从案例中可以总结出奇瑞的成功之处是什么？

2. 为什么说服务是永久的促销？

3. 分析“降价促销”与“降价”之间的关系。

【案例四】

广告策略的胜利——“解放”平头卡车上市的广告策略

一、案例介绍

曾经有位广告大师说过：在正确的策略之下，创意无所谓好坏。任何一个真正成功的伟大作品背后往往都有一个大策略。用策略去整合创意，创意变成大创意，用策略去指导广告执行，广告将更有成效。

所谓广告策略，是广告战略的核心内容，是广告策划者在广告信息传播过程中为实现广告战略所采取的对策和应用的方式、方法与特殊手段。常规的整体广告，广告策划一般包括3个主要步骤：市场调研，广告策略的制定，创意的表现。广告策略旨在统领全局的可行性实施纲领与方针，应该是一次策划行动的真正核心，是创意表现的骨架和催化剂，与创意骨肉依存，密不可分。对于市场形象复杂多变、竞争激烈的汽车行业来说，广告策略往往是促销宣传的生命。一个广告的成功，首先是策略的胜利，1995年一汽“解放”平头卡车上市广告有力地验证了这一点。

1995年，一汽“解放”牌5t平头柴油卡车（以下简称解放平头车）面世时，作为一汽在中型载货汽车领域的主要对手，东风汽车公司的“东风”平头卡车凭借先入为主的优势，在中型平头卡车市场拥有相当可观的份额。作为后继品牌，在极其严峻的市场形势下，采取什么样的宣传策略打开局面，抢占市场，成为当时“解放”牌平头车销售的关键。

成功策略的制定源自对市场的清醒认识，对消费者、自身及竞争对手进行宏观分析，要知己知彼，更要洞悉目标顾客所思所想。在细分消费群体、确定目标对象的过程中，“解放”牌平头车找到了突破口。

当时中型卡车消费群体发生了变化。以往平头车的销售向来以国营工矿企业、大型运输公司为主，而新的经济形势发展使他们因内部的种种问题暂时失去了购买活力，不具备大批更换新车的能力。与此同时，在农村、乡镇企业，个体经济正在迅速成长，涌现出大批个体运输专业户。据统计，个体运输已占我国整体运输业的 2/3 以上且仍在进一步发展，这些新生力量正逐渐成为中卡的主导市场。因此，解放车快速确立了自己的目标，确定以新兴的消费群体——个体运输专业户为重点目标市场，目标市场的定位策略是整个广告行动的首要原则。

广告是说服人行动的信息传播行为，因此，首先要了解目标诉求对象，要读懂他们的心理世界，做到广告有的放矢。这时，消费者生活形态研究有利于解决这些问题。所谓生活形态是指一个人整体的生活模式，包括其态度、信念、意见、期望、畏惧、动机、活动甚至偏见等特质，也反映在他本身对时间、精力及金钱的支配方式上。研究消费者"生活形态"是要找出消费者在日常生活里所做的事及所参与的活动的规律。由于消费者在处理日常事务、参加日常的各种活动时，常常是配合自己的兴趣及一些平日对人对事的价值观，并构成一个系统，成为一种形态，这是了解顾客特性的主要方法。

通过对个体运输专业户的研究分析，找出一些为具体创意的诞生指明方向的特点。

① 以个人方式出现，不具有集体性、统一性。

② 从众心理强，有攀比意识，极易受人际传播因素的影响。

③ 整体文化素质、接受能力影响消费心理。特有的朴素的心理特征及消费习惯使其对以往汽车广告中诸如性能分析等理论、数据很难产生共鸣，关心的主要是眼前的，特别是对发家致富有切实帮助的事物。

④ 价值取向发生变化：以往集体消费群感兴趣的是价格、性能、批量购买的优惠政策等，而新兴用户最关心的是买车所能带来的利益，即如何从较少投入在短期内赢得最大的效益，对车的性能也有所要求，但并非重点。

⑤ 媒体接受特性：个体运输户长年奔波在外，很少接触报纸一类的大众媒体，电视、广播则是最能充分发挥作用的；另外，他们喜爱热闹、红火的场面和气氛，参与性较强，现场展示、讲解往往能引起轰动效应。

目标群体的划定以及随之而来的一系列方向性因素的明确，将"解放"牌平头车广告策略推向了水到渠成的一步。

① 目标顾客群体（目标市场）：个体运输专业户。

② 广告创意方向：生活化、平实、亲切、重点突出。

③ 广告创作重点：落实准确、生动、易记的广告语。

④ 媒体选择原则：电视、广播挂帅，注重大众化和权威性。

很快，电视屏幕上出现了一个平常的农家小院，同是跑运输的大哥大嫂对因开"解放"牌平头车而先富起来的"二兄弟"称羡不已，从而一致决定也换解放车，与兄弟一起发家致富奔小康，中心广告语"解放平头车，致富有把握"。广播广告与电视为同一版本，只随声音媒体的特点做了适当调整。

在媒体执行方面，分成两大块实施，重点是针对个体运输群体，另一块是传统的集团用户。由于两者接触媒体状况不同，媒体策略也不同。

针对个体运输群体，"解放"牌平头车以中央电视台和中央广播电台为主要阵地，借助前者平均每天 4 亿人的庞大收视群与后者作为广播媒体在农村的深远影响，保证宣传范围、力度，利用国家级媒体的权威性初步建立品牌。同时，也不放弃对旧消费群体的挖掘，在全国各地方性报纸上打出半版广告，主要作为销售尖兵，告知消费者购买渠道等实用信息，争取销售上全面开花。

二、案例分析

给“解放”这样响亮的牌子做广告，许多人可能马上想到要拍个大气势大制作的电视广告片，以显示实力。但是“解放”牌平头车没有这样盲目地做，而是通过科学决策做出理智判断。这个广告片段一反汽车广告中对跋山涉水的渲染，外形、零部件的专业化展示，既没有豪迈、深奥的解说词，也没有艺术性画面，甚至带着那么点憨憨的土气。片中从情节构思到广告语设计无不遵循广告策略划定的方向，采用目标对象日常可感、可见、可闻的身边事，围绕个体运输者最关心的致富问题，通过普通的农家运输户门口，用“拉得多，跑得快、又省油”等朴素的语言穿插充满生活情趣的台词，实实在在地说明解放车所带来的切实利益。针对目标群体的接受特点，发挥个体化、人际传播的优势，加上明确有力的主题标语，深深地打动了消费者的心，在销售实战中闪耀出了真正的火花。

正确的宣传策略将广告真正做到了消费者心坎上。随着“解放平头车，致富有把握”的广告语传遍大江南北，“解放”牌车的销售也节节上升，不少农民用户看了电视后纷纷扛着装钱的麻袋去买解放车，对产品表现出极大的热情与信任。凭借简简单单的一个电视广告片和一则广播广告，解放平头车迅速确立了自己的市场地位，从东风平头车手中争得了半壁江山。

该项目负责人对于汽车广告中广告策略的重要性很有感慨地说：回想解放平头车的广告制作过程，始终深感策略在广告中起到的中坚作用，不仅令创意具有直抵人心的针对力量，更有效地避免在广告行为走上弯路，为广告主节省不少资金。制定策略是不能取巧的，不仅需要把握全盘的智慧，更需要经验和艰苦实干的精神，策略应当与创意同等甚至更为重要。建立在正确策略上的优秀创意可产生无比锋利的宣传效果，具有持久的生命力，如能在策略导航下进行有条不紊、循序渐进的系列性、长期性广告计划，对产品的销售乃至未来发展无疑更具有深远意义。

“解放”平头卡车上市广告的成功之处就在于管理者与广告创作者成功合理地运用了广告策略，把广告策略与市场 STP 营销策略有机地结合运用，从而能使广告于平淡中见真功夫，广告做到了点子上。

目标消费者是一切广告活动的出发点和终结点，离开目标诉求对象的广告策略是危险的，策略脱离目标诉求对象的创意是不知所云、对牛弹琴的创意，忽视目标诉求对象的媒体计划是自杀的计划。要做好汽车广告，要使中国汽车工业“冲出亚洲，走向世界”，还是要能放下专家的架子，好好地看一看消费者。这是此案例的又一启示。

三、问题与讨论

1. 什么是广告策略？
2. 运用广告策略时应注意哪些问题？
3. 试讨论如何运用广告策略才能取得汽车营销的成功。

【案例五】

道不完的强国梦，述不尽的红旗情——新“红旗”轿车广告语的征集活动

一、案例介绍

在媒体上公开征集标志设计、广告创意、广告语等广告征集活动，在我国广告业界已是见得多了，特别是当新品牌、新产品面世时，策划者经常组织这样的参与性活动来扩大知名度。在汽车广告活动中，征集活动也屡见不鲜，但大部分的广告征集活动最后也只落得个打了个知

名度，吸引了少数专业人员参与，在小范围内吆喝了一下而已，算是交了差。现代广告活动要求做事要通盘考虑，能够将一个看似简单的广告征集活动上升为一个有效的广告策略，显示策划高手的雄才谋略，1997 年新“红旗”轿车的广告语征集活动就属于这一类。他们的活动不但吸引了国内外大量不同阶层的人士涌跃参与，最大范围内打响产品知名度，唤起了民族品牌的意识，还有效地宣传了品牌形象，“红旗”所倡导的品牌价值得到了认同。与其说是广告语征集活动，还不如说是一个成功的形象广告运动。

“红旗”是中国第一汽车集团公司轿车类的主导品牌，它在国产车中的地位说得夸张一点，就像是劳斯莱斯，属精品型汽车，代表着权贵。随着国内轿车市场的发展，“一汽”决定进一步扩大国内市场，将至高无上的“红旗”推进千家万户。1996 年，“一汽”推出了不同于“大红旗”的新型“红旗”轿车，当时面临的主要任务就是要清晰地向顾客传达新“红旗”的品牌价值，消除“敬畏”心理，使品牌平民化。

自上市以来，新型“红旗”以其独特的品牌魅力与优异的性能表现引起人们的广泛关注，打下了不错的市场基础。1997 年，“红旗”转入深度经营的新发展时期，对广告宣传也提出了更加深入的要求。为扩大宣传范围，加强宣传力度，以争取更加有利的市场地位，年初，“红旗”调动品牌优势，推出了大规模的广告语征集活动，在全国乃至海外华人圈中引起了强烈反响。

要在竞争愈演愈烈的汽车市场中取胜，关键在于找出自己的优势，面对来自国内与国际的强大压力，“红旗”的特色和优势在于品牌。目前国内较有名气的轿车，绝大部分是与外商合资生产的，打的也是洋招牌，而“红旗”是中国人自己创出来的名牌，是中国人的骄傲，体现着爱国与奋进的精神。与进口轿车相比，“红旗”更具有“国车”的亲和力和自豪感，与国家和民族利益休戚相关。上市之初，“红旗”就打出了“爱国家、用国货、乘国车”的口号。1997 年继续利用品牌形象的号召力，进一步唤起人们对民族工业的关注和对国内轿车的热爱。

品牌是“红旗”最有力的竞争武器，但同时也存在着两个误区，给广告宣传带来一定障碍。提起“红旗”，很多人首先想到的还是原来专供国家领导人或外宾乘坐的“大红旗”，对新型“红旗”轿车概念相对淡薄；另外，由于种种原因，新“红旗”的外形与奥迪非常相似，人们对此颇有微词，认为就是奥迪换了一个名字而已。其实，新“红旗”不仅继承了“大红旗”的尊贵气度，而且融合国际先进科技，性能上有了质的飞跃；其国产化率已达到 80%以上，性能更优异，价格更经济，外形也将很快得到改观。要使大众摆脱偏见，就必须尽快为新“红旗”树立一个鲜明、独立的崭新形象，使大众真正了解它，特别是充分感受其先进性能，从而对它有更深刻、更理性的认识。

任何广告活动最终的目的都是促进销售，“红旗”与一般商务用车和私家车有明显区别，广告必须准确把握宣传风格与方向，从而强化首选公务用车的独特定位，达成实际的促销效果。

基于以上市场背景分析，新“红旗”决定以面向全球华人的广告语征集活动作为“红旗”品牌深度宣传的一个通道。成败与否，关键在于能否吸引公众参与，“红旗”在这方面无疑占有相当优势。首先，作为我国自行设计、制造的第一辆高级轿车，中国人自己的名牌与国家和民族血脉联系，使“红旗”拥有独特的品牌地位与号召力，这是制造宣传声势的根本基础。另外，此次征集活动没有简单定义为“大家为红旗”，而是提升到“大家为民族工业贡献力量”的高度，强调“红旗”是国产轿车的代表，而民族汽车工业的发展与每一个中国人息息相关，将品牌社会化，借以唤起大众自发自愿的关注，取得深入持久的宣传效果。

征集活动的媒介选择，注重权威性、广泛性与参与性相结合，《人民日报》的权威意义，《工人日报》、《中国汽车报》等广泛的受众层面，以及《羊城晚报》、《北京青年报》读者良好的参与意识，保证了征集普遍而深入的影响力。

1997 年 1 月底，全国多家大型报纸媒体同时刊登了“红旗”轿车广告语征集的半版广告，以爱国精神为主线，号召每一位中国人拿起笔，“为‘红旗’打出一个响亮的口号，为民族汽车工业的振兴多尽一份力量”。文案有 1 300 余字，除具体参加办法外，用了一半以上的篇幅，从“真正属于中国人自己的品牌”到“具有当代国际先进水准的民族汽车”，即形象和个性两个角度，详尽介绍了“红旗”轿车的历史、地位、品牌内涵、优异性能，不仅让应征者创作时有所参考，同时也等于是做了一次全面的产品宣传，因为要参加征集，大家都会用心去阅读和体会每一个字，比单纯的产品广告更具效力。

1997 年 2 月 1 日至 28 日，征集活动历时一个月，在全国各地乃至海外产生了强烈反响，截至 28 日，共收到来信 61 378 封，电报 167 封，共计 382 119 条应征广告语。上至 81 岁的老人，下至 6 岁的孩子，应征者涵盖了社会的各个层面，包括新疆、西藏等边远地区，井冈山、太行山等革命老区在内的全国 31 个省、自治区、直辖市。由于品牌本身可贵的凝聚力，征集活动已远远超出了评选两三条获奖广告语的常规意义，而成为爱国、强国精神的一次大聚会。

最后，由汽车、广告、新闻等各界专家组成的评选委员会与一汽集团领导共同评选出 1 014 名获奖者，其中最佳广告语创作奖 4 名（并列第一名），优秀广告语创作奖 10 名，创作鼓励奖 1 000 名，前三名入选广告语分别是：开放的中国路，时代的红旗车；中国人，坐中国的红旗车；风云共舞，天地同行——红旗轿车。这三则广告语较好地体现了“红旗”的品牌特点及优势，“开放的中国路，时代的红旗车”，将“红旗”与国家改革开放的大业相联系，昭示了始终与时代同步的发展理念；“中国人，坐中国的红旗车”，更加强调“红旗”的国车地位，突出了它所代表的爱国精神；“风云共舞，天地同行”与前两则风格迥异，比较抽象，也更具现代感，成功渲染了国车的恢弘气势，自豪之情跃然纸上。三则广告语皆琅琅上口，比较易于传颂。

4 月份的揭晓广告以征集中涌现出的典型事例为主要内容，突出了全国人民对“红旗”的一片深情以及对发展国产轿车、振兴民族工业的深切愿望，来自大众的心声正是对“红旗”又一次最真实、最有益的宣传。

二、案例分析

此项广告活动借助广告语征集取得了很好的传播效果，真是“小预算大效力”。首先它调动了大众的参与意识，唤起大家对“红旗”品牌的深切关注。广告语征集具有参与性和实际意义，避免形象宣传流于空洞和华而不实。其次，进一步明确品牌概念，加深了大众对品牌的认知度。借助征集及揭晓两版广告，清晰展示了“红旗”的形象与性能优势。再次，拉近了“红旗”与大众的距离，增进了大众对“红旗”及其所倡导的民族精神与爱国精神的认同，有力提升了品牌形象；舆论对品牌美誉度的上升，无疑将影响到目标群体的选择，间接引发消费动力，促进销售。

“红旗”强有力的形象优势借助广告语征集广泛的影响性，将品牌放置在大的民族与时代的背景之中，二者相得益彰，使品牌自然放射出灿烂的光华，为“红旗”轿车的广告宣传创造了一个隆重热烈的开端，在深度挖掘品牌价值、强化品牌声誉方面取得了成功的经验，无疑将对以后的宣传与销售起到良好的带动作用。

可以这么说，“红旗”这次广告活动总体上非常成功，但毕竟受制于活动本身的内容，还有遗憾之处。广大人民群众的民族、国产品牌情感得到了表现，对有能力、有兴趣参与活动的人来说，他们是有耐心去读懂广告中内文的意思，但对于有购买能力而又面临较大工作压力的目标消费者而言，他们是否认知了“红旗”的品牌价值呢？是否有效调动了他们的购买情绪而采取行动呢？当然，不能对某个广告活动做过高的要求，但这次广告活动也许只是广告运动的一个开始，下一步开展针对目标顾客群的广告活动也显得非常迫切。

综合分析这个广告方案，有几点对策划国产汽车广告是有启示的。

① 充分发掘原有竞争优势。国产汽车在大范围上讲有两种，一是国产品牌国产车，如红旗、解放。二是外国牌子国产车，如桑塔纳、捷达、雅阁等，在竞争中其实各有优势。“红旗”作为传统国产汽车的旗手，几乎成了民族汽车的象征，这是“红旗”品牌的差异性优势，构成品牌的核心价值。

② 注意品牌形象的长期累积。21 世纪是品牌竞争的时代，几乎所有的汽车商无不在品牌形象上下狠工夫，但品牌形象的塑造与完善不是靠一两场广告运动就可以完成的，是一个长期的累积过程。正如大卫·奥格威所说：每一次广告都是对品牌形象的一个长期累积。广告语征集活动可以看成是一次简单活动，但如果用品牌观点去组织，则一箭双雕。“红旗”在有限的征集和揭晓两版广告中，都不忘展示“红旗”的形象和性能。

三、问题与讨论

1. 广告与公共关系活动这两种促销方式有何不同之处？

2. 新“红旗”为何不请专门的广告公司或自己来完成广告语的设计呢？

3. 试从理论和现实两个角度来评论“红旗”广告征集活动对红旗的营销有何影响？

【案例六】

“别针”好用更安全——“富豪”的广告创意

一、案例介绍

1996 年法国嘎纳国际广告节获平面广告金奖及全场大奖的“沃尔沃”（VOLVO）汽车（别针篇），一直被人奉为创意典范。

广告在空大留白版面中用大型安全别针曲成汽车的外型，大标题是：你可信赖的汽车。配合这个广告，VOLVO 轿车的广告语是：安全别针，你可信赖的汽车。

被瑞典人视为瑞典工业旗舰的沃尔沃（VOLVO）汽车，是当今世界上仅有的几家专门为中产阶级生产高档轿车的厂商之一。所以，富豪品牌被引入中国之后，原本取之于拉丁语“Iroll”之意的 VOLVO，被毫不沾边地冠上了一个暴发感很强的品牌名称“富豪”，无论这是厂家曲意去讨好中国先富起来的“成功人士”，还是折射了中国的老百姓渴望拥有豪华汽车急于富裕起来的心理，都丝毫不影响 VOLVO 品牌的精髓：“安全、可靠和环保”。

从 1924 年富豪品牌创建伊始，其创始人 Assar Gabrielsson 和 Gustaf Larson 就宣称：“汽车是由人来驾驶的，因此，我们制造车的基本原则——安全必须永远至上。”80 多年来，富豪品牌因其产品定位为最安全的汽车而享誉全世界，VOLVO 品牌已经成为安全的象征，也正是基于安全可靠的卖点，富豪建立了自己在全球汽车竞争市场上独一无二的品牌识别。由于在家庭轿车上取得了成功，富豪将品牌逐渐延伸至卡车、大巴和建筑设备以及海上和工业动力系统。VOLVO 由家庭汽车起步，最终发展成为一个跨国集团的公司品牌，不能不说是品牌的精髓造就了 VOLVO 的今天。

以安全坚固而著名的富豪汽车，在其品牌的推广和创意传播方面，也始终围绕这一核心要素。

1996 年，在法国嘎纳国际广告节上获得全场唯一大奖的富豪汽车广告，美国评委 Gary Goldsmith

给予评价说："它是一幅仅有一句文案（一辆你可以信赖的车）的广告——纯粹的视觉化创意。我认为我们所看到过的一些最好的东西，都是传递信息快，并且各位无须费神去思考或阅读的。"

二、案例分析

这可能是最简单不过的汽车广告了，当然，也是最富有创意的汽车广告之一。这幅广告的成功就在于它巧妙的创意，它从日常生活中极平凡的物和极平凡的事中创造了不平凡，制作了不平凡。该广告的成功不仅在于它的单纯、简洁，更在于这种单纯、简洁中所包含的商品广告与喻体特性之间的关联性：一是车体形状与巧手扭折过的别针十分相像，二是"沃尔沃"诉求的是它的安全系数。而在西方，这种类似车型的别针本名就叫"安全"别针，两者之间的过渡是非常自然、贴切的，商品个性与喻体情况的关联是自然、熨帖的，没有一丝的斧凿痕迹。

创意的神来之笔就是将富豪汽车品牌的灵魂和别针存在的价值融为一体，它打动人的不是视觉的审美，而是用人胸前的一枚极为平常的别针重新演绎了 VOLVO 诞生以来对人生命的认识和审视，升华了富豪汽车的安全承诺，而不是用语言。

人的生命价值是至高无上的，无论是小小的别针，还是豪华昂贵的轿车，一切的设计和核心都应该以人为本。人们在生活中离不开安全别针，因为它既有用且安全方便；同样，富豪汽车是人们生活中代步不可短缺的交通工具，同时，它还像别针那样设计时处处为人的安全着想，不必担心不小心被"刺伤"。以小见大的另一诉求是，安全来源于细致入微的考虑，富豪从汽车制造的每一个细节开始关注驾驶者的安全。别出心裁的别针被弯成汽车的形状，直观形象地表达了广告所要诉求的内容：一部性能安全、生活中不可缺少的 VOLVO 汽车。

三、问题与讨论

1. 什么是广告创意？
2. 沃尔沃的广告创意有何成功之处？
3. 试讨论如何进行汽车广告创意。

【案例七】

金龟汽车的《遗嘱篇》电视广告

一、案例介绍

这是一则电视广告。一开始，画面上出现了一溜黑色的豪华轿车远远地向前行进，旁白说："我，麦氏·伊·史诺伯利，以健康的身体和心智特此宣布遗嘱如下"，画面扫向坐在车中的一位贵妇人。旁白继续说："我的太太罗丝，花钱无度好像没有明天，我留给她 100 块钱和一份月历。"接着镜头移向后面一部罗尔斯·罗伊斯轿车，车内坐着戴墨镜和戴眼镜的两位年轻人，旁白说："我的儿子罗德尼和维克多，他们把我过去给他们的钱在漂亮车子和各种女人身上花得一干二净，我留给他们一堆 50 元的铜板。"画面接着后面一辆凯迪拉克轿车的特写，车内坐着一个西装笔挺的老头，左拥右抱着两个漂亮女人。旁白说："我的事业伙伴朱勒斯，他的座右铭是花、花、花，我留给他的是零、零、零。"镜头转向行进中的车队，旁自说："至于我的朋友和亲属，他们也从来不了解一块钱的价值所在，我留给他们一块钱。"画面接着是车队，最后有一部金龟车，车内一个年轻人悲伤地拿手帕擦眼泪，旁白说："我侄子哈洛，他常说：'省一分钱就是赚一分钱'。他也常说：'嘿，麦氏叔叔，拥有一部金龟车真划算'。我留给他我所有的 1 000 亿的财产。"最后的镜头仍然是一排车队缓缓地向前行进。

二、案例分析

这是广告大师伯恩巴克为大众金龟车做的系列广告之一。当金龟车被初次介绍给美国市场时，该车有 4 个特征：小、丑、后引擎驱动、外国造。但伯恩巴克利用这些不利条件创作出了幽默又别致的广告，这些广告被认为是永恒的广告创意佳作。

1958 年以前，在美国，几乎所有的轿车广告都是千篇一律，经常可以看到的画面是：在一座富丽堂皇的庭院前，一群衣衫翩翩的家庭成员簇拥在一辆高贵豪华的轿车旁。这样的画面看起来赏心悦目，但标题和文案辞藻华丽，让人感觉空洞。

1960 年金龟车广告出现了，广告专家称其为广告史上最好的作品。抛弃传统的以豪华设施、漂亮外型、高贵气质作为轿车的诉求方式，金龟车的广告在伯恩巴克的精心创意下，用幽默的方式，把产品的缺点转化为优点，使消费者认识到其经济、性能好的特征。

这部广告影片以一个亿万富豪出殡的车队中，每个送殡者回忆其生前遗嘱的情形，由幽默的旁白表达出这位富豪对每个人的评价和其节俭的个性，然后将对金龟车的赞誉巧妙地带出来，看似轻描淡写，但却一语中的，很有说服力。

三、问题与讨论

1. 这则汽车广告主要采用了什么创意手法？

2. 通过这个案例谈谈广告创意的关联性。

3. 结合以上两者关于汽车广告创意的案例，试从广告目标、创优秀汽车品牌以及营销组合等角度来讨论汽车广告创意。

【案例八】

丰田汽车的“霸道”危机公关

一、案例介绍

丰田汽车 2003 年频出狠招，一路攻城拔寨，凯歌高唱。但就要在为本年度的经营工作画上一个圆满句号之时，却因“霸道”广告弄得满城风雨。所幸丰田公司出招及时，应对得力，从而转危为安，有惊无险。

1. 事由：“霸道”广告有辱民族尊严

在 2003 年第 12 期《汽车之友》杂志上，丰田汽车共刊登了 3 份汽车广告，分别为其 3 款新车“陆地巡洋舰”、“霸道”和“特锐”。

在“霸道”车的广告页上，两只石狮蹲居路侧，其中一只挺身伸出右爪向“霸道”车作行礼状，该广告的文案为“霸道，你不得不尊敬”。

由于石狮在一定意义上是我国民族传统文化的产物，蕴含着极其重要的象征意义。丰田公司选择这样的画面为其做广告，有读者认为有辱民族尊严。12 月 4 日，解放日报以“日本丰田汽车霸道广告有辱民族尊严”为题报道了该事件，同日几大门户网站及相当多的媒体进行了转载，引起了极大关注。一时间触动了国人敏感的民族情绪，引起轩然大波，群情激昂，声讨不断。

2. 应对：五高招化解公关危机

丰田公司在危机汹涌而来时，使出五记高招，有章有法，可圈可点。

（1）高招之一：反应迅速，在第一时间与媒体沟通

12 月 4 日，各媒体对此事件进行报道之后，丰田公司立即召开由公司多位高层参加的媒体

座谈会，并于当日发布道歉书，从而使关注此次事件的读者和媒体在最短时间内了解到了丰田公司的态度，平息了事态发展。

星星之火，可以燎原。如果不在火势刚起时采取果断行动，一旦愈炽愈烈，则势必失去控制。

（2）高招之二：态度诚恳，勇于承担责任

在丰田汽车公司的致歉信中，没有为这次事件寻找任何开脱的理由，而是对此致以诚挚的歉意。而在谈及创作广告的盛世长城广告公司时，一汽丰田汽车销售有限公司总经理回答：“出现这样的事情完全是我们的责任，应该由我们自己来承担。”

而丰田公司的诚恳态度更是得到了媒体的嘉许。记者做了如下描述：“在整个座谈会中，不断听到日本代表的致歉，而他们对记者的提问也都很痛快地给予了回答，因此会议整体气氛比较平和，没有发生比较过激的言语和行为。”

当危机来临时，公众需要的不是解释，不是推三阻四，而是勇于承担责任。设想一下，如果丰田公司对外的发言是诸如“读者太神经过敏了”等言论，公众是何种反应。

（3）高招之三：高层亲自出马，获得媒体及读者的谅解

在媒体座谈会上，丰田汽车多位高层列席，并发表了言辞诚恳的讲话。

对事件表态人员的职位高低，往往意味着事件主角对此的重视程度。正是由于丰田公司高层倾巢出动，使媒体和读者感受到了丰田公司解决问题的诚意。如果丰田公司由着其公关部门例行公事地发言，其后果肯定是适得其反。

（4）高招之四：婉陈事实真相，化解民族情绪

丰田公司通过在座的新闻媒体是如此向中国消费者道歉的：“虽然我们在投放广告之前没有任何意思，但由于我们表达的不妥帖，在中国消费者中引发了不愉快、不好的情绪，对此我们表示非常遗憾。公司在事件发生后首先停发了这两个广告，并在一些媒体发布致歉信，同时也在丰田网站上登出。为了防止类似事件发生，公司正在采取相应措施，以坚决杜绝类似事件的发生，我们希望在最短的时间取得消费者的谅解和信任。”

同时丰田公司在座谈会上说明两则广告的创意其实都是中国人设计的，陆地巡洋舰广告上的绿色卡车也不是真的图片，而是手绘上去的。“但我们是广告主，我们要负责任。”

以恰当的语言和恰当的方式向公众说明事实真相是非常必要的。尽管丰田公司的广告是由广告公司制作的，也是由中国人创意的，但丰田公司并没有以此来推脱，而是在表达歉意之后并坦陈表示愿意承担责任，使媒体和公众在心理上不反感的前提下认可了该事件的缘由，从而得到了谅解和信任。

（5）高招之五：统一态度和口径，避免“祸从口出”

丰田公司深知“祸从口出”，因此在事件发生后，无论丰田公司本身，还是发表该广告的媒体，或是创作该广告的盛世长城，都一致对外“表示诚恳的歉意”，而丰田公司则仅由一汽丰田汽车销售有限公司总经理对外发言，其他人如果被问及，则连连道歉，不发表其他讲话。

实际上，很多危机之所以发展到失控的状态，跟企业没把好“口关”有至为重要的关系。因为对外露的口风往往蕴含的是对事件认识的态度，而对事件的认识态度往往是公众最为关注的。

二、案例分析

一个企业在经营中难免会遇到各种各样的危机情况，威胁着企业的生存和发展，一些看上

去非常强大的企业可能会因为不能及时化解危机而垮掉。因此，如何进行危机公关，消除危机事件对企业造成的不良影响，越来越引起企业的重视。

由此案例可以看出丰田汽车公司对公共关系的重视和对公众的真诚，并且非常及时、合理地化解了一场由广告而引发的危机，这种做法很值得借鉴。

三、问题与讨论

1. 谈谈对危机公关的理解。

2. 处理危机公关时应注意哪些原则？

3. 试谈谈有没有比丰田公司这“五招”更好的“招数”。

【案例九】

别克赛欧上市的公关策略

一、案例分析

1. 项目背景

2000年下半年，上海通用汽车计划向市场推出一款小型家用轿车，该车的原型是来自于美国通用汽车公司旗下德国欧宝的一款深受市场喜爱的紧凑型轿车：OpeI com B（可赛）车型。生产和销售紧凑型家用轿车是上海通用汽车进入另一个细分市场的重要步骤。

如何协助将这款紧凑型家用轿车成功地推向市场？这款紧凑型家用轿车（后命名为别克赛欧）在沿用“别克”商标时，会不会造成“别克”原有品牌形象和定位的模糊？在市场和公众对紧凑型家用轿车没有足够认知的情况下，如何与市场上低性能的廉价车以及低价落伍的公务车区分开来？如何明确地传达出这款紧凑型家用轿车的优异之处？……这些都成为上海通用汽车所面临的挑战。

中国家用轿车市场的增长潜力使各家汽车厂商包括国际汽车巨头纷纷加快了研究、开发和生产家用轿车的步伐。如何在同样即将出世的竞争对手的包围下，在“乱花渐欲迷人眼”的宣传大战中脱颖而出，从产品、品牌塑造、价格等各方面占据主动的地位，也是必须关注的问题。

同时，上海通用汽车进入家用轿车市场必然会给现存的市场秩序带来极大的震动，触及现有品牌和厂商的利益，因此必然会受到实力强大的对手在各方面的阻击甚至是恶意攻击，因此对赛欧的声誉管理是一个比较关键的方面。

2. 项目研究

首先，上海通用汽车公关部和哲基公共关系咨询服务有限公司对今后3～5年的中国家用轿车市场的情况做了详尽的调查和分析。

国家在“十五”行业规划中提出要大幅度提高城镇居民汽车普及率，汽车将成为新的消费增长点。在此环境下，汽车进入家庭必将成为趋势。中国老百姓需要拥有的是真正高品质、新标准的家庭用车，这种高品质和新标准体现在经济的价格、完善的安全配置、卓越的性能以及舒适的驾乘感受等方面。在赛欧的公关过程中，一定要突出这一点。

轿车工业要发展就必须要进入家庭，而且轿车进入家庭的趋势，比人们预想的速度要快。目前在中国的轿车当中，有40%是私人购买，将来这个比例还会以更快的速度发展。因此这一细分市场将是各个汽车厂家的必争之地。

在赛欧问世以前，中国的轿车工业和消费者都缺乏“紧凑型轿车”的概念。多年来，对家用轿车的定位一直处于争论状态。从前谈到家用轿车经常使用“经济型轿车”一词，但其“经济性”往往是片面地抓住其价格经济、使用成本经济，而忽略了车的驾驶性能，甚至牺牲车辆的安全性能。有的认为，只要有购买力，什么样的公务车、商务车都可以开回家，成为家用车；有的认为，家用车就是低价车，导致5万元以下的“工薪家用车”在市场频频亮相。消费者对买什么样的家用车也举棋不定：买廉价车，付款没有问题，就是对质量、安全放不下心；而“老三样”不仅车型显得落伍，价格不占优势，且安全气囊、ABS等配置更是作为“豪华装备”而需另外支付不菲的费用。这些，实际上是传统的卖方市场观念仍在作怪，反映了某些厂商对用户利益的漠视和对消费者尊严的忽视。

通用将赛欧与市场上现有的各类品牌家用轿车进行比较，从中找出赛欧的优势所在，作为下一阶段公关活动宣传的主要突破口。

“赛欧”是比较适合走入家庭的一种紧凑型轿车。从它的性能来讲，它已经具备了一些中高级轿车的配置，像ABS、双安全气囊、四门防侧撞钢梁等，另外它的排放达到欧洲2号标准，这都是当时国内所谓的经济型轿车所达不到的。它的制造工艺和上海通用汽车制造别克中高档轿车的制造工艺是完全一致的，并共享同一个质量保证体系，但是它的价格在11万元人民币左右，非常有竞争力。同时，精明和理智的消费者也更关注厂商在售后服务和维修方面的承诺。

赛欧的问世以及它大力提倡的“性能价格比”概念，必将会对通用家用经济型轿车起到革命性的改变作用，它不仅体现在技术含量上，而且又能起到降低价格的带头作用，把“价格战”的恶性竞争导向“性能价格比”的良性轨道。赛欧很好地将价格经济、使用成本经济以及性能紧密结合起来，与国际上现行的紧凑型轿车的一系列指标完全接轨，创造了优良的性能价格比。

3. 项目策划

上海通用汽车公司在赛欧的整个上市过程中为赛欧制定了详尽的公关策划。

首先，通用认识到一定要打破旧有的对家用轿车的错误认识，并唤醒用户的需求，使市场和舆论向着赛欧倡导的先进的方向发展，形成对落后者的压力，并为与这个细分市场的后入者之间的竞争建立游戏规则。

根据以上传播目标，通用拟订了以下公关策略。

① 以大量的、多角度的公关宣传迅速地树立赛欧提倡的“中国家用轿车新标准”，包括“性能价格比”、“10万元概念”、“关注安全”等，占据竞争的主动地位。

② 建立与新闻媒体之间畅通的信息沟通渠道，并提供充足的信息来源以保证沟通的有效并避免信息的误传。

③ 利用直接的传播活动影响主要城市的新闻媒体和舆论。

④ 充分借助网络科技提供的传播手段，与二、三线城市的媒体保持持续的沟通。

⑤ 在赛欧从下线到上市的这段时间中，以“赛欧是为中国家庭度身定做的真正高品质、新标准的家庭用车”为主线，在不同阶段选择不同的热点话题，形成持续的关注。

⑥ 建立预警和信息收集体制，关注市场和竞争对手的宣传诉求，避免遭受恶意攻击带来的损害。

同时，经过项目研究，通用从中提取出在公关上需要向公众传达的几点重要信息。

① 赛欧的诞生源自上海通用汽车“以顾客为中心”的理念，赛欧的开发、配置和价格完全是深入前期市场调查的结果。

② 赛欧是为中国家庭度身定做的真正高品质、新标准的家庭用车，这种高品质和新标准体

现在经济的价格（10 万元左右）、完善的安全配置（ABS、双安全气囊、防撞杆等）、卓越的性能以及舒适的驾乘感受等方面。

③ 赛欧源自欧宝深受欢迎的可赛车型，但“赛欧不是可赛”，赛欧的开发历经了 3 次市场调研，花费 3 000 多万美金，进行了 100 多项代表 20 世纪 90 年代最新技术的改进，由国内最大最先进的泛亚技术中心完成开发。

④ 赛欧首倡家用轿车“性能价格比”的概念，从而跳出此前国内家用轿车一味强调低价格进而陷入配置低、制造工艺水平低的怪圈。

⑤ “赛欧”轿车与上海通用汽车别克家族一脉相承，都具有科技含量高、装备先进、安全舒适以及优越的性能价格比等特征。这一车型的设计秉承了上海通用汽车一贯的高质量标准，并与别克原有系列车型共线生产，质量控制体系也与原有别克车型保持一致。

⑥ 赛欧的诞生为中国家用轿车进行了准确的定位，打开了新的篇章。

以上的这些公关要点是通过一个长达 8 个月的公关活动来达成的，而且在此过程中，根据市场和公众舆论的变化进行了相应的调整。以下是赛欧从首次在上海国际工业博览会亮相到 2001 年上海国际车展这整整 8 个月来主要的公关策划、主题和安排。

① 亮相工博会（2000 年 10 月 24 日）——树立家用轿车新标准。

② 赛欧试车报告（2000 年 10 月～12 月）——与赛欧的第一次亲密接触。

③ 赛欧下线（2000 年 12 月 12 日）——为百姓造车，为百姓造福。

④ 媒体试车（2001 年 3 月）——品质值得信赖，赛欧值得等待。

⑤ 北京国际博览会（2001 年 4 月 3 日～6 日）——首次亮相京城并上新浪网与网友交流。

⑥ 全国巡游（2001 年 3 月～6 月）——与全国媒体及用户直面交流。

⑦ 赛欧上市（2001 年 6 月 8 日）——把可靠的产品和售后服务带给消费者。

⑧ 上海国际车展（2000 年 6 月 18 日～24 日）——别克满足每一族。

4. 公关实施

（1）亮相工博会（2000 年 10 月 24 日）——树立家用轿车新标准

赛欧选择在第二届上海国际工业博览会上进行首次亮相可以说是经过充分的准备和精心选择时机的共同结果。在上海工博会之前，上海通用汽车公关部和哲基公共关系咨询服务有限公司已经完成了赛欧项目的宣传计划准备，完成了前期的媒体铺垫，并统一了企业信息发布渠道和公关培训等内部准备工作，赛欧的亮相已是“万事俱备，只欠东风”。

第二届上海国际工业博览会无疑是一个聚集各方注意，尤其是媒体注意力的良机，赛欧的参展最终被确定下来。

紧接着在不到 48 小时之内，一切准备工作都就绪了。新闻稿被迅速通过，标题确定为醒目的“开拓新天地、体验新生活、树立新标准——上海通用汽车年内下线‘赛欧’紧凑型轿车”，并初步公布了“基本型 11 万元”的价格和配置；准备了充足的赛欧照片；为外地记者准备了电子格式的图片文件，并提供了便捷畅通的下载渠道；准备好了媒体提问的答案；邀请新华社和中新社的摄影及文字记者并拟订了出席博览会的记者名单；在开幕当日的日报截稿时间之前，以统一的时间将新闻稿和图片发送出去，并马上进行确认工作。由于不断有记者要提供更多的资料，工作一直进行到深夜……

上海工博会开幕当天，显得有些“突如其来”的赛欧亮相的消息倾刻间传播到大江南北，极具震撼力的价格和优美的产品外型令人们为之兴奋，赛欧一时成为了当天所有人谈论的话题。

许多人拿着当天的报纸前往展会专门来看赛欧。在整个展会期间，赛欧几乎每天都是各家媒体重点谈论的话题。

赛欧的首次亮相取得了极大成功,成功地树立了由赛欧首倡的配置齐全的10万元家用车的标准。

在赛欧亮相前的准备工作中，尤其值得一提的是赛欧的命名，为了避免在沿用“别克”商标时造成“别克”原有品牌形象和定位的模糊，上海通用汽车很早就决定为这款紧凑型轿车创建一个恰如其分的子品牌，历经数月内部多次征集和讨论，最后采用了“赛欧”一名，缘起是采用英文“Sail”（航行）一词的音译，又具有多种联想意义。

（2）赛欧试车报告（2000年10月～12月）——与赛欧的第一次亲密接触

从赛欧下线到上市的这段时间里，读者对赛欧的信息渴求使赛欧成为许多媒体的重要报道任务之一。上海通用汽车公关部也收到了大量的相关要求。此时，如何合理地安排这些试车要求，如何平稳地将赛欧的信息有计划地发布出去，更为重要的是，如何将赛欧所倡导的安全理念（双安全气囊+ABS+四门防侧撞钢梁）、充沛动力、驾驶舒适等对中国家用轿车的全新定义通过试车活动向媒体和公众展示，都是通用需要解决的问题。

通用首先邀请了首批媒体代表试驾赛欧，随后又邀请了一批国内汽车新闻报道的权威人士来沪试驾，路线从上海市内前往水乡周庄，亲身体验赛欧在实际路况下的表现。整个试车过程极为顺利，赛欧在高速公路上的动力表现和优秀的操控性能令这些多年来一直为轿车进入家庭而奔走高呼的资深记者们激动不已。随着试车文章的发表，又有更多的媒体对上海通用汽车表达了他们对试驾赛欧的热切要求。

上海通用汽车公关部和哲基公共关系咨询服务有限公司根据不同媒体的特性，准备了适合他们的不同试车方案，这些分类包括：专业汽车报刊和杂志；大众传媒（平面类）；大众传媒（电视类）。

专业性的汽车报刊和杂志，一般会要求对赛欧做比较专业和深入的试驾，尤其需要大量的数据，而且由于测试项目较为专业，对场地和设施的要求相当高；平面大众传媒更为注重普通车主对赛欧的直接感受，这些感受较多是感性认识的，同时大众传媒还要求新闻性更强的新闻线索和图片；而电视媒体则要通过镜头语言为电视机前的观众表现出赛欧的性能，要考虑画面的美观和生动活泼，并避免冗长单一的镜头，因此场地的选择也颇费心思。另外由于拍摄时间有限，更需要事先协助提供更多的录像资料。

试驾活动持续了将近2个多月，媒体的试车报告给赛欧以很高的评价，收集到的试车报告接近20篇，标题有《别克赛欧，小车第一车》、《劲力赛欧》、《赛欧大揭密》、《独家试驾：大家闺秀——赛欧》、《赛欧赛过欧宝》、《赛欧——披着羊皮的狼（形容动力强劲）》、《最新试驾小别克》、《便宜有好货》、《浦东测试初生赛欧》等，这些标题都十分瞩目，对读者具有极大的吸引力，达到了很好的传播效果。

（3）赛欧下线（2000年12月12日）——为百姓造车，为百姓造福

由于赛欧首次亮相取得了巨大成功，在赛欧正式下线前，许多有关赛欧的话题便成为媒体关注甚至辩论的焦点。比如价格是如何制定出来的、配置是否合理，乃至赛欧与竞争对手下线的时间先后等。

因此，在赛欧下线这一事件上，上海通用汽车公关部和哲基公共关系咨询服务有限公司将发布的信息主题定在“为百姓造车，为百姓造福”上，具体表述是：赛欧的诞生源自上海通用汽车“以顾客为中心”的理念，赛欧的开发、配置和价格完全是深入市场调查的结果。针对中

国的使用条件和消费者的喜好，赛欧对原型车在造型、车身设计、内饰、底盘、动力总成、电气电子系统、空调等方面进行了 100 多项设计改进，使其更适合中国的使用条件和市场需求。

赛欧的下线仪式邀请了来自全国的 150 多位中外记者，对不能安排来沪的记者也做了妥善的安排，保证在信息传递上的完整和畅通。

在下线仪式上，首先放映了一段街头采访录像，给所有与会者留下了深刻的印象。这段录像是根据真实的街头采访和市场调查制作的，受访对象包括私企业主、教授、年轻恋人、白领、年轻女性、三口之家、台胞等各方面的人士，问题涵盖了公众对家用轿车价格、配置、外型、预计购车时间等方面的看法。在新闻正式发布之前，首先让中外记者聆听了来自公众的各种意见。因此，赛欧下线的主题信息以这种直观的方式迅速得到了新闻界的理解和接受，此后许多电视台在播出赛欧下线仪式时纷纷主动向通用索取并采用了这段录像。

在新闻发布会上，上海通用汽车执委会成员真诚坦率地回答了多家媒体的提问。在新闻发布之后，通用安排所有记者分组参观上海通用汽车极为先进的柔性化生产线，让新闻记者亲眼目睹赛欧轿车和其他别克轿车不同车型在同一条先进的自动化生产线上共线生产的极富新闻性的场面。同时，哲基公共关系咨询服务有限公司还事先拍摄剪辑了赛欧生产的各个环节的录像资料，提供给各家电视台作为素材使用，产生了很好的效果。新闻界认为上海通用汽车提供的资料极为翔实，对与公众的信息沟通起到了积极的作用。

通过这次公关活动，赛欧的定价和配置等信息再次得到了公众和新闻界的认同和接受，同时上海通用汽车“以顾客为中心”的理念也得到了进一步的证实和深化。

（4）媒体试车（2001 年 3 月）——品质值得信赖，赛欧值得等待

赛欧下线后，初步公布了 2001 年上半年上市的时间安排。这是一个比较合理的上市时间。一般来说，新车在下线后需要半年到一年的时间来进行试生产和测试，并逐渐提高质量和产量。然而在 2001 年春节后，部分舆论将赛欧与某些 KD 生产方式的车型相比，提出了“赛欧为何迟迟不上市”的疑问。

上海通用汽车公关部和哲基公关对这种舆论进行了分析，认为这一方面固然是由于部分媒体对汽车这个行业固有的生产规律不熟悉和部分厂商有意炒作“上市”的时间有关，但也表明了在从下线到上市的这段时间里，媒体对赛欧依旧保持着极大的关注。这实际上也代表了一部分预定赛欧的车主或关注赛欧的公众急切想见到赛欧、体验赛欧的心理。

虽然此前也有部分媒体对赛欧进行了测试，并发表了试车报告，但仍不能满足公众对赛欧信息的需求。因此，上海通用汽车公关部和哲基公共关系咨询服务有限公司决定组织一次大规模的媒体试车活动，利用比较集中的新闻效应，使公众通过媒体获取更为翔实的赛欧性能资料。更为重要的是，要把赛欧从下线后到上市前这段时间所做的持续改进的信息向公众传达出去。为此，通用拟订了“品质值得信赖，赛欧值得等待”的主题，包括以下信息。

① 赛欧不是可赛，赛欧是为中国人度身打造的高品质家庭用车，在可赛的基础上历经了 3 次市场调研，花费 3 000 多万美金，进行了 100 多项适合中国国情的改进。赛欧的开发过程，始终遵循“应用世界先进技术创新”、“符合中国人的消费习惯和中国实际使用状况”两个原则。赛欧的性能由此胜过它的原型车，并决定了赛欧与 KD 方式生产的轿车的完全不同。

② 赛欧下线后，仍然在进行持续不断的试验和改进，同时严格控制零部件以及整车生产的质量，上海通用汽车不以牺牲质量为代价而获取短期效益。

③ 公布赛欧目前的预订数量和赛欧的销售方法，并强调赛欧的营销将坚持上海通用汽车一

贯的营销原则，坚决制止“炒车”现象。

在媒体试车之前，通用首先邀请了部分媒体代表采访了负责对赛欧进行改进和重新设计的人员，力图从专家的角度对赛欧的研发过程和赛欧的性能做一个比较全面和权威的评述。这些媒体不仅包括传统的报纸和杂志，而且包括新兴的网络媒体。媒体提出的问题主要包括如下几个。

① 赛欧在原型车上做了哪几处比较重大的改进？

② 为何要进行这么多改进？其改进的原则是什么？

③ 赛欧设计的具体过程是什么？

④ 赛欧设计成功的原因是什么？

⑤ 赛欧的市场定位是什么？

⑥ 是否考虑生产两厢赛欧？

可见在媒体大规模试车活动前，通用已经准备出了相当完备的赛欧研发资料。同时，在媒体正式试车之前，通用邀请了专门从事汽车知识培训的专家做了一场为时两个多小时的多媒体汽车知识讲座，详尽地介绍了从发动机、汽车动力总成到安全气囊、ABS以及赛欧典型的改进项目等各方面的知识，从而使媒体代表在实际体验赛欧的性能前掌握关键的理论知识，与试车相映证。

这次公关活动一直注重突出受访者专家的权威角色，从而通过专家的力量较好地矫正了部分舆论由于不了解汽车固有生产规律而产生的某些误解。同时媒体代表也从理论和实践两个方面切实体会了赛欧所做的改进和出色的性能，起到了预期的传播作用。

大规模的试车活动需要大量的准备工作，尤其是场地、测试项目和安全措施的安排尤为重要。上海通用汽车公关部和哲基公共关系咨询服务有限公司在这些方面的安排可称得上是井井有条。

（5）北京国际博览会（2001年4月3日～6日）——首次亮相京城并上新浪网与网友交流

赛欧在北京国际博览会上的亮相，是赛欧首次离开上海在异地展出。尤其特殊的是：

① 这次参展上海通用汽车公司仅展出赛欧一种产品，是赛欧的一次单独亮相。

② 国内家用轿车新军悉数到齐，同台竞技，包括夏利 2000、上汽奇瑞、长安羚羊、南亚英格尔、海南马自达、吉利美日等。

③ 北京是全国媒体最为集中的地方，影响力巨大。

因此，上海通用汽车事先制定了完整的公关方案，在前期派两位负责人前往北京，安排媒体采访和其他公关事项。由于准备得当，开幕式当天上午，包括《北京日报》、《北京晨报》、《北京青年报》、《中央电视台》、《北京电视台-城际特快》、《北京电视台-北京特快》等均对上海通用汽车市场营销部进行了专访，并有30多家媒体进行了集体采访。在采访中，通用公司着重强调了赛欧所做的改进和出众的性能价格比。

同时，由于赛欧本身出众的外观和强大的新闻效应，在展会现场可以说是观者如潮，致使主办者不得不出动武警维持秩序，整个展期赛欧成为北博会最亮的亮点，与其他部分车型形成了强烈的对比。在开幕当天晚上，通用还安排相关人士作为嘉宾在新浪网聊天室就赛欧的话题与网友进行直接交流。这次为时1小时的交流，使得广大公众有了一次与上海通用汽车直接沟通的机会，无疑是一次传播的良机。同时，新浪网的聊天内容也被其他媒体所关注和转载。

（6）全国巡游（2001年3月～6月）——与全国媒体及用户直面交流

从2001年3月到6月的“齐驾驭、共体验——别克家族试车会”全国巡游活动中，赛欧参加了别克全家族的全国试车活动，历经30个城市，几乎是每周去2～3个城市的密度。在这次活动中，赛欧巡游全国，与全国媒体及用户直面交流，接受他们的评头论足。同时满足各地公众目睹赛欧的强烈愿望，为上市做最后的准备。事实证明，这次直面交流帮助公众对赛欧获得了更为准确的认知，避免了过高的预期或过低的评价，使赛欧的最初定位更加恰如其分。

（7）赛欧上市（2001 年 6 月 8 日）——把可靠的产品和售后服务带给消费者

历经了半年的预试生产—试生产—正式生产的过程之后，赛欧确定了 2001 年 6 月 8 日的上市时间。而在此之前，媒体已经对赛欧的上市价格、上市时间和首批上市数量做了多种猜测，形成了公众强烈的期待心理。由于赛欧在全国各地将在同一时间上市，因此上海通用汽车公关部和哲基公共关系咨询服务有限公司充分地调动了上海通用汽车各地经销商的力量，事先进行了完整的信息披露资料和上市活动方案准备。

这次赛欧上市所要传达的信息包括如下方面。

① 上市价格，信守承诺。

② 把可靠的产品和售后服务带给消费者，强调历经半年的改进和试生产，赛欧严格遵照上海通用汽车新产品的启动流程，经过了“预试生产—试生产—正式生产—上市”的严谨制造及审核过程，质量和服务值得信赖。

③ 首批赛欧车主是谁。

6 月 1 日，上海通用汽车首先发布了赛欧 3 种不同配置的价格，并公布了 6 月 8 日的上市时间。新闻稿的标题定为：“信守价格承诺，提供可靠服务，赛欧练半年内功六月起全国上市”，明确和完整地表达了所需传递的信息。这次新闻发布及时回答了此前对于赛欧上市的种种猜测，并且极大地调动了媒体和公众的热情。同时，对赛欧 3 种不同配置的价格的公布，着重强调了对在下线仪式上上海通用汽车对价格所做的承诺的兑现。

6 月 8 日，赛欧上市当日，各地重要媒体均对此做了详尽的跟踪报道。此前上海通用汽车会同各地经销商已经对首批车主的资料进行了完整的收集和整理，极大地帮助了新闻界的采访工作。当日，各地的上市情况被迅速反馈到上海，在对各地上市活动、图片以及车主受访内容进行整理之后，这些信息又被发送到各地的新闻记者手里，帮助他们更为全面地了解赛欧上市的全貌，并且提供了大量的新闻线索和素材。

赛欧的上市活动还邀请了两家门户网站和两家汽车专业网站进行追踪采访和滚动播出，再一次充分发挥了新兴媒体独有的即时性的特征。

整个当日活动报道的重点落在首批赛欧车主是谁的问题上，通过对一个个活生生的赛欧车主购车故事以及他们对赛欧的由衷评价，使公众看到了更为可信的赛欧。

（8）上海国际车展（2000 年 6 月 18 日～24 日）——别克满足每一族

两年一度的上海国际车展，是赛欧整个上市公关策划的最后一个环节，距离 2000 年 10 月 24 日的首次亮相，正巧是 8 个月的时间。配合本次车展别克轿车“别克满足每一族”的主题，赛欧和其他别克轿车以及多功能商务公务旅行车一起，向邀请与会的 100 多家媒体代表展现了别克家族产品不同的明确定位。至此，赛欧上市活动告一段落。

5. 公关评估

赛欧上市的公关策划始终贯穿了以下的逻辑过程。

① SGM（上海通用）的理念：以客户为中心，以市场为导向。

② SGM 的做法：不断适时推出性能价格比优秀的、适合中国用户使用的轿车。

③ 对加入 WTO，迎接国际竞争的有力回应。

④ SGM Vision 成为行业领先、具有国际竞争能力的汽车制造企业。

赛欧上市策划的整个过程可以说创下了国内公关行业的几个记录。

① 历时8个月，时间跨度之长十分罕见。

② 在此过程中，收到的赛欧新闻剪报数以千计，几乎全国所有媒体（专业性太强的行业媒体除外）对赛欧都有提及。

③ 在整个宣传过程中，总共接触的新闻记者超过600人。

④ 撰写和发布了12篇新闻稿，历次新闻发布的见报率均在90%以上，并且新闻报道突出了宣传的主题。

⑤ 赛欧成功奠定了中国家用轿车的基本定义，结束了此前长达数年有关家用轿车的大讨论，并使“注重安全性”和“注重性能价格比”成为同类厂商的共识。

⑥ 赛欧在没有投入一分广告的情况下，订单已经突破了16 000份，并且在不断上升。

⑦ 由2000年赛欧下线引发的中国家用汽车热潮，使得2000年被媒体称为“中国家用轿车元年”。

二、案例分析

在长达8个月的过程中，赛欧始终处于传媒和公众的注意力中心，在这种情况下，赛欧的优点和缺点无疑都会被成倍地放大。如何向公众传达一个真实可信的赛欧，并帮助这一年轻品牌迅速成为中国家用轿车的领导品牌，使赛欧倡导的理念为公众和同行所接受，确实给通用以很大的挑战。在这个案例中，通用体会到公关传播应该成为企业产品战略及市场战略的有机组成部分，需要严谨周密的策划、精确的实施及各个部门的通力合作。

不同阶段信息的收集、汇总、分析及传播对公关推广的成功也至为重要，尽管通过巧妙的策划可以迅速地吸引公众的注意力，但通用更愿意指出的是：了解并精心准备通用所想传递的信息；保持与媒体和公众畅通的信息沟通渠道；迅速应变、及时调整既定策略与公关推广的步骤，才是赛欧上市公关成功的关键，也更为接近公关的本意所在。

三、问题与讨论

1. 公共关系的主要功能有哪些？
2. 试讨论企业应如何处理与媒体的关系。
3. 为新产品上市的推广而做的公关工作，其关键在哪里？

复习思考题

1. 什么是促销？促销的方式有哪些？各有什么优缺点？
2. 简述人员推销的步骤有哪些。
3. 营业推广的特点有哪些？
4. 什么是公共关系？实现公共关系活动的主要方法有哪些？

第7章 汽车服务与客户满意度战略

【学习目标】

1. 了解汽车服务的概念
2. 了解汽车服务营销管理
3. 了解客户满意战略
4. 掌握汽车服务质量管理
5. 掌握客户满意度分析

7.1 汽车服务的概念

7.1.1 汽车服务的定义

著名营销学家菲利普·科特勒对服务的定义是："服务是一种能够向另一方提供的以无形和不导致任何所有权转移为基本特性的行动或表现。它的生产既可能与某种有形产品相关联，也可能与之毫无关系"。

汽车服务是指由汽车生产及服务性企业（如汽车制造商、汽车销售商或汽车维修企业）向汽车用户提供的与汽车相关的各项活动、利益或满足感。

7.1.2 汽车服务的内容

1. 汽车服务的特征

汽车服务的内容十分广泛，主要包括汽车技术咨询服务，汽车广告，汽车融资与保险，汽车租赁服务，汽车零配件供应，汽车售后调试、维修、维护、养护、美容、改装和送货服务，汽车抢修、紧急援助和拖车服务，二手车交易、回收服务，代缴税费、代办证件，汽车旅游，汽车影院，智能化交通系统的建立，信息发布等。汽车服务包括售前、售中和售后服务 3 部分，其中售后服务最为关键。

服务不同于商品，它主要有以下 6 个特征。

（1）无形性

无形性指服务不具备形状或实体，消费者在购买之前无法通过视觉、听觉、嗅觉、味觉和触觉等物理特征感受到服务。服务本质上是提供商向顾客做出的一种承诺。

（2）不可分离性

不可分离性指服务的生产过程与消费过程同时进行。同时消费者对服务提供商的感知会转变成消费者对服务本身的感知。

（3）非均匀性

非均匀性指由于服务环境、服务标准和服务人员素质等方面的不同，使得服务质量差别很大。

（4）不可存储性

不可存储性指服务提供商无法维持服务性存货，服务本身是不可能存储的。

（5）时效性

服务及时、快捷一直是服务部门不变的追求。对于汽车消费者来说，JIT（just in time）服务是最棒的。

（6）不确定性

在服务的开发和分销中，消费者常常扮演重要的角色。由于消费者的需求是多样的，会随时间不断发生变化，因此服务产品的交易经常需要买卖双方的相互合作，而消费者的建议则是服务部门最好的发展方向。

为提高服务质量，汽车企业必须科学地制定营销策略，首先提高员工服务意识，倡导人性化服务。所谓人性化服务就是真诚地关心客户，了解他们的实际需要，使整个服务过程富有“人情味”。其次，实施服务质量考核与激励机制，树立服务典型，引导员工实现人性化服务，采取物质奖励与精神奖励两手抓的方式改变员工的服务意识，变被动为主动，变消极为积极。再次，从细微入手，完善服务项目。服务无小事，与顾客接触的每个环节都会反映出服务水平，汽车企业必须注重服务过程中的每一个细节，尽可能达到甚至超载客户的服务期望。如 24 小时接听客户咨询电话，并做到及时接听；耐心解答客户的咨询；对常见客户点一下头、给予一个微笑和多一声问候；雨雪天及时提醒客户注意等，都能反映出员工对客户的关心程度，对于提高汽车企业的美誉度至关重要。

2. 汽车服务营销的内容

服务过程是 7P 服务营销理论中最重要的因素，按照服务过程对服务营销内容进行划分是最合理的。因此，汽车服务营销的内容划分为汽车的售前、售时和售后服务 3 部分，如图 7-1 所示。

（1）汽车售前服务

汽车的售前服务发生于汽车销售行为产生之前，这些服务可以使用户了解产品，可以扩大产品的知名度，有利于树立企业形象并为用户的购买做好铺垫工作，同时也为用户提供选择满意车辆的知识与标准，它主要表现为以下几种形式。

① 广告服务。广告是企业向用户传递产品信息的重要手段，它可以把某款汽车的优点、性

能、用途、价格以及在何处可以买到等信息传递给广大的用户，吸引用户对这款汽车的注意力，引发顾客对产品的兴趣，促使用户产生购买欲望并形成购买行为，最终使汽车的销售得以实现。

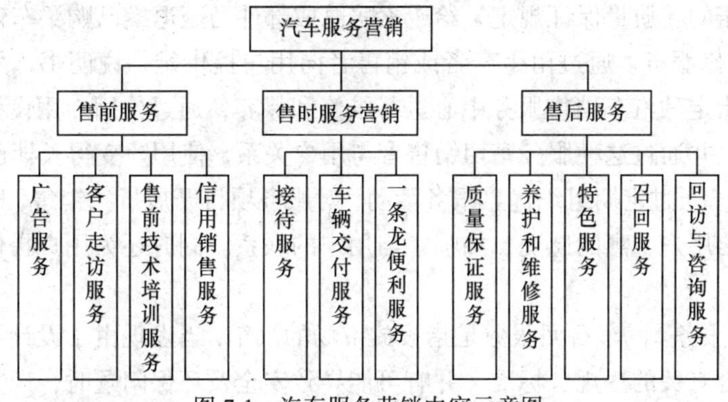

图 7-1　汽车服务营销内容示意图

② 顾客走访服务。销售人员要有选择地联系老顾客，走访新的潜在用户，特别是对重要的大顾客要定期走访，向顾客介绍新款车型和新政策，认真了解顾客需求，听取顾客对产品和服务质量的意见，并积极地为顾客出谋划策。通过与顾客的直接接触，面对面地宣传产品、介绍产品，以达到销售的目的。

③ 售前技术培训服务。随着科技发展水平的提高，汽车的技术含量日益增加，其使用功能日益增强。对用户来说，当一种新车从未驾驶过而且不知怎样驾驶时，是不会购买的，所以汽车销售企业主动开展“试乘试驾”活动，向用户提供技术培训服务是扩大产品销路的重要手段。售前技术培训服务是一项培养用户的行为，同时还被视为一种公关促销手段。

④ 信用销售服务。由于汽车本身具有高价格特点，因此，在市场竞争中，为了扩大产品的销路，销售者若能承诺用户可以采用分期付款的方式购买，就为财力不足的用户打开了方便之门，使收入不是很丰厚的用户也能买到满意的汽车，并在以后的时间内分期付款。

（2）汽车售时服务

汽车的售时服务是指在销售过程中为用户提供购买方便和愉快的购买心境，其工作流程为：接待和顾客甄别—车辆介绍—车辆演示—车辆选购—销售核准—交车。

主要表现为以下几种形式。

① 接待服务。接待服务是指在销售过程中为用户所提供的各种服务，包括迎接顾客、对顾客热情接待，并对产品技术性能、使用特点、价格构成、一条龙服务、售前售后服务项目以及质量保证服务等进行介绍；同时设立购车咨询热线电话，为不方便上门的顾客提供购车咨询服务。接待服务与销售的成功密切相关，接待服务做得好，则可以把顾客的潜在购买力变为现实的购买行为。

② 车辆交付服务。在汽车销售过程中，向用户提供高品质、完好的车辆非常重要，销售者应积极主动地配合用户的购买工作，尽量使购买的手续简便、效率提高。在交车前对车辆进行售前检查，并且在交接过程中销售人员要提醒、帮助用户填写用户档案卡，及时地向用户解释今后的服务范围和优惠条件，提供用户售后服务的联系方式。有的汽车销售企业免费为用户提供代办工商验证、车辆检测、临时移动证，代缴购置附加费、保险费、牌照费等一条龙服务；便利服务做得好，可以极大地方便顾客的购买。

（3）汽车售后服务

汽车售后服务是指在车辆售出以后，销售者或生产者有义务担保车辆的质量，有责任协助用户使用和养护维修车辆，主要表现为以下几种形式。

① 质量保证服务。质量保证服务是指当用户对已购买车辆的质量和规格有疑问时，允许用户按照厂家所承诺的《质量保证规定》给予索赔总成部件乃至退换已购买车辆的服务。

② 养护和维修服务。通过由生产者或销售者向用户提供维护说明书，介绍车辆的养护要求，指导用户到指定的汽车销售服务中心进行维修和保养，通过使用专用设备、工具检测和维修所消耗的备件，并通过这种服务密切销售者与用户关系，使用户变得长期而稳定。

③ 特色服务。通过定期组织优惠服务活动，对服务项目开展折扣销售，既促进备件和服务工时的销售，也给用户实惠的感受，加强了与用户的联系。同时还为用户提供免费代办、保险理赔等各项服务。

④ 汽车召回服务。汽车召回服务是指投放市场的汽车，当发现由于设计或制造方面的原因存在缺陷，不符合有关的法规、标准，并有可能导致安全及环保问题时，厂家必须及时向国家有关部门报告该产品存在的问题、造成问题的原因及改进措施等，并提出召回申请，经批准后对在用车辆进行改造维修，以消除事故隐患。

⑤ 回访与咨询服务。汽车销售企业客服中心工作人员定期与用户联系，提醒用户对车辆进行必要的保养和维修，对车辆使用情况进行跟踪；通过售后调查咨询服务了解用户对车辆的满意度及潜在需求，将这一信息反馈到设计、生产部门，从而设计、生产出符合消费者需求的新产品，为企业更新产品提供信息，是促进企业发展的重要环节。

7.1.3 汽车服务品质

在20世纪80年代，质量革命在美国公司中蓬勃开展起来。今天，质量承诺已延伸至服务业、非盈利组织以及政府机构和教育部门。我国的汽车服务产业虽还处于萌芽阶段，但显然服务品质的提高仍是取得市场成功的关键。

就汽车而言，其一经使用就是一种需要终身服务的耐用消费品。所以，汽车服务对产品的附加值最大、对品牌价值的贡献度最大、在市场竞争中的权重也越来越大。当前汽车企业采取高技术、高质量、产品多样化以及价格策略来竞争，其技术差别、战略作用的空间越来越小，难以在市场上有所作为。

当前，汽车品牌层出不穷，造型花样翻新，但除了汽车外型、动力、配置等硬件外，软件上的服务成为吸引更多消费者的另一个重要原因。而且在某种程度上，已经有了第二个要素甚至比第一个要素还要起决定性作用的趋势。“买车，买服务”已成为越来越多消费者的购车宗旨，同时，注重售后服务也成为越来越多汽车经销商的努力方向。

消费者对售后服务标准要求得更加严格和苛刻，越来越多的厂家和经销商将提高自身售后服务质量作为维护品牌、发展客户的手段。各个品牌的竞争更加激烈，服务逐渐成为汽车企业的核心竞争力。这种竞争从客观上也促进了国内汽车后市场的完善，可谓“一举多能”。实际上，在汽车领域的新一轮竞争中，售后服务将是竞争的核心和焦点之一。在以技术、广告、价格等要素为平台的“第一竞争擂台”上，国内汽车厂商热火朝天地开打的同时，也正公开或暗中较劲售后服务，如今，在汽车销售广告中打出服务牌的屡见不鲜，越来越多的商家为进入“第二竞争擂台”热身，价格战硝烟未散，服务战呼之欲出。

世界著名汽车制造商福特公司创始人亨利·福特有句名言：“要把为顾客服务的思想置于利

润之上，利润不是目的，只不过是为顾客服务的结果而已。”正因如此，福特才成为世界第二大汽车制造商。

中国的汽车市场正处在发展的关键时刻，目前，我国汽车售后服务水平与国外相比还有一定差距。中国老百姓抱怨最多的，不是汽车的质量或性能问题，而是服务问题。虽然目前国内已呈现“售后服务热”的趋势，但温度和广度并不够，一些已经宣扬售后服务到位的厂家说得温馨可人，做起来却寒风袭人；一些厂商则把这种售后服务作为营销的一种手段，而忽视了要向用户兑现自己当初的诺言。如何将汽车后市场这块蛋糕越做越大，使中国汽车业的整体水平得以提高，成为摆在众商家面前的新问题。

7.2 汽车服务营销管理

7.2.1 汽车服务质量管理

1. 服务质量的概念

服务质量分为预期服务质量与感知服务质量。预期服务质量即顾客对服务企业所提供的服务预期的满意度。感知服务质量则是顾客对服务企业提供的服务实际感知的水平。如果顾客对服务的感知水平符合或高于其预期水平，则顾客会获得较高的满意度，从而认为企业具有较高的服务质量，反之，则会认为企业的服务质量较低。从这个角度看，服务质量是顾客的预期服务质量同其感知服务质量的比较。

预期服务质量是影响顾客对整体服务质量的感知的重要前提。如果预期质量过高，不切实际，则即使从某种客观意义上说他们所接受的服务水平是很高的，他们仍然会认为企业的服务质量较低。预期质量受 4 个因素的影响，即市场沟通、企业形象、顾客口碑和顾客需求。

市场沟通包括广告、直接邮寄、公共关系以及促销活动等，直接为企业所控制。这些方面对预期服务质量的影响是显而易见的。例如，在广告活动中，一些企业过分夸大自己的产品及所提供的服务，导致顾客心存很高的预期质量，然而，当顾客一旦接触企业，则发现其服务质量并不像宣传的那样，这样使顾客对其感知服务质量大打折扣。

企业形象和顾客口碑只能间接地被企业控制，这些因素虽然受许多外部条件的影响，但基本表现为与企业绩效的函数关系。

顾客需求则是企业的不可控因素。顾客需求的千变万化及消费习惯、消费偏好的不同，决定了这一因素对预期服务质量的巨大影响。

2. 服务质量的构成要素

服务质量由服务的技术质量、职能质量、形象质量和真实瞬间构成。它既是服务本身特性的总和，也是消费者感知的反映，同时由感知质量与预期质量的差距所体现。

技术质量是指服务过程的产出，即顾客从服务过程中所得到的东西。职能质量是指在服务推广的过程中顾客所感受到的服务人员在履行职责时的行为、态度、穿着、仪表等给顾客带来的利益和享受。形象质量是指消费者企业在社会公众心目中形成的总体印象。它包括企业的整体形象和企业所在地区的形象两个层次。真实瞬间则是服务过程中顾客与企业进行服务接触的过程。

对于技术质量，顾客容易感知，如顾客可通过感受维修后汽车的运行状况或参观维修设备判断汽车企业的维修技术水平；职能质量取决于顾客的主观感受，难以进行客观的评价；技术质量和职能质量构成了感知质量的基本内容。企业形象通过视觉识别系统、理念识别系统和行为识别系统多层次地体现。顾客可从企业的资源、组织结构、市场动作、企业行为方式等多个侧面认识企业形象。企业形象质量是顾客感知服务质量的过滤器；真实瞬间发生在一个特定的时间和地点，它是服务质量构成的特殊因素，且是有形产品质量所不包含的因素。

3. 服务质量测定

（1）服务质量测定的标准

服务质量的测定是服务企业对顾客感知服务质量的测算和认定。从管理角度出发，优质服务必须符合以下标准。

① 规范化和技能化。规范化和技能化指汽车销售企业提供的服务规范，销售人员技术全面，知识丰富，能为顾客排忧解难。

② 名誉和可信性。名誉和可信性指顾客对服务供应者的依赖，相信所得到的服务“物有所值”。让顾客感到“物超所值”应是汽车销售企业不懈追求的目标。

③ 态度和行为。态度和行为指在服务接触过程中，让顾客切实感受到工作人员的友好、诚实、热情、不做作。

④ 可靠性和忠诚感。可靠性和忠诚感指顾客确信无论发生什么情况，他们都能够依赖服务供应者，这就要求汽车销售企业必须遵守承诺，全心全意为顾客服务。

⑤ 可接近性和灵活性。可接近性和灵活性指汽车销售企业的地理位置方便、营业时间合理、职员和营运系统的设计和操作便于服务，并能灵活地根据顾客要求随时加以调整。

⑥ 自我修复。自我修复指顾客无论何时发生意外，汽车销售企业都能迅速有效地采取行动，控制局势，寻找新的可行的补救措施。

在以上 6 项标准中，规范化和技能化与技术质量有关；名誉和可信性与形象有关；其余 4 项标准与服务过程有关，代表了职能质量。

（2）服务质量的测定方法

服务质量一般采取评分量化的方式进行测定，共分为 8 个步骤。

① 选取服务质量的测定标准。

② 对各条标准确定权数。

③ 针对每条标准设计具体问题，一般为 4～5 道。

④ 制作问卷。

⑤ 发放问卷，请顾客评分。

⑥ 统计问卷结果。

⑦ 测算预期质量和感知质量。

⑧ 评价服务质量，感知质量离预期质量的差值越大，质量越差；反之，质量越好。

4. 服务质量管理

(1) 服务质量管理的基本思路

服务质量管理的目标是降低顾客流失率。若要成功实施服务质量管理，企业必须做到以下两点。

① 必须将降低顾客流失率作为整个企业各个层次员工的共同奋斗目标。

② 培养一流的一线员工队伍，营造良好的工作环境。

(2) 服务质量差距的管理

服务质量差距主要包括 5 个方面。

① 管理者认识的差距。这个差距指管理者对期望质量的感觉不明确，产生的原因如下。

- 对市场研究和需求分析的信息不准确。
- 对期望的解释信息不准确。
- 没有需求分析。
- 从企业与顾客联系的层次向管理者传递的信息失真或丧失。
- 臃肿的组织层次阻碍或改变了在顾客联系中所产生的信息。

若问题是由管理引起的，则通过改变管理或改变对服务竞争特点的认识来解决问题，后者一般更为合适。

② 质量标准的差距。这个差距指服务质量标准与管理者对质量期望的认识不一致，产生的原因如下。

- 计划失误或计划过程不够充分。
- 计划管理混乱。
- 组织无明确目标。
- 服务质量的计划得不到最高管理层的支持。

最高管理层是否保证服务质量的实现是影响这一差距的关键因素。在现代服务竞争中，顾客感知的服务质量成为企业成功与否的关键，因此汽车销售企业的生产者和管理者要对服务质量达成共识，缩小质量标准差距。

③ 服务交易的差距。这个差距指在服务生产和交易过程中员工的行为不符合质量标准，产生的原因如下。

- 标准太复杂或太苛刻。
- 员工对标准见解不同。
- 标准与现有的企业文化发生冲突。
- 服务生产管理混乱。
- 内部营销不充分或根本没有。
- 技术和系统没有按照标准为工作提供便利。

通常引起服务交易差距的原因是错综复杂的，很少只有一个原因在单独起作用。只有质量标准制定得具体详尽才能减少这类差距的产生。

④ 营销沟通的差距。这个差距指营销沟通行为所做出的承诺与实际提供的服务不一致，产生的原因如下。

- 营销沟通计划与服务生产没有统一。
- 传统的市场营销与服务生产之间缺乏协作。

- 服务人员没有按照营销沟通活动提出的标准完成工作。
- 服务企业有故意夸大其词和承诺太多的倾向。

针对上述原因，企业可以建立一种使外部营销沟通活动的计划和执行与服务生产统一起来的制度，以达到两个目标：第一，市场沟通中做出的承诺更加准确和符合实际；第二，外部营销活动中做出的承诺能够做到言出必行。此外，企业还要不断完善营销沟通的计划，避免在营销沟通过程中承诺过多。

⑤ 感知服务质量的差距。这个差距指感知或经历的服务与期望的服务不一样，会导致以下后果。

- 消极的质量评价（劣质）和质量问题。
- 口碑不佳。
- 对公司形象的消极影响。
- 丧失业务。

第 5 个差距也可能产生积极的结果，它可能导致相符的质量或过高的质量。

通过差距分析模型，可以发现服务提供者与顾客对服务观念存在的差异，进而指导管理者发现引发质量问题的根源，并寻找适当的消除差距的措施。汽车销售企业明确了这些差距后，可以制定战略、战术保证期望质量和现实质量的一致。

（3）影响服务质量的因素分析

服务质量来源于设计、生产、交易及与顾客的关系，这些方面的管理方法也影响着顾客感知的质量。

产品或服务的设计影响着技术质量，这是职能质量的一个来源。如果企业在设计产品和服务时征求顾客的意见和建议，顾客就会觉得企业对他们很重视，从而对企业形成良好的印象。

生产决定着技术质量，是影响服务质量的重要因素。顾客可能会偶然地接触生产过程，例如生产设备和生产过程可能向顾客演示。先进的生产设备和过程可以给顾客留下良好的印象。顾客与生产、生产资源、生产设备、生产过程的相互作用的认识方式对职能质量产生一定的影响。

交易或多或少是全部生产过程的一部分，顾客通过产品的交易可以感受到产品的技术质量。此外，交易的方式对服务质量也有一定的影响。

买卖双方的关系在制造行业和服务行业都是质量形成的原因，这种关系对质量的影响主要与职能过程方面有关。工作人员在与顾客关系中越是具有顾客意识和服务导向，买卖关系对质量的影响就越有利。

汽车销售企业管理者必须研究和理解企业各种职能对质量的影响。在设计、生产、交易中以及计划和管理组织中参与买卖交易的工作人员对技术和职能两方面都不能顾此失彼。

（4）服务承诺制

服务承诺也称为服务保证，是一种以顾客为尊、以顾客满意为导向，在汽车服务产品销售前对顾客许诺若干服务项目，以引起顾客的好感和兴趣，招徕顾客积极购买汽车服务产品，并在服务活动中忠实履行承诺的制度和销售行为。服务承诺一般包括：服务质量的保证、服务时限的保证、服务附加值的保证、服务满意度的保证等。

实行服务承诺制一般采取以下措施。

① 制定高标准可以是无条件的满意度保证，也可以针对单项服务，这样可使顾客所期待的与实际得到的服务保持一致。

② 不惜付出相当的赔偿代价，这样可以激励企业汲取失败的教训。

③ 提供简洁的保证。汽车销售企业的服务保证必须言简意赅，让顾客一看便知。

④ 简化顾客申诉的程序。申诉过程简单易行，才能提高处理问题的效率，不至于因此流失顾客，企业还可以在顾客申诉中改善服务。

⑤ 注重重大情况公关。如果出现重大情况，应及时通知企业的高层领导人出面处理，将大事化小，并消除隐患，避免造成严重后果。

7.2.2 汽车服务产品的供求管理

对汽车服务企业来说，正确地调节供求是搞好企业经营、取得最佳经营效益的关键。调节供求，使供求趋于平衡可从两方面入手。

1. 汽车服务需求管理

对服务需求的管理是指在保持供给稳定的前提下，采取有效的措施调节（刺激或抑制）需求，达到供求基本平衡。汽车服务企业的供求状况主要有以下 4 种。

① 需求超过汽车销售企业的最大供给能力，一部分顾客的需求得不到满足，从而推动市场机会。

② 需求超过汽车销售企业的正常生产能力，而低于最大供给能力，顾客的需求基本上都可以得到满足，但企业的设备、人员紧张，服务质量难以保证。

③ 供给与需求正好平衡，设备、人员处于最佳运转状态，服务质量最有保证。

④ 需求低于企业正常供给能力，造成设施和人员闲置，服务能力浪费。

显然，供求平衡是最理想的状态。汽车销售企业可通过采取以下措施来保证汽车服务产品的供求平衡。

① 运用差别定价，即在需求大于供给时将服务价格定得高一些；反之，则定得低一些，这样可以使企业的设施和人员得到均衡的利用。

② 拓展低谷期的业务，即在服务需求的低谷期加设一些特别的或新服务项目。

③ 提供辅助性服务，即在需求高峰期时提供一些临时的辅助性服务，让等待中的顾客享用，以此缓解供不应求的状况。

④ 开展预售服务。通过预售，汽车销售企业可以及时了解需求的状况，并对高峰期和低谷期的需求进行综合平衡。

2. 汽车服务供给管理

对汽车服务供给的管理，就是根据服务需求的变化情况，及时调整汽车销售企业的服务供给量，达到服务供求的基本平衡，提高服务质量和服务效率，提高汽车销售企业的经营效益。调节企业服务供给的主要措施有如下几种。

① 调整汽车服务供给时间和地点，改变分销渠道。

② 在需求高峰期，在保证服务质量的前提下，只提供主要服务项目，省去次要的服务内容，以提高服务的供给程度。

③ 雇佣临时员工。汽车服务企业可以在平时维持一定数目的基本员工，在高峰期供给紧张

时雇佣一部分临时性的兼职员工，以增加高峰期的服务供给量，减轻基本员工的工作压力。

④ 加强对企业员工的交叉训练，使企业每个部门的员工都成为一专多能的多面手，这样企业各个部门之间可以相互协助，既减少了营业费用，又使得汽车服务的供给过程更加顺畅。

7.2.3 汽车服务管理

汽车服务业是伴随汽车制造业成长壮大起来的高附加值产业部门，是我国新兴的热点产业部门之一，对整个汽车制造业以至国民经济的健康发展都起到决定性的支持作用。目前，中国汽车服务市场正迎来新的发展机遇，尤其是在中高档汽车的装饰、美容领域显得日益突出。数据显示，中国汽车保有量已突破 3 500 万辆，其中私家车突破 1 800 万辆，最近 4 年内的新车占其中的 60%，成为主要消费群体的私家车主对汽车品牌、性能和个性化的需求与公车有着本质的区别，这对中国的汽车服务市场乃至整个汽车产业都将产生深远的影响。

然而，目前汽车服务行业内部仍存在企业规模较小、品牌优势不突出等特点，竞争的马太效应将加速中国汽车服务业走向集聚和整合。从市场结构来看，汽车售前、售中和售后服务市场均得到不同程度的发展。其中汽车维修、汽车美容业等在发展中进一步整合，汽车租赁、汽车金融业等成为汽车服务业新的发展热点，车主对汽车服务产品的个性化需求酝酿着巨大的商机。

高度细分的、规模化、专业化的汽车连锁服务是未来汽车服务行业的发展方向。汽车经销商未来的角色不仅仅是卖车、修车，也不仅仅是目前 4S 店能够提供的服务内容和服务水平。联合租赁、金融服务、快修养护、二手车置换等高度细分的专业化服务还需要大力完善，不断细分服务领域，扩大服务半径，提升服务利润，关键是企业如何进行内外部资源的有效整合，这种整合不仅依靠资金实力，更依靠强大的品牌输出和管理控制能力。

2008 年，我国进入汽车售后市场一个快速增长期，到 2010 年我国汽车售后服务市场将突破 3 000 亿元。汽车售后服务产业已经进入中国国民经济主流，成为一个战略性支柱行业。汽车售后服务市场是汽车产业链中最稳定的利润来源，可占据总利润的 60%至 70%左右。目前，相对于整车销售的利润缩水，中国的汽车售后服务市场利润率高达 40%。目前整个市场还处于初级阶段，发展潜力惊人。数字显示，目前在国外成熟的汽车市场销售额中，配件占 39%，制造商占 21%，零售占 7%，服务占 33%。而在中国汽车市场销售额中配件占 28%，制造商占 43%，零售占 8%，服务占 12%。专业性强、分工细致的售后服务与整车销售呈现彼消此长的明显变化。

1. 汽车服务的特点

（1）全过程服务

汽车全过程服务是指汽车按照目标顾客的需求进行产品设计，再经过销售交付给用户使用，直至车辆报废的“从生到死”的服务。

（2）全员性服务

在汽车的“生命周期”内需要所有工作的人员都为用户提供服务，这种服务是汽车专业技术性服务与非技术性服务的结合。

（3）多层次服务

在汽车服务中，对车辆的咨询、介绍、质量保证等服务是汽车企业所提供的免费服务，也是必须向用户提供的基本服务；专业养护和维修以及车辆改装等服务就属于连带服务，也是增值服务；而帮助用户办理车辆牌照、事故车的理赔等服务是企业体现服务差别和优势的增值服务，这些满足用户使用需要的服务是收费的。

（4）定点服务

汽车服务必须在汽车市场或者销售服务中心等特定地点进行。

（5）多重特性服务

汽车服务具有指导性、可靠性、及时性、善后性等作用。

2. 汽车服务有形展示的类型及管理

在服务营销中，与服务有关的有形线索对顾客的购买决策有极其重要的影响。一切可传达服务特色及优点的有形组成部分都称为“有形展示”。汽车销售企业可以通过管理这些有形展示建立服务产品和企业形象，支持有关营销策略的推行。

（1）有形展示的类型

从构成要素的角度对有形展示进行划分，可分为3种要素类型：实体环境、信息沟通和价格。

① 实体环境实体环境有三大类型：背景要素、设计要素、社会性要素。背景因素指消费者不大会立即意识到的环境因素，例如气温、通风、气味、声音、整洁等因素。如果服务环境中缺乏消费者需要的某种背景因素，或某种背景因素使消费者觉得不舒服，他们才会意识到服务环境中的问题。消费者通常假定服务场所的背景环境应该完美无缺。因此，一般说来，良好的背景环境并不能促使消费者购买；然而，较差的背景环境却会使消费者退却。

设计因素指刺激消费者视觉的环境因素。与背景因素相比，设计因素对消费者感觉的影响就比较明显。设计精美的服务环境更能促使消费者购买。设计因素又可分为艺术设计（例如建筑物式样、风格、颜色、规模、材料、格局等）因素和功能设计（布局、舒适程度等）因素两类。服务设施内外设计状况都可能会对消费者的感觉产生重大影响。

社交因素指服务环境中的顾客和服务人员。服务环境中的顾客和服务人员的人数、外表和行为都会影响消费者的购买决策。服务人员代表服务企业。服务人员的仪态仪表是服务企业极为重要的实体环境。服务人员衣着整洁、训练有素、令人愉快，消费者才会相信他们能够提供优质服务。

② 信息沟通。信息沟通是另一种服务展示形式，这些沟通信息来自企业本身以及其他引人注意的地方。从赞扬性的评论到广告，从顾客口头传播到企业标记，这些不同形式的信息沟通都传送了有关服务的线索，使服务和信息更具有有形性。有效的信息沟通有助于强化企业的市场营销战略。

- 服务有形化。让服务更加实实在在而不那么抽象的方法之一，就是在信息交流过程中强调和服务相联系的有形物，这样就可把与服务相联系的有形物推到信息沟通策略的前沿。麦当劳公司针对儿童的“快乐餐”计划十分成功，正是运用了创造有形物这一技巧。麦当劳把汉堡包和法国炸制品放进一种被特别设计的盒子里，里面有游戏、迷宫等图案，也有麦当劳的图像，这样麦当劳就把目标顾客的娱乐和饮食联系到了一起。这个例子证明使用有形因素能使服务更容易被感受，因而更真实。
- 信息有形化。信息有形化的一种方法就是鼓励对企业有利的口头传播。如果顾客经常选错服务提供者，那么他特别容易接受其他顾客提供的可靠的口头信息，并据此做出购买决定。信息有形化的另一种方法是在广告中创造性地应用容易被感知的展示。

③ 价格。价格可以为消费者提供产品质量和服务质量的信息，增强或降低消费者对产品或服务质量的信任感，提高或降低消费者对产品和服务质量的期望。消费者往往会根据服务的价

格，判断服务档次和服务质量。因此，对服务企业来说，制定合理的价格尤其重要。价格过低，会使消费者怀疑服务企业的专业知识和技能，降低消费者感觉中的服务价值。价格过高，会使消费者怀疑服务的价值，认为企业有意敲诈顾客。

（2）有形展示的效应

服务有形展示的首要作用是支持公司的市场营销战略。在建立市场营销战略时，应特别考虑对有形因素的操作，以及希望顾客和员工产生什么样的感觉，做出什么样的反应。有形展示作为服务企业实现其产品有形化、具体化的一种手段，在服务营销过程中占有重要地位。但是，有形展示能被升华为服务市场营销组合的要素之一，它所起到的作用及其战略功能当然不局限于评估品质，具体来说主要包括以下几个方面。

① 通过感官刺激，让顾客感受到服务给自己带来的利益。消费者购买行为理论强调，产品的外观是否能满足顾客的感官需要将直接影响到顾客是否真正采取行动购买该产品。同样，顾客在购买无形的服务时，也希望能从感官刺激中寻求到某种东西。服务展示的一个潜在作用是给市场营销策略带来乐趣优势，努力在顾客的消费经历中注入新颖的、令人激动的、娱乐性的因素，从而改善顾客的厌倦情绪。因此，企业采用有形展示的实质是通过有形物体对顾客感官方面的刺激，让顾客感受到无形的服务能给自己带来的利益，进而影响其对无形产品的需求。

对于以感觉为基础的服务营销战略来说，建筑可以有力地支持它，这是一个值得挖掘的资源。但是，建筑物只是“包装”的最外一圈，是最初的线索。“内层包装”主要包括企业环境，顾客反馈系统，员工的服务质量和工作态度等，它们要么与最初信息（即建筑物所传达的）相吻合，要么让人觉得最初的信息仅是假象。

② 引导顾客对服务产品产生合理的期望。顾客对服务是否满意，取决于服务产品所带来的利益是否符合顾客对其的期望。但是，服务的不可感知性使顾客在使用有关服务之前，很难对该服务做出正确的理解或描述，他们对该服务的功能及利益的期望也是很模糊的，甚至是过高的。不合乎实际的期望又往往使他们错误地评价服务，做出不利的评语，而运用有形展示则可让顾客在使用服务前能够具体地把握服务的特征和功能，较容易地对服务产品产生合理的期望，以避免因顾客期望过高而难以满足所造成的负面影响。

③ 影响顾客对服务产品的第一印象。对于新顾客而言，在购买和享用某项服务之前，他们往往会根据第一印象对服务产品做出判断。既然服务是抽象的、不可感知的，有形展示作为部分服务内涵的载体无疑是顾客获得第一印象的基础，有形展示的好坏直接影响到顾客对企业服务的第一印象。

④ 促使顾客对服务质量产生“优质”的感觉。服务质量的高低并非由单一因素所决定。根据对多重服务的研究，大部分顾客根据10种服务特质判断服务质量的高低，“可感知”是其中的一个重要特质，而有形展示则正是可感知的服务组成部分。与服务过程有关的每一个有形展示，例如，服务设施、服务设备、服务人员的仪态仪表，都会影响顾客感觉中的服务质量。有形展示及对有形因素的管理也会影响顾客对服务质量的感觉。优良的有形展示及管理就能使顾客对服务质量产生“优质”的感觉。因此，服务企业应强调使用适用于目标市场和整体营销策略的服务展示。通过有形因素提高质量意味着对微小的细节加以注意，可见性细节能向顾客传递公司的服务能力以及对顾客的关心。要为顾客创造良好的环境，提高顾客感觉中的服务质量。

⑤ 帮助顾客识别和改变对服务企业及其产品的形象。有形展示是服务产品的组成部分，也是最能有形地、具体地传达企业形象的工具。企业形象或服务产品形象的优劣直接影响着消费者对服务产品及公司的选择，影响着企业的市场形象。形象的改变不仅是在原来形象的基础上

加入一些新东西，而且要打破现有的观念，所以它具有挑战性。要让顾客识别和改变服务企业的市场形象，更需提供各种有形展示，使消费者相信本企业的各种变化。

⑥ 协助培训服务员工。从内部营销的理论来分析，服务员工也是企业的顾客。由于服务产品是"无形无质"的，从而顾客难以了解服务产品的特征与优点，那么，服务员为企业的内部顾客工作也会遇到同样的难题。如果服务员工不能完全了解企业所提供的服务，企业的营销管理人员就不能保证他们所提供的服务符合企业所规定的标准。所以，营销管理人员利用有形展示突出服务产品的特征及优点时，也可利用相同的方法作为培训服务员工的手段，使员工掌握服务知识和技能，指导员工的服务行为，为顾客提供优质的服务。

（3）有形展示的管理

① 服务有形化。服务有形化就是使服务的内涵尽可能地附着在某些实物上。例如，某些汽车企业对其售后服务实行会员制，顾客成为会员后凭借会员证（卡）可享受一定的优惠，这样顾客在看到会员证（卡）时就会想到相关的服务项目。

② 服务环境设计顾客在接触服务之前，最先感受到来自服务环境的影响。因此，服务环境的设计是汽车销售企业营销努力的重点。

所谓服务环境是指汽车销售企业向顾客提供服务的场所，它不仅包括影响服务过程的各种设施，还包括许多无形的要素。概括地说，凡是会影响表现水准和沟通的任何设施都包括在内。汽车销售企业应该深入了解顾客的需求，根据目标顾客的实际需要进行设计，这样才能达到满意的营销效果。此外，服务环境还包括服务员工的仪表、行为、态度和谈吐等社会性因素，它们对企业服务质量乃至整个营销过程的影响不容忽视。因此，汽车销售企业还应从改变员工形象来着手改善企业形象，提高顾客对服务的依赖度。

7.3 客户满意战略

7.3.1 客户满意战略

1. 顾客满意战略的定义

顾客满意战略就是通过对影响顾客满意度的因素进行分析，发现影响顾客满意度的因素、顾客满意度及顾客消费行为三者的关系，从而通过最优化成本有效地提升顾客满意度的关键因素，以改变消费者行为，建立和提升顾客忠诚度，减少顾客抱怨和顾客流失，增加重复性购买行为，创造良好的口碑，提升企业的竞争能力与盈利能力。这是一种经营管理战略。

2. 顾客满意战略的意义

根据美国《财富》杂志对"全球500强企业"的跟踪调查，企业的顾客满意度指数同"经济增值"和"市场增值"呈明显的正比关系。企业的顾客满意度指数若每年提升一个点，则5

年后该企业的平均资产收益率将提高 11.33%。对汽车销售企业而言，“满足顾客的要求和期望”将取代追求质量合格或服务达标而成为企业所追求的最高目标。顾客满意战略对汽车销售企业的意义表现在以下几个方面。

① 调整企业经营战略，提高经营绩效。通过实行顾客满意战略，可以使企业尽快适应从“卖方”市场向“买方”市场的转变，意识到顾客处于主导地位，确立“以顾客为关注焦点”的经营战略。在提高顾客满意度、追求顾客忠诚的过程中显著提高经营绩效。

② 塑造新型企业文化，提升员工整体素质。通过实行顾客满意战略，对外可以使员工了解顾客对产品的需求和期望，了解竞争对手与本企业所处的地位，感受到顾客对产品或服务的不满和抱怨，这更能将员工带入企业文化氛围，增强责任感；对内可以使员工的需求和期望被企业管理层了解，可以建立更科学完善的激励机制和管理机制，以最大限度发挥员工的积极性和创造性。

③ 促进产品创新，利于产品/服务的持续改进。通过实行顾客满意战略，可以使企业明确产品或服务存在的急需解决的问题并识别顾客隐含的、潜在的需求，进行产品或服务创新和持续改进。

④ 增强企业竞争力经营战略、企业文化和员工队伍的发送创新机制的推进，可以显著增强汽车销售企业的适应能力和应变能力，提高市场经济体制下的竞争能力。

7.3.2 客户满意度分析

顾客满意度的衡量与实施过程分为 3 个主要步骤：了解顾客满意度的影响因素、获取顾客信息反馈以及制定维系顾客满意度计划。

1. 了解顾客满意度的影响因素

顾客满意度的影响因素很多，总体来说，主要包括服务质量、产品质量、产品价格以及条件因素和个人因素。其中，服务质量是由交互过程质量、服务环境质量和服务结果质量决定的；而基本的服务质量又可以用可靠性、响应度、可信度、热情度和有形性来衡量。

2. 获得顾客信息反馈

收集顾客满意信息的方式多种多样，包括口头的和书面的方式，乃至网络信息方式。企业应根据信息收集的目的、信息的性质和资金等来确定收集信息的最佳方法。

收集顾客满意信息的渠道有 7 个方面。

① 定期采用调查表及问卷收集信息，可以用多种方式公布调查表，如发布在企业网站、电子刊物、新闻通讯、直邮资料，以及放置在产品包装箱内等，也可以张贴在网上信息公告板、电子邮件讨论列表或新闻组中。

② 为顾客创建在线社区，包括聊天室、公告板、讨论组等，定期了解顾客对企业业务的谈论和看法。

③ 为企业的网站访问者提供免费的在线产品。这些产品可以是电子书籍、搜索引擎登记、E-mail 咨询、网站设计等，作为回报，请他们填写一个关于企业的网站、产品或服务、顾客服务等的简短调查表。

④ 创建顾客服务中心小组。邀请 10～12 个最忠诚的顾客定期会面，请他们提供改进顾客

服务的意见，并给予一定的酬劳。

⑤ 定期与顾客保持联系。为顾客订阅免费的电子刊物，询问顾客在企业的网站更新时是否用E-mail通知他们，每次购买之后，继续了解顾客对购买是否满意。

⑥ 提供尽可能多的联系方式。把企业的 E-mail 地址设置成超链接，免得顾客重新输入地址，提供免费电话号码和传真号码，这样方便顾客表达他们的意见。

⑦ 邀请顾客出席公司会议、午宴，参观车间或参加讨论会。为顾客创造特别的参与机会，如晚会、野餐、舞会等，在这些活动中公司员工与顾客可以相互交流，可以得到对公司业务有价值的反馈信息。

标准要求，企业应对顾客满意信息的收集进行策划，确定责任部门，对收集方式、频次、分析、对策及跟踪验证等做出规定。收集顾客满意信息的目的是针对顾客不满意的因素寻找改进措施，进一步提高产品和服务质量。因此，对收集到的顾客满意度信息进行分析整理，找出不满意的主要因素，确定纠正措施并付之实施，以达到预期的改进目标。

在收集和分析顾客满意信息时，必须注意以下两点。

① 顾客有时是根据自己在消费商品或服务之后所产生的主观感觉来评定满意或不满意的。因此，往往会由于某种偏见/情绪障碍和关系障碍，对心中完全满意的产品或服务说很不满意。此时的判定也不能仅靠顾客主观感觉的报告，同时也应考虑是否符合客观标准的评价。

② 顾客遇到不满意的产品或服务后，也不一定都会提出投诉或意见。因此，企业应针对这一部分顾客的心理状态，利用更亲情的方法，以获得这部分顾客的意见。

3. 制定维系顾客满意度计划

汽车销售企业推行顾客满意度管理，制定维系顾客满意度计划可采用以下流程。

（1）顾客满意度导入

汽车销售企业推行顾客满意度管理，首先需要导入顾客满意理念，引导员工树立顾客满意意识，建立以顾客为中心的服务理念。

需要注意的是，导入顾客满意度需要在企业内部打破“顾客满意度管理是客户服务部的事情”的观念。顾客满意是企业全体员工的事情，是一种企业管理思想，不仅是客户服务思想。根据哈佛教授和其他咨询人员提出的“服务—盈利链”模型：首先，要让内部员工感到满意，这样才能充分保证企业为消费者提供的产品和服务是高质量的；其次，只有企业的产品和服务是高质量的，才能使消费者感到满意，才能使顾客成为企业长期的、忠诚的顾客；再次，顾客的满意和忠诚将能使企业获得满意的利润和增长；最后，企业能够获得满意的利润和增长又为吸引员工、增加员工的自豪感和获得晋升机会提供了一定的保障，从而促使员工满意和忠诚，形成一个良性的循环。从中可以看出，企业要有效推行顾客满意度管理，必须同企业的每一个员工包括董事会与各个职能部门一起来推行，共同树立为顾客（服务外部顾客与内部顾客）服务的思想。

企业通常可以通过外部机构培训、组织内部讨论、领导人推介来导入顾客满意意识，促使企业员工了解、认识什么是顾客满意，顾客满意的作用与推行顾客满意度管理的意义，从而在企业员工心目中有效地树立“以顾客为中心”的管理理念。

（2）顾客满意度研究

在企业员工认识到推行顾客满意度管理的重要性和必要性后，企业需要进一步认识、了解影响顾客满意度的主要因素，并建立顾客满意度指标的评价体系。

对于一般的企业来说，仅依靠自己进行顾客满意度研究、设立顾客满意度评价体系是比较困难的，因此，对于大多数企业来说，委托一个专业的研究机构进行顾客满意度评价体系的研究更加合适。

（3）顾客满意诊断

顾客满意度诊断分为以下两步。

① 评估现状。

对应顾客满意度评估体系，客观评估目前企业的顾客满意度水平。同时对应同行业企业的情况，尤其是主要的竞争对手，了解顾客满意度水平在行业中的地位，从而了解企业需要迫切提高和解决的问题，为顾客满意度管理的目标打下坚实的基础。

为了全面客观地了解和评估目前的顾客满意度水平，除了采用上述的顾客满意度指标体系进行衡量之外，还有必要设立一些辅助评价指标作为参考的依据，如顾客的推荐度、品牌的转换率等。

② 制定目标。

在建立顾客满意度评价指标和客观评估企业的顾客满意度水平后，参照竞争对手的实际水平、顾客的需求，在产业发展的基础上制定顾客满意度的目标。

（4）企业内部流程诊断

在制定了顾客满意度目标之后，首先企业需要检测自己的企业流程，是否是以方便顾客、更好地服务顾客为目的的。在以“更好地服务顾客，一切为顾客服务”指导原则下展开内部检测，找出不符合顾客满意管理的流程。

进行内部检测经常采用的方法有神秘顾客法（主要是与外部顾客相关的流程）、轮岗/换岗、内部讨论等。

（5）制定计划与执行

在确定了顾客满意度的目标和进行了企业内部流程的诊断后，制定企业的改进方案，并组织企业员工实行。在组织实施计划的过程中，一般需要按 PDCA 程序执行：P（plan）——计划；D（do）——执行；C（check）——检查；A（action）——行动，对总结检查的结果进行处理，成功的经验加以肯定并适当推广、标准化；失败的教训加以总结，未解决的问题放到下一个 PDCA 循环里。以上 4 个过程不是运行一次就结束，而是周而复始地进行，一个循环完了，解决一些问题，未解决的问题进入下一个循环，这样阶梯式上升的。

在一个执行周期之后，对企业的顾客满意度水平进行重检测量和评估，进入下一个顾客满意诊断、企业内部流程诊断、改进计划与执行的循环。

因为顾客满意会随着时间的变化、竞争对手的变化、产业的变化、人们生活水平的变化而发生变化，顾客关注的因素、影响顾客满意度的因素也会随之而变。因此在二三个循环周期之后，企业需要重新对顾客满意度指标体系进行研究，是否需要调整，如何调整，进入下一个大循环周期：顾客满意度研究、顾客满意度诊断、企业内部流程诊断、改进计划与执行。

7.3.3 客户满意度分析实务

顾客满意级度

顾客满意级度指顾客在消费相应的产品或服务之后所产生的满足状态等次。前面所述，顾客满意度是一种心理状态，是一种自我体验。对这种心理状态也要进行界定，否则就无法对顾客满意度进行评价。心理学家认为情感体验可以按梯级理论划分成若干层次，相应地可以把顾客满意程度分成 7 个级度或 5 个级度。

7 个级度为：很不满意、不满意、不太满意、一般、较满意、满意和很满意。5 个级度为：很不满意、不满意、一般、满意和很满意。

管理专家根据心理学的梯级理论对 7 个级度给出了如下参考指标。

① 很不满意。指征：愤慨、恼怒、投诉、反宣传。分述：很不满意状态是指顾客在消费了某种商品或服务之后感到愤慨、恼羞成怒、难以容忍，不仅企图找机会投诉，而且还会利用一切机会进行反宣传以发泄心中的不快。

② 不满意。指征：气愤、烦恼。分述：不满意状态是指顾客在购买或消费某种商品或服务后所产生的气愤、烦恼状态。在这种状态下，顾客尚可勉强忍受，希望通过一定方式进行弥补，在适当的时候，也会进行反宣传，提醒自己的亲朋不要去购买同样的商品或服务。

③ 不太满意。指征：抱怨、遗憾。分述：不太满意状态是指顾客在购买或消费某种商品或服务后所产生的抱怨、遗憾状态。

④ 一般。指征：无明显正、负情绪。分述：一般状态是指顾客在消费某种商品或服务的过程中所形成的没有明显情绪的状态。

⑤ 较满意。指征：好感、肯定、赞许。分述：较满意状态是指顾客在消费某种商品或服务时所形成的好感、肯定和赞许状态。

⑥ 满意。指征：称心、赞扬、愉快。分述：满意状态是指顾客在消费了某种商品或服务时产生的称心、赞扬和愉快状态。在这种状态下，顾客不仅对自己的选择予以肯定，还会乐于向亲朋推荐，自己的期望与现实基本相符，找不出大的遗憾所在。

⑦ 很满意。指征：激动、满足、感谢。分述：很满意状态是指顾客在消费某种商品或服务之后形成的激动、满足、感谢状态。在这种状态下，顾客的期望不仅完全达到，没有任何遗憾，而且可能还大大超出了自己的期望。这时顾客不仅为自己的选择而自豪，还会利用一切机会向亲朋宣传、介绍推荐，希望他人都来消费。

5 个级度的参考指标类似。顾客满意级度的界定是相对的，因为满意度虽有层次之分，但毕竟界限模糊，从一个层次到另一个层次并没有明显的界限。之所以进行顾客满意级度的划分，目的是供企业进行顾客满意程度的评价之用。

7.4 案例分析

【案例一】

上海通用汽车 CRM 案例

CRM（客户关系管理）究竟是什么呢？事实上，给予 CRM 以简明扼要的定义是相当困难的一件事。由于审视的角度不同，不同的企业在实施 CRM 时，就会赋予它不同的内涵，这也正反映出了不同企业在实施 CRM 时的不同侧重点。

1. 上海通用汽车实施 CRM 系统历程

上海通用汽车通过 CRM 系统加强与顾客的信息互动，为企业的整体管理提供了外部环境信息的支撑，也使得企业的销售量攀升。全国主要经销商反馈的信息显示，上海通用汽车顾客忠诚度指数达到 60%以上。

现在，要想购买别克车的朋友，只要登录到上海通用汽车公司的中文网站，就可以订购一辆自己中意的别克轿车，包括车的配置、颜色以及供货的地点等，一应俱全，而让用户能做到这一点的正是上海通用汽车公司的 CRM 系统。

耐人回味的感受：上海通用汽车实施 CRM 的感受也是颇多的，像众多企业一样经历了一个令人回味的过程。

在刚刚应用 CRM 系统时，零售商们往往处于一种被动使用状态。他们的看法是，汽车生产厂家让他们收集客户信息资料，这虽说对厂商是有益的，但是对于自己而言，好处还看不到。所以，很难一下子调动起零售商们应用 CRM 的积极性。而且，由于零售商们多年来已经形成了一套销售汽车的习惯，马上要求他们采用 CRM 系统来管理顾客信息、管理销售信息，感到非常不习惯。同时，由于遍布在国内的近百家零售商信息化管理程度不同，销售人员的基本素质也存在着相当大的差距，而要在很短的时间内统一到一个应用水平上，有点“难于上青天”的感觉，即使进行了各种应用 CRM 的培训，起初的效果也不是十分理想。

在实施 CRM 结束后，上海通用汽车也发现，现实与最初的设想有着很大的差距。原来设想零售商每两名工作人员使用一台联网的终端，这样每天都可以通过网络将各种信息传递给上海通用汽车总部，部门主管们只要打开系统就会一目了然——今天有多少新的顾客，又有多少顾客到了要买车的程度，顾客在“销售漏斗”中处于什么样的位置。

但是，现实的情况是，由于系统对顾客信息有要求，零售商不做又不行。所以为了“对付”系统，一些零售商们会专门招一名计算机操作人员，每天往计算机里面录入各种信息。而这项工作本来应该是由销售人员自己主动来做的事情，要求销售人员在录入的同时，也要对信息进行筛选分析。这样，本来使用 CRM 系统是为了提高销售人员的效率，现在反而成了销售人员以及零售商们的一种“负担”。更重要的一点就是，在实施了 CRM 之后，会不会操作计算机应该作为选择销售人员的首要条件。

CRM 是一种营销方法：上海通用汽车在企业的管理中，以 CRM 理念为出发点，制定相应的 CRM 业务流程，并在企业内部专门设立 CRM 小组负责具体的实施工作。经过实践，对于 CRM，可以用一句话来概括：CRM 是一种营销方法，通过业务流程的制定，可以保证企业和潜在顾客/顾客间保持长期的“信息互动”，以求理解并满足顾客的需求，激发顾客的购买欲望，最终实现再次购买。其中，及时与顾客的信息沟通显得至关重要。

在实施 CRM 时，他们是以顾客生命周期为着眼点的，主要抓住潜在顾客开发流程（lead generation）、潜在顾客管理流程（lead Management）和顾客忠诚度计划（owner retention），强调解决顾客信息的交流和管理问题，也就是如何打破顾客信息孤岛。

以“顾客”为突破口：在使用 CRM 系统之前，上海通用汽车对原有系统做了客观的分析。原来已经有一套呼叫中心系统，但是在运行了 1 年多以后，却成了实施新战略、推进新业务的瓶颈。例如，顾客在打“800”免费电话时，得到的结果回答是要想咨询汽车情况，需要再打一个号码；如果买车，又需要打零售商的号码；如果是修车，还必须再打维修服务站的号码。顾客需要面对很多个“接口”，感到十分不方便。同时，企业对顾客信息的管理有时也会出现“多头”的现象。顾客信息既有存放在上海通用汽车本部的，也有存放在各地方零售商那里的，甚至还有存放在维修服务站的。实际原因是各地终端互不相连所至，形成了几个相互隔离的顾客信息孤岛，致使顾客资源严重浪费。

为此，上海通用汽车在实施 CRM 项目时，把重点落在了对顾客信息的集中管理上。在没有实施 CRM 以前，上海通用汽车通过不同手段和方式积累了很多的客户数据。对于这些数据，若从 CRM 角度来分析，发现所积累的有些数据是残缺的，而有些数据甚至是完全没有用处的。例如，在原来的系统中，只有顾客购买汽车时的数据，包括顾客姓名、地址、电话、邮政编码、所购汽车型号、车辆发动机号码以及机架号码。但是，顾客购买完车以后的车辆状况如何，汽车有没有进行过修理，是怎么修的，在哪个维修站修理的，都修了什么，更换了什么零部件，甚至具体到是哪位工人修的等一切数据就没有。一句话，有关已经卖出车辆的动态过程数据基本上没有，这对于上海通用汽车本部来说，就无法对车辆有一个完整的了解，更无法向顾客提供有针对性的服务。要知道，汽车是一种高价值的商品，对于厂商而言，了解汽车动态过程中的信息要比购买信息更为重要，因为这种信息是提供服务的基础。

再有就是顾客数据记录不科学。例如，上海通用汽车进行的电话营销活动有记录（为顾客生日寄贺卡，有表示关怀的记录），而顾客对产品或者是服务进行的投诉却没有记录。除此而外，有很多数据是分布在上海通用汽车内部各部门之间的，还有很多数据根本就没有，而需要由分布在全国各地的零售商以及维修站来提供。

针对存在的诸多“顾客”问题，上海通用汽车进一步对顾客进行细分。通过使用数据仓库与数据挖掘工具对顾客信息进行细分，分析顾客对上海通用汽车产品以及服务的反应，分析顾客满意度、忠诚度和利润贡献度，以便更为有效地赢得顾客和保留顾客。只有这样，才是 CRM 真正能够发挥作用的阶段。

2. 根据 CRM 的实施情况对“流程”进行深化

对于潜在顾客开发流程，上海通用汽车有着自己的理解，科学、严谨的“潜在顾客开发”所获得的高质量潜在顾客，将会在企业以后的“潜在顾客管理”运作中有较高的“顾客达成”率，以减少资源的浪费。潜在顾客开发流程主要包括收集潜在顾客名单、顾客名单筛选与分类两方面。

上海通用汽车采取从现有顾客着手，通过租赁、购买等多种有效途径获得名单，同时还通过广告反馈、促销与合作活动、直邮等多种手段来扩大潜在顾客名单来源。接下来，就是对顾客名单的筛选与进一步的分类，以便在“潜在顾客管理”流程中有的放矢地进行跟踪管理。他们制定了一套分类筛选的方法，并用顾客甄别问卷结合计算机系统，来实现自动分类。这份问卷不仅适用于以上所述的各种顾客名单，事实上，对于任何表示出对产品有兴趣的潜在顾客都适用。

在实施 CRM 中，上海通用汽车认识到，增加销售漏斗中的潜在顾客流量，只是万里长征的第一步，而将潜在顾客成功地转化为顾客，实现潜在顾客管理是非常重要的一环。它是将潜在顾客转变为最终买主的有效手段，更是为企业的经销商提供更多、更有价值的潜在顾客名单，以实现高销售。

数字体现成效：上海通用汽车通过 CRM 系统加强与顾客的信息互动，为企业的整体管理提供了外部环境信息的支撑，也使得企业的销售攀升。全国主要经销商反馈的信息显示，上海通用汽车顾客忠诚度指数达到60%以上，这意味着60%以上的顾客会介绍朋友购买通用汽车，或当单位添置与通用汽车同等价位的轿车时，大部分原有的通用汽车使用单位仍然会选择通用。

上海通用汽车从1999年4月起开始别克轿车的制造和销售，至2002年年底，销售量已从1999年的19 790辆上升至110 763辆，冲入了国内轿车市场前三甲的行列。

【案例二】

奔驰汽车的客户服务模式

奔驰汽车是高品质的代名词。德国人一丝不苟的严谨态度、严格规范的品质管理、高精尖的技术水平都通过奔驰汽车得到了很好的体现。

奔驰汽车的广告说："如果有人发现奔驰汽车发生故障被修理车拖走，我们将赠送你1万元奖金。"这是奔驰公司自信的流露，也是他们独特的客户服务观的体现。

奔驰公司对客户服务有着独到的理解，他们认为服务不仅体现在实际营销的过程中，在售前和售后的服务也是极为重要的。奔驰把售前服务的理念延伸到市场调查这一环节。公司总部与分布在世界各地的分公司之间保持着经常性的联系，对市场的变化能做出及时的营销策略的调整。奔驰认为，根据顾客的需要，及时地推出他们喜欢的高品质产品，仅仅是优质服务的起点。这并非是一句空话。为满足一些客户的个性化需求，奔驰推出了"定制汽车"的概念。在订购时，顾客还可以提出自己的要求，如车辆颜色、空调设备、音响设备，乃至保险式车门钥匙等。在公司的生产车间里，未成型的汽车上都挂有一块牌子，上面注明了客户姓名、车型、颜色、款式以及这位客户的特殊要求。当一些商家将这些具有自己的个性要求的顾客拒之门外时，奔驰却对他们敞开大门并对他们给予足够的尊重。当这些客户前来取货时，奔驰公司会给他们赠送一台儿童玩的汽车模型。奔驰在向客人提供人性化服务的同时，也把市场开发的种子播撒在这些客户的下一代身上。

在奔驰的服务哲学中，还有一条原则给人以启迪。他们认为，售前的许诺远不如售后的优质服务。所以提高服务质量是他们一直奉行的原则，就是意味着减少企业与顾客双方买卖的不便，创造一个优异的印象，也就是说销售人员对顾客态度客气，服务愉快迅速；交易场所清洁有序，光亮美观；推销员接待顾客时，穿着整齐，落落大方。同时在销售活动中，必须尊重顾客的社会风俗习惯，并努力营造一种满足顾客的印象。

奔驰汽车公司还有一个完整而方便的服务网。这个服务网包括两个系统，一是推销服务网，分布在德国各大中城市。在推销处，人们可以看到各种车辆的图样，了解到汽车的性能特点；服务网中的第二个系统是维修站，奔驰公司非常重视这方面的服务工作。

奔驰公司特别强调"无故障性"，他们认为出现故障就是公司的责任。当奔驰车出现故障时，它的售后服务人员将提供周到细致的服务。即使是因车主不慎而引发的故障，奔驰公司的人员也要热情地为其服务。

奔驰公司充满人情味的服务，最终使他们赢得了越来越多的忠实消费者，有的客户甚至代代都只用奔驰车。

复习思考题

1. 简述汽车服务的概念。
2. 简述汽车服务的相关内容。
3. 简述汽车服务质量的概念。
4. 汽车服务质量的构成要素有哪些？
5. 简述顾客满意战略的定义及意义。
6. 影响顾客满意度的因素有哪些？
7. 简述收集顾客满意度信息的途径。
8. 顾客满意度的等级分为哪几类？

第8章 二手车贸易

【学习目标】

1. 了解我国二手车市场的基本现状和二手车市场的发展趋势
2. 了解二手车鉴定估价的特点
3. 掌握二手车评估方法
4. 掌握二手车交易流程与过户手续

8.1 我国二手车市场

8.1.1 我国二手车市场现状

二手车作为汽车流通的重要组成部分，有别于旧机动车传统的交易方式和运作模式，具有广阔的市场前景和发展潜力。积极鼓励开展二手车置换、发展二手车市场，对促进旧机动车交易市场的发展、培育新的消费增长点具有重要的作用，在当前社会主义市场经济体制和汽车流通的新形势下，将促使整个旧车行业的观念创新、体制创新、经营创新、管理创新和服务创新。

随着社会经济的迅速发展和人民生活水平的不断提高，汽车作为重要的陆路交通工具，在社会生活中扮演越来越重要的角色。在我国，改革开放以后尤其是近13年来，全社会经济持续、稳定、高速增长，人民生活水平不断提高，汽车作为生活消费品进入家庭的时代已经来临。国内汽车市场出现了前所未有的销售热潮，以私人购车为主的汽车市场出现“井喷”式火爆行情。与此同时，随着汽车的日益增多和私家车的逐步普及，二手车与二手车市场也应运而生，逐步进入汽车流通市场。

现代汽车流通体系包括：新车销售、旧机动车交易。随着我国经济的发展和人民生活水平的日益提高，汽车保有量将加速提高，这就为旧机动车交易提供了潜在的发展空间。与此同时，随着汽车消费结构的变化，私人购车量已占到汽车销售量的50%以上，国有企事业单位的用车制度逐步走向市场化。由于二手车满足了城乡居民多档次、多品种、低价位的需求，具有较大的选择空间，市场需求巨大。

8.1.2 我国二手车市场的发展趋势

二手车具有广阔的市场发展前景。首先是二手车流通具有巨大的市场需求。二手车市场的容量取决于汽车的产销量和汽车保有量，其中主要是轿车的市场容量。

从我国经济社会发展的趋势分析，"十六大"报告明确提出，21 世纪头 20 年我国将全面建设更高水平的小康社会。在这 20 年里，会有多少人购买汽车，有多少人拥有汽车，有多少汽车和二手车交易？据预测，如果以 300 万辆年产量为基数，按照 10%的增长速度，比较保守地估计，到 2010 年应为 600 万辆的水平。再按 5%的速度增长，到 2020 年，应为 1 000 万辆的水平。按照人车比例，保守地估计，到 2030 年，我国的汽车保有量至少能达到 1.5 亿辆，如果再以这个数字除以车辆的使用年限（如按 10 年），可得出汽车的年销售量为 1 500 万辆，扣除其他因素，达到 1 000 万辆是没有问题的。以此为基础，按目前旧车销售比例 35%，在未来 20～30 年，全国将有 350 万辆二手车的市场容量。我国目前旧机动车交易量按每年 60 万辆计算，仅占汽车销售量的 30%，西部地区则更低，不到 20%，在汽车市场中所占的比例还很小，与发达国家旧车销售占总量 70%和国内发达地区占 50% 的比例相差很大，因此旧机动车交易市场的潜力还有待充分挖掘。从二手车发展的外部环境条件分析，二手车的市场发展前景除巨大的市场需求外，其产业发展的外部环境也逐步得到改善。

一是国家政策扶持二手车市场发展。近年来，随着国家对汽车工业实施扶持鼓励的政策出台，汽车流通体制改革的不断深化，汽车需求呈现多元化格局，与新车交易相伴，旧机动车交易日趋活跃，交易量以每年 20%～30%的速度递增。

二手车市场的发展离不开国家的政策启动，政策是使二手车市场重新热闹起来的首要因素。前几年，汽车市场受国内外经济因素的影响，销售市场一度处于低迷状态。近年来，国家为促进流通和交易市场的发展，确定发展旧机动车流通行业的总体目标、指导思想，各部门和各地区都制定了相关的启动和促进二手车市场发展的各种优惠政策。此外，多项鼓励旧车交易措施开始出台，鼓励客户购买旧车促进汽车销售。2001 年年底，国家计委、公安部、经贸委、环保总局联合颁布了延长汽车使用年限的规定，放宽了机动车注册登记的有关限制，并逐步下放了多项审批权限，对多项审批权限进行一次全面清理，简化办事程序。与此同时，银行也开始积极参与二手车市场的交易活动，试行按揭服务，使二手车过户手续及办证业务日趋简化。

相关政策的出台与实施，表明国家对搞好汽车工业、促进汽车销售的态度与力度。预计二手车市场将在国家利好政策的带动下，不断从经营方式、服务质量方面加大竞争力度，健全二手车交易新体系，扩大新的交易规模。

二是各地对发展二手车市场给予大力支持。在国家对汽车交易流通支持鼓励的政策背景下，各地为发展本省汽车流通市场相继制定了一系列优惠政策或措施。

根据国家发展旧机动车流通行业的总体目标和指导思想，一些地方还制定了旧机动车流通管理实施细则、报废汽车回收（拆解）管理实施细则等旧机动车交易流通政策和规定。出台政策刺激私人汽车消费，涉及交通、车辆的收费，取消不合法和不合理收费，降低过高收费标准；实行收费公示制度，降低购车成本和使用成本；简化过户手续，减少收费环节，活跃旧车交易和置换；鼓励有条件的单位推行各种形式的公车改革；加强中心城区道路、交通设施和停车泊位的建设，降低停车库收费等，为发展私人汽车创造条件，给汽车交易带来巨大的发展空间。

三是全社会重视、关注和支持二手车市场的发展。主要表现在：①近年来，从国务院的领导到国务院各部门都十分重视、关注二手车市场的发展；②各地区二手车交易中心（市场）更加重视“练内功”，即加强市场内部管理，一些市场按照 ISO 9000 质量管理标准对企业管理体系进行规范和提升，加快了与国际接轨的步伐；③一些汽车生产企业特别是品牌轿车企业，就新、旧车置换促进新车销售等问题专门成立了相关机构进行推动，并对二手车市场进行研究；④外国企业关注我国二手车市场的发展；⑤一些科研院所和高校也重视二手车市场的发展，对二手车市场的发展进行专题调查，做课题研究，有些院校的专业课程中还增设了二手车评估和二手车流通的内容；⑥新闻媒体更加关注二手车的发展，一些报刊设专栏定期分析我国二手车市场的发展动态。社会上刊登有关二手车市场内容的报刊越来越多。

四是二手车市场的服务功能不断加强。一些旧机动车交易市场已经开始统一使用一套旧机动车价格评估鉴定系统。可对交易价格查询、审核开单、交易库进行查询，对旧车交易进行公正评估鉴定。一些二手车经销商为方便用户，与寻呼台合作，开通了二手车寻呼业务，方便了消费者购买二手车的咨询等。

综上所述，在可以预见的将来，国内经济将高速增长，人们生活水平和汽车消费水平将进一步提高，二手车流通行业将迅猛发展。因此，在 21 世纪最初的 20 年间，我国二手车流通行业必将进入一个高速、持续发展的黄金时代，无论是交易数量和交易金额都将快速增长，以满足不断增长的汽车消费需求，适应新时期经济发展的需要。

8.2 二手车评估

8.2.1 二手车鉴定估价的特点

机动车辆是综合机、电、光技术的复杂产品，属于机器设备类固定资产。机动车辆跟其他的固定资产相比较，具有如下一些特点。

① 使用范围广，工程技术性强，机动车辆既属于无形资产的载体，也属于有形资产。车辆的技术含量的高低决定了其本身的价值，许多高档的豪华轿车的技术水平几乎可以代表民用机电产品的最高水平。

② 单位价值较大，使用时间较长，属于法人或私人的重要固定资产，在评估中必须给予重视。

③ 使用强度、使用条件、维护水平差异较大，这些差异都会反映在车辆的技术状况和使用寿命上，对车辆残值的影响极大。车辆结构和技术性能的复杂性，也使鉴定估价专业人员难于

准确地估算出这些差异对车辆剩余价值的影响程度。

④ 使用管理严，税费高。车辆实行严格的注册登记和户籍管理，需定期进行强制性技术检测。购车不能带来增值，相反从购买之日起，就须缴纳消费税费、保险费、牌照费等。只要拥有一辆车，即使用得很少，甚至不用，也得全额交付，再加上日常使用的油费、维修费、养路费、泊车费等，一连串的后期投入源源不断。除此之外，车辆还会折旧，就算车辆只停放在停车场，没有使用，也存在折旧，拥有的时间越长，折旧率就越高，转手时的价格也越低。

由于机动车辆的上述特征，决定了二手车价格评估业务的如下特点。

① 二手车价格评估以技术鉴定为基础。

机动车辆的新旧程度主要是指其技术状况的好坏和技术性能的优劣，而这些只有通过技术鉴定手段才能加以评判。机动车辆在长期的使用中，由于运动零件的相互摩擦和各种静、动载荷以及自然力的作用，使之处于不断地磨损和变形过程中。随着使用里程和使用年数的增加，车辆的有形损耗、无形损耗加剧，其损耗程度的大小因使用强度、使用条件、维修水平的不同而相差很大，这些差异只有通过专业的技术鉴定才能细分出来。因此，评估车辆的实物状态和整车性能指标以及各项贬值参数，并据此估算车辆的残值，车辆的技术检测结果和技术鉴定结论都是不可替代的最基本的评估依据。

② 二手车价格评估以单辆为评估对象。

由于二手车车型繁多，同型号的配置也不尽相同，车辆价格的变化范围大，便宜的可能只有两三万元，贵的可能高达几十万元。为了保证评估结果的客观性和准确性，对于单位价值大的车辆，一般都是对每一辆车单独进行价格评估的。为了简化价格评估工作程序，节省时间，对于以产权转让为目的、单位价值小的车辆，也可采取“提篮作价”的一揽子评估方式。

③ 二手车价格评估需考虑手续等费用。

由于国家队车辆实行户籍管理，使用税费附加值高。因此，对二手车进行价格评估时，除了估算其实体价值以外，还要考虑由户籍管理手续和各种使用税费构成的支出。

8.2.2 二手车评估方法

二手车的价格评估方法是确定二手车评估值的具体手段与途径。从评估对象的角度来看，二手车属于固定资产机器设备的一类产品，故同其他资产评估一样，也应遵循资产评估的一般理论，总体而言分为重要成本法、收益现值法、现行市价法和清算价格法这 4 种基本方法。作为国有资产的二手车，还应遵守《国有资产评估管理办法》的规定，然而，二手车作为一类资产，又有别于其他类资产，有其自身的特点。如它的单位价值大，使用时间长；使用强度、使用条件、维护水平差异很大；政策性强，使用管理严格，税费附加值高。由于二手车自身的这些特点，在对二手车进行评估时，不能完全照搬资产评估的方法，必须结合二手车的实际情况，以技术鉴定为基础，以资产评估理论为指导灵活处理，从而使二手车评估能够更加客观、准确地反映二手车的价值，并且具有一定的可操作性。

二手车评估是资产评估的种类之一，它以机动车的技术状况鉴定为基础，以资产评估理论为依据，根据不同的评估目的、价值标准和业务条件，按照规定可分为收益现值法、重置成本法、现行市价法和清算价格法 4 种。

1. 现行市价法

现行市价法又称为市场法、市场价格比较法和销售对比法，是指根据替代原则，通过比较被评估车辆和最近售出类似车辆的异同，并针对这些异同进行必要的价格调整，从而确定被评估车辆价值的一种评估方法。这种方法的基本思路是：通过市场调查，选择与评估车辆相同或类似的车辆作为参照物，分析参照物的结构、配置、性能、新旧程度、交易条件及成交价格，并与评估车辆比较、对照，按照两者的差别及现实市场行情对评估价格进行适当调整，计算出二手车辆的评估价格。因为任何一个正常的购买者在购置二手车时，他所愿意支付的价格不会高于市场上具有相同用途的替代品的现行市价。运用现行市价法要求充分利用类似二手车成交价格的信息，并以此为基础判断和估测被评估资产的价值。运用已被市场检验了的结论来评估对象，显然是容易被资产业务各当事人接受的。因此，现行市价法是资产评估中最为直接、最具说服力的评估方法之一。

（1）现行市价法应用的前提条件

运用现行市价法对二手车进行价格评估必须具备以下两个前提条件。

① 要有一个充分发育、活跃的二手车交易市场，即二手车交易公开市场。

公开市场是指在这个市场上有众多的卖者和买者，他们之间进行平等交易，有充分的参照物可取，这样可以排除交易的偶然性。市场成交的二手车价格可以准确地反映市场行情，这样，评估结果更加公平公正，易于为双方所接受。

② 市场上要有可比的二手车及其交易活动。

这里所说的可比性是指所选择的作为参照物的二手车及其交易活动在近期公开市场上已经发生过，且与被评估二手车业务相同或相似。评估中参照的二手车与被评估的二手车有可比较指标并且这些可比较的指标、技术参数的资料是可收集到的，并且价值影响因素明确，可以量化。这些已经完成交易的二手车就可以作为被评估资产的参照物，其交易数据是进行比较分析的主要依据。资产及其交易的可比性具体体现在以下几个方面。

- 参照物与评估车辆在功能上具有可比性，包括车辆的规格、型号、功能、性能、配置、新旧程度、市场条件、交易条件相同或相似。
- 参照物与被评估对象面临的市场条件具有可比性，包括市场供求关系、竞争状况和交易条件等。
- 参照物成交时间与评估基准日间隔时间不能过长，应在一个适当的时间范围内。同时，这个时间因素对二手车价值的影响是可以调整的。

（2）现行市价法的具体计算方法

运用现行市价法确定单台车辆价值通常采用直接法和类比法。

① 直接法。直接法是指在市场上能找到与被评估车辆完全相同的车辆的现行市价，并将其价格直接作为被评估车辆评估价格的一种方法。所谓完全相同是指车辆型号、使用条件和大体技术状况相同，生产和交易时间相近，寻找这样的参照物一般来讲是比较困难的。通常如果参照车辆与被评估车辆类别相同、主参数相同、结构性能相同，只是生产序号不同并且只做局部改动，交易时间相近的车辆，可作为直接评估中的参照物。

② 类比法。类比法是指评估车辆时，在公开市场上找不到与之完全相同但能找到与之相类似的车辆时，以此为参照物，通过对比分析车辆技术状况和交易条件的差异，参照物与评估基

准日越接近越好，无法找到近期参照物时，也可考虑相对远期的参照物，再做日期修正。类比法具有适用性强、应用广泛的特点。但由于类比法可能要对参照物与评估对象的若干可比因素进行对比分析和差异调整，因此该方法对资料信息的数量和质量要求较高，而且要求评估人员要有较丰富的评估经验、市场阅历和评估技巧。没有足够的数据资料，以及对二手车的技术状况、市场行情的充分了解和把握，难以准确地评定估算对象的价值。在资产评估中类比法的基本数学公式为：

资产评估价值=参照物价值+功能差异值+时间差异值+…+交易情况差异值

资产评估价值=参照物售价功能差异值修正系数

2. 重置成本法

一般可分为复原重置成本和更新重置成本。前者指运用与原来相同的材料、建筑或制造标准、设计、格式及技术等，以现时价格复原购建这项全新资产所发生的支出；后者指利用新型材料，并根据现代标准、设计及格式以现时价格生产或建造具有同等功能的全新资产所需要的成本。选择重置成本时，在同时可获得复原重置成本和更新重置成本的情况下，应选择更新重置成本。在无更新重置成本时可采用复原重置成本。一般说来，复原重置成本大于更新重置成本，但由此引致的无形损耗也大。两者相同的方面在于采用的都是资产现时价格，不同的是技术、设计、标准方面的差异。对于机动车来说，其设计、耗费、模具等都要使用较长一段时间，因此更新重置成本和复原重置成本不会有太大的变化。运用成本法评估二手车应该特别注意的是：无论是采用更新重置成本还是复原重置成本，车的功能、型号等要与被评估的二手车一致，如评估一辆“普桑”二手车，不能用“桑塔纳 2000”作为更新重置成本，也不能用其他型号的轿车作为复原重置成本或更新重置成本。

重置成本的计算在资产评估学中有加合分析法、功能系数法、物价指数法和统计分析法等。对于二手车价格评估，计算重置成本的方法一般用加合分析法和物价指数法两种。

① 加合分析法，也称为重置核算法，是指在对二手车评估时，将重置二手车分成若干组成部分，先确定各组成部分的现时价格，然后加总得出被评估二手车的重置成本。重置成本由直接成本和间接成本组成，其数学公式表达为：

重置成本=直接成本+间接成本

直接成本指购建全新资产的全部支出中可直接计入购买成本的支出，具体到二手车的重置成本指可以构成车辆成本支出的部分，即按现行市价车辆的交易价格，加上运输费、购置附加费、消费税、人工费等。间接成本指购置车辆发生的管理费、专项贷款产生的利息和注册登记手续费等。

以加合分析法取得的重置成本全价，一般可以采用国内现行市场价作为车辆评估的重置成本全价。在重置成本全价中，二手车价格评估人员应该注意区别合理收费和无依据收费。有的为了地方经济利益，越权制定了一些有关机动车收费的项目，是违背国家收费政策的，这些费用不能计入二手车重置成本全价。根据不同评估目的，二手车重置成本全价还要区别对待。属于所有权转让的经济行为或为司法、执法部门提供证据的鉴定行为，可按现行市场成交价作为被评估车辆的重置成本全价，其他费用不计属于企业产权变动的经济行为，如企业合资、合作经营和合并兼并，其重置成本构成除了考虑被评估车辆现行市场购置价格外，还应考虑将国家和地方政府对车辆加收的合理税费一并计入。

② 物价指数法，也称为价格指数法，是指根据已掌握的被评估车辆历年来的价格指数，在二手车原始成本基础上，通过现时物价指数确定其重置成本。其数学公式表达为：

被评估二手车重置成本=二手车原始成本×物价指数÷二手车购买时物价指数

或：被评估二手车重置成本=二手车车辆原始成本×（1+物价变动指数）

物价指数法在二手车价格评估中不是一种常用法。但当要评估的对象是已淘汰产品或是进口车辆，到处寻不到现行市价时，一般就用物价指数法。运用时要注意：①二手车购买时的原始数据、购买价格等信息要完全准确；②价格指数要依有统计法律效力的国家统计部门或物价管理部门以及相应政府机关发布和提供的数据为依据；③评估时的物价指数一般以评估基准日为准。

关于有形损耗。有形损耗也称为有形贬值或实体性贬值，指由于自然力作用而使二手车实体发生损耗。在二手车评估实践中，判断二手车有形损耗有以下几种方法。

① 观察法。指二手车价格评估人根据自己的专业知识和丰富的工作经验，通过对二手车实体各主要部位进行实地观察以及使用仪器测量等方式进行技术鉴定，并综合分析车辆设计、制造、使用、维护、修理、大修、保养、改装等情况，从而判断被评估二手车成新率的方法。其数学公式表达为：

被评估二手车有形损耗=重置成本×（1−成新率）

② 使用年限法。通过确定被评估二手车已使用年限与该车辆预期可使用年限的比率来确定二手车的有形损耗。其数学公式表达为：

有形损耗=重置成本×有形损耗率

被评估二手车有形损耗率=已使用年限÷法定使用年限

或被评估二手车有形损耗率=已使用年限÷（已使用年限+剩余可使用年限）

③ 修复费用法，也称为功能补偿法。通过确定被评估二手车恢复原有的技术状态和功能所需要的费用补偿，来直接确定二手车的有形损耗。这种方法是对交通事故车辆进行评估的常用法。其数学公式表达为：

二手车有形损耗=修复后的重置成本−修复补偿费用

关于功能性贬值，属无形损耗范畴，指由于技术陈旧、功能落后导致二手车相对贬值。对目前在市场上能购买到的制造厂家继续生产的全新车辆，一般采用市价即可认为该车辆的功能性贬值已包含在市价中了。从理论上讲，同样的车辆其复原重置成本与更新重置成本之差即是该车一次性功能贬值。但在实际评估中具体计算车辆的复原重置成本比较困难，一般就用更新重置成本（即市场价）考虑其一次性功能贬值。

关于经济性贬值，是无形损耗的一种。在资产评估学中，经济性贬值是指由于外部经济和社会环境变化而导致资产贬值，其主要原因是竞争加剧，社会总需求减少，导致开工不足；原材料供应不足，导致开工不足；原材料成本增加，导致企业费用上升；在通货膨胀情况下，国家实行高利率政策，导致企业负担加重； 国家产业政策变动等。但对二手车来讲，经济性贬值是由二手车外部因素引起的，外部因素不论多少，对车辆的估值影响有两种，一是造成劳动成本上升；二是导致车辆闲置。二手车的经济性贬值通常与所有者或经营者有关，一般对单个二手车而言没有意义，因外部原因导致的营运成本上升和车辆闲置对二手车本身价值影响不大。因此，对单个二手车进行评估时不考虑经济性贬值。因为二手车是否充分使用，在有形损耗的实际使用年限上给予了考虑。

3. 收益现值法

二手车价格评估一般很少用收益法，但对一些特定目的的有特许经营权的二手车价格进行评估时经常用到收益法。

（1）基本原理

收益法也称为收益现值法。从评估学的角度出发，收益法是指通过估算被评估资产的未来预期收益，并折算成现值，借此来确定资产价值的一种评估方法。

利用收益法对二手车进行价格评估，确定的二手车价值指为获得被评估二手车带来预期收益的权益所支付的货币总额。也就是说买被评估的二手车就是为了给买主赚钱，二手车能值多少钱，就要看该车的获利能力。因此，二手车评估价值与该车效用十分相关。

二手车购买者购买该车时所支付的价格不会超过该车在未来预期收益折合成的现值。二手车买主在完成这项交易前必须考虑买车的几种经济风险：①买车，失去买股票、房地产、开商店等投资机会；②买车为了未来获利，但未来变化未知，可能获利，也可能损失；③由于货币有时间价值，获得一定收益是肯定的，如存银行、买国债等。如果将钱用于买二手车，虽然有比存银行、买国债获取更大效益的可能性，但同时承担着失去获得固定收益的风险。二手车购买者存在风险正是用收益现值法进行价格评估的意义所在。价格评估人员可以根据未来现金流入量（收益）来判断是否有必要花费如此代价。

（2）运用前提条件

① 被评估的二手车必须是经营性车，具有继续经营能力，并不断获得收益。救火车、救护车和自用轿车等非经营、非盈利的二手车不能用收益法评估。

② 被评估的二手车能够继续经营收益而且必须用货币金额来表示。

③ 影响被评估未来经营风险的各种因素能够转化为数据加以计算，体现在折现率和资本化率中。

（3）各项指标的确定

根据收益法的基本原理及数学表达式中的几个要素可以看出，运用收益法不在于掌握其在各种情况下的计算过程，更重要的是科学、合理地确定方法运用中的各项指标。收益法中的主要指标有 3 个，即收益额、折现率或资本化率、收益期限。

① 收益额。收益额是收益法中的基本指标之一。收益额的正确与否是评估值是否真实准确的关键所在。在二手车价格评估中，二手车的收益额是根据投资回报原理，二手车在正常情况下所能得到的归其购买者的所得额。在评估过程中，评估人员在确定收益额时，要注意把握两点：其一，收益额指的是二手车在以后继续使用过程中带来的未来收益预期值，是通过预测分析获得的预测数据，不是该车的历史收益额或现实收益额；其二，收益额必须是被评估的二手车直接形成的。

② 折现率和资本化率。折现率和资本被视为同一指标，两者没有本质区别，只是适用场合不同。折现率是将未来有限期的预期收益折算成现值的比率，用于有限期收益还原，资本化率是将未来永续性预期收益折算成现值的比率。从本质上讲，折现率或资本化率是一种期望投资报酬率，是投资者在对投资风险基本了解的情况下对投资所期望的回报率。折现率或资本化率一般包括无风险报酬率和风险报酬率。前者指在正常条件下投资能得到的回报率，或者说是不承担风险的回报率。后者指担投资风险的投资所获得的超过无风险报酬率以上的部分的投资回

报率。无风险报酬率则随投资风险递增而加大。

从评估学的角度出发，折现率的选择事实上是在预期收益评价的基础上对现值的确定，不同折现率的选择将影响资产的现值。在选择和计算折现率时，要注意一个重要的问题是，折现率与预期收益口径要一致，这是用收益法评估被评估对象价值的基础。折现率的计量应该在预期收益确定的基础上予以确定。例如，当收益以不变价格计算时，折现率就应采用实际利率。

③ 收益期限。收益期限是二手车剩余经济寿命，即被评估的二手车从评估基准日到达不能继续经营时报废的年限。二手车的收益期限可以根据被评估实际技术状况和国家有关《汽车报废标准》等法律、法规和政策的有关规定确定。

（4）收益法的计算公式

在资产评估学中，对收益法的运用一般会遇一到两种情况：一是资产未来收益期有限；二是资产未来收益期无限。在二手车未来收益期有限的情况下，有两不同的现象：一是未来收益不等额现象；另一是未来收益等额现象。评估不同二手车分别用不同的数学公式。

① 未来收益不等额计算公式：

$$P=\sum_{i=1}^{n}\frac{R_i}{(1+r)^i}$$

② 未来收益等额计算公式：

$$P=\sum_{i=1}^{n}\frac{A}{(1+r)^i}=A\cdot\sum_{i=1}^{n}\frac{1}{(1+r)^i}=\frac{A}{r}\cdot\left[1-\frac{1}{(1+r)^n}\right]=A\cdot(P/A,r,n)$$

式中：P——评估值；At——未来第 t 个收益期的预期收益额；n——收益年限；i——折现率；r——收益期。

4. 清算价格法

清算价格法是指由于种种原因使资产快速处置变现的一种评估法。在进行二手车价格评估时常采用这种方法。运用时，主要根据二手车技术状况运用市价法、成本法或收益法估算其正常价值，再根据处置情况和变现要求确定一个折扣率，最后确定估价结果。因此，从严格意义上讲，清算价格法不能算为一种基本的评估法，只能算是市价法、成本法或收益法的具体运用。运用清算价格法进行评估的二手车一般包括：企业破产车、抵押车、无主车、走私车、被盗车、抵税车和罚没车等。

（1）适用范围

清算价格法适用于抵押、企业破产、停业清理时要出售的车辆。

① 企业破产。企业破产是指当债务人不能清偿到期债务时，法院以其全部财产依法清偿其所欠的各种债务，不足部分不再清偿。我国《国有资产评估管理细则》第四十一条明确规定：依照中华人民共和国企业破产法规定，经人民法院宣告破产的企业的资产评估，适用清算价格法。

② 抵押。抵押是以所有资产作抵押物进行融资的一种经济行为，合同当事人一方用自己特定的财产向对方保证履行合同义务的担保形式。提供财产的一方为抵押人，接受财产的一方为抵押权人，抵押人不履行合同时，抵押权人有权将抵押财产在法律允许的范围内变卖，从变卖抵押物价款中优先受偿。在这种情况下，要对资产进行评估时，也适用清算价格法。

③ 停业清理。清理是指企业由于经营不善导致严重亏损，已临近破产的边缘或因其他原因将无法继续经营下去，为弄清企业财务现状，对全部财产进行清点、整理和查核，为经营决策（破产清算或继续经营）提供依据，以及因资产损毁、报废而进行清理、拆除等的经济行为，为清理资产的目的而进行的资产评估，其资产价格同样适用清算价格法。

在这 3 种经济行为中如果有机动车辆需要评估，那么就可以采用清算价格法进行估算。此外，估算时应以具有法律效力的破产处理文件或抵押合同及其他有效文件作为计算依据。从而，车辆迅速在市场上出售变现，车辆出售的收入用以补偿因出售车辆的附加支出总额。

但值得提出的是，不同的资产业务可能适用的清算价格类型不同，有的适用于强制清算价格，而有的则可能适用的是续用清算价格。由于不同的价格类型在量上有差距，因而使用不同价格类型的评估值会很不一样。有时，也有可能在同种资产业务中混合使用 3 种价格类型。如某公司破产迫售，其中有部分资产是可以继续生产经营且有利可图的，则这部分资产可按续用清算价格评估，其价格依据可以是现行市价，也可以是收益现值。而有些专用设备或建筑物则随着企业清理或破产而失去使用价值，这些资产只能按迫售清算价格估价。还有些是可以作为生产要素投入市场的，其评估值可参照类似资产的变现价格来确定。

（2）影响清算价格的主要因素

① 破产形式。

- 丧失资产处置权。此时出售资产一方无讨价还价的可能，即以买方出价决定售价。
- 未丧失资产处置权。此时出售资产一方尚有讨价还价余地，即以双方议价决定售价。

② 债权人处置资产的方式。按抵押时的合同契约规定执行，如公开拍卖或收回已有。

③ 清理费用。在破产后评估资产价格时应对清理费用及其他费用给予充分的考虑。

④ 拍卖时限。一般说时限长售价高些，时限短售价低些，这是由快速变现原则所决定的。

⑤ 公平市价。指资产成交价格是双方都满意的价格。

⑥ 参照物价格。在市场上出售相同或类似资产的价格。

（3）清算价格法评估的步骤

① 进行市场调查，收集有关资产清算拍卖的价格资料。

② 分析、验证价格资料的科学性和可靠性。

③ 逐项分析待评估资产与有关参照物的差异，包括实物差异、市场条件差异、时间差异和区域性差异等。

④ 根据差异程度及其他影响因素，估算被评估资产的价值，最后得出评估结果。

（4）估算清算价格的评估方法

二手车清算价格的评估方法主要有以下 3 种。

① 整体资产评估法。指对整个企业或能独立使用的单项资产的清算价值进行的评估。如能继续经营或使用，参照现行市价法或重置成本法；反之，可用变现价值或残值价值评估。

② 现行市价折扣法。以现行市价为基础，根据清算条件及其他因素估定折扣率，确定评估价值的方法。

③ 模拟拍卖法。询问潜在购买者愿出的价格，考虑其他因素，调整后估算资产的清算价格。

5. 二手车价格评估方法的选择

二手车价格评估方法有市价法、成本法、收益法和处置清算法等，如上所述。这 4 种方法各有特点。同时，这些方法相互联系。为了高效、简捷、有效和公正地搞好二手车价格评估，在选择评估方法时应注意以下因素：评估方法的选择要与评估目的、评估时的市场条件、被评估二手车的性质以及由此所决定的价值类型相适应。根据上述条件，当二手车在正常市场交易条件下进行，价值类型为市场价值时，可以根据资料情况、参照物情况等选择市价法、成本法和收益法。如果条件许可，一般应首选市价法。当二手车是在非公开市场进行交易，价值类型属非市场价值时，一般选择处置清算法。从总体上讲，二手车价格评估方法的选择要保证评估目的、评估时所依据的各种假设和条件、评估所使用的各种参数数据，及评估结果在性质上和逻辑上的一致性。

8.3 二手车交易

8.3.1 二手车交易与过户手续

二手车过户手续办理程序如下。

① 抽取车辆底卡。带上行驶证, 企业代码证或个人户口簿及身份证（对私车主下同）到所在区交通队抽取车辆底卡。

② 填表盖章。填写补领登记证申请表及过户表（单位车辆加盖公章）。

③ 车辆检测。携带车辆底卡、行驶证、企业代码或个人户口簿及身份证与填好的表格，将汽车开到交易市场，委托具有相应资质的经营公司或经纪公司帮助售车。拓钢印,拍照片，填写其相关表格并将车辆交由车管所民警检验确认。

④ 车辆评估。将车辆交给市场内的专业评估公司进行评估并获取评估结论书。

⑤ 办登记证。对未取得《机动车登记证书》（简称登记证）的车辆先行办理登记证。

⑥ 过户办证。主要包括工商验证、公安验证、新行驶证和车辆底卡及其他证件。

⑦ 底卡属地归档。办妥过户手续（将新的车辆底卡交到新车主所在区交通队）。

⑧ 养路费衔接。凭原养路费缴讫证及新车主行驶证到原车主所在区养路费征收站办理衔接单，再到新车主所在区养路费征收站办理入籍手续。

⑨ 办理保险。办理原保险变更手续或重新购买保险。

8.3.2 二手车交易流程

二手车交易流程如下。

1. 选购车辆

客户可到二手车市场选购所需的车辆。

2. 咨询

① 咨询有关过户的所有业务。
② 根据行驶证、新车主的身份证填表。

3. 复印

① 复印行驶证、单位代码证或身份证等评估、开票的有关材料。
② 复印车管所需要的材料。

4. 车辆登记

根据新旧车主的有效证件进行车辆登记。

5. 评估

对旧机动车进行公正评估，出具评估结论书。

6. 合同备案

7. 出具

① 《行驶证》和《机动车登记证书》原件及复印件。
② 交易双方的身份证明原件及复印件。
③ 代理人的身份证明原件及复印件。
④ 所需的其他相关资料。

8. 价格认证

对所交易的旧机动车进行价格认证。

9. 收款

根据发票金额收款。

10. 车管所驻场受理点

根据《机动车转移登记申请表》、《机动车登记业务流程记录单》、单位代码证或身份证、行驶证、机动车登记证、本市场交易专用发票（第三联）、机动车交易专用凭证（第二联）、委托书办理车辆转入、转出、过户的档案变更及验车等。

11. 购置证办公室

根据已过户的行驶证、本市场的交易专用发票（第二联）、机动车交易专用凭证（第三联）、新旧车主的身份证及《车辆购置附加费凭证异动申请表》、《核（补、换）发车辆购置附加费凭证申请表》办理车辆购置证变更手续。

12. 养路费稽征所

根据已过户的行驶证、购置证及本市场的交易发票（第二联复印件）、身份证或单位介绍信办理养路费过户或迁出手续。

13. 交通局营运部门

根据已过户的行驶证、购置证及车辆保险单办理营运证过户手续。

8.4 案例分析

【案例一】

二手车评估案例

评估车型：德国奔驰 E240。

登记日期：2004 年 6 月。

新车包牌价格：近似车型 65 万元。

表征行驶里程:4.6 万公里。

用户情况：车辆长期放置成本回收，希望价格 33 万元。

养路费：缴纳至 2008 年 12 月；车船税：缴纳至 2008 年；保险：无任何保险。

登记证、发票：登记证有效、正规发票；其他：两年未验车，其他正常。

动态检查：车辆启动时起动机有轻微的滞后，发动机感觉动力性迟缓，启动后噪声一般，抖动轻微，车辆整体行驶过程中感觉“较劲”，很多部分的润滑不到位，机油供应不足，整车要重新“调校”，转向比较沉，刹车噪声较大，轮胎噪声比较大，其他功能基本正常，电气系统在行驶过程中没有发现明显的异常，能够正常使用。

第一评估师李岩意见：我们此次评估的这款车属于典型的“放置”车型，车辆整体状况由于长期停放造成了比较明显的损失，车辆的润滑、燃烧等系统都出现了明显的老化，需要进行适当的重新调整，好在车辆的电器设备系统工作正常，没有出现比较明显的问题，否则车辆的整备成本将大幅提高。这类车辆市场不常见，根据市场常规的情况分析，我们认为这款车的成交价格应该在 29 万元左右。

第二评估师王萌意见：二手车的成交价格往往受到新车价格的影响，新款的北京奔驰 E230 系列 2007 款配置相对更高，完税价格在 60 万元左右，因此对比情况分析，这款使用了 4 年的车辆虽然行驶里程数比较少，但是由于长期放置造成的损失比正常使用还要明显，此外市场这类价格主流车辆现在出现了奥迪 A6L、宝马 5 系列、丰田皇冠等。因此这款车的购买用户可选择余地比较多，根据市场正常行情分析，这款车的成交价格应该在 27 万～28

万元之间比较合理。

总评估师刘爱军意见：奔驰系列轿车在国内主要是 S 系列的车型认知程度比较高，E 系列的保值率一般，我们评估的 2002 款之后的车型还好一些。根据车辆的情况分析，车辆放置造成系统损伤间接的损失至少在 5 万元左右，此外车辆的电气系统在后续的使用过程中还可能要进行修复或调整，也将有一定的成本。不过车辆的关键卖点是车辆的配置比国产要高，行驶里程数比较少，根据市场行情分析，这款车的成交价格应该在 28 万元左右比较合理。

【案例二】

二手车交易案例

挑到一辆好的二手车只是第一步，需要特别注意的是，二手车出现问题最多的往往是车辆过户交易之后。对养路费和购置附加税等，车主应及时办理变更手续，这样可以避免后续使用中的麻烦。

案例：某沪牌车的原车主小张，养路费的期限为 2004 年 10 月 18 日至 2005 年 10 月 17 日。2005 年 4 月 10 日，小李从小张处购买该车并办理过户手续，之后便开始使用。直到 2005 年 10 月 18 日去缴纳养路费时，发现该车拖欠半年的养路费。事后所知，自己的一时大意，没有注意养路费的事情，只好花 1000 多元买个教训。

点评：原车主提供的养路费交至一年，这个证明是绝对真实的。问题就出现在，2005 年 4 月 10 日小李在办完过户手续后没有及时到缴纳征稽处办理养路费的变更。小张正好利用这点，“及时”去退了半年的养路费。很多人认为，机动车登记证、机动车行驶证已经过户就完成，其实车辆过户之后还要进行养路费和购置附加税的车主变更，凭本人的行驶证原件就可以办理。这样一来，减少了可能带来的损失，也方便以后继续缴纳费用。

复习思考题

1. 二手车评估的方法有哪几种？
2. 简述二手车交易的流程。
3. 收益现值法运用的前提条件有哪几条？
4. 收益法的主要指标有哪几项？
5. 请分析以下案例，说明在二手车过户流程中保险是否需要变更过户。

案例：市民王先生在开车时不小心将车撞坏,他购买的是二手车，由于车辆在过户到他名下的时候,保险没有批改过户,因此王先生在要求保险公司赔付时遭到拒绝，几万元的损失只好自己掏了腰包。王先生很不理解，按理说车主投保的就是车,虽然车辆已经过户了，但是车还是同一辆啊，为什么保险公司不保呢?

第9章 汽车推销技巧分析

【学习目标】

1. 了解与客户沟通的基本知识
2. 了解推销员应具备的基本素质
3. 掌握让客户产生好感的技巧和现场介绍汽车的技巧
4. 掌握在销售中有分寸的沟通的能力和谈判技巧

9.1 售前准备工作

9.1.1 潜在客户信息资料收集

市场指商品现实的和潜在的购买者，汽车的售前准备针对的是潜在的购买者。而要把这些潜在的购买者转为现实的购买者，就要做好充分的准备和掌握良好的销售技巧。

对潜在购买者也就是客户信息的收集应该着眼于目标市场的购买力和购买欲望。信息资料的收集包括两方面：原始资料的收集和二手资料的收集。

1. 原始资料的收集

原始资料的收集可以通过调研获得，详细方法如表 9-1 所示。

表 9-1　调研方法

调查方法	接触方式	取样计划	调研手段
观察 调查 实验	信函 电话 个人计算机	抽样单位 样本规模 抽样程序	抽样 机械装置

2. 二手资料的收集

二手资料一般有以下获取渠道。

（1）统计资料

这包括国家相关部门的统计调查报告、行业在报刊或期刊上面刊登的统计调查资料、行业团体公布的调查统计资料等。

（2）名录类资料

这包括客户名录（现有客户、旧客户、失业的客户）、同学名录、会员名录、协会名录、职员名录、名人录、电话黄页、公司年鉴、企业年鉴等。

（3）报章类资料

这包括普通报纸（广告、产业或金融方面的消息、零售消息、迁址消息、晋升或委派消息、订婚或结婚消息、建厂消息、诞生或死亡的消息、事故、犯罪记录、相关个人消息等）专业性报纸和杂志（行业动向、同行活动情形等）。

这里介绍4种有效收集资料的具体方法。

（1）展销观察法

汽车销售商的展厅或展示会是获取潜在客户的重要途径之一，事前需要指定好专门的人收集客户的资料、客户的兴趣点，并现场解答客户的问题，在与客户的沟通中获取客户的信息。

（2）连锁介绍法

一个出色的汽车销售员应该善于让老客户为其介绍新客户，也就是客户介绍客户。当老客户对你的服务非常满意并与其建立了交易以外的良好关系时，这种扩散效应就发挥出来了。

（3）问卷调查法

在对目标顾客不是很明晰，但想了解目标市场的需求潜力时，问卷调查是一种有效的方法。采用抽样调查，除了可以获取顾客现实的购车需求，还可以对未来的市场变动做出科学的预测，从而为企业决策提供有力的支持。

（4）商业联系法

商业联系往往比社会联系更为容易，而且可以挖掘大客户群体。该方法要求销售人员不仅需要维持生意的往来，而且还要学会经营与政府部门、行业协会、驾驶培训学校、汽车俱乐部等组织的关系。这种商业联系可以带来更大的长远利益。

9.1.2 与潜在客户联系的技巧

在对潜在客户信息资料进行分析并建立了客户资料卡后，下一步的行动就是要主动联系客户，为销售汽车做好准备。潜在客户虽然经过开拓与接触，但不一定就会继续和销售员联系，所以为了能使潜在客户尽早变成真正的客户，销售人员应尽可能频繁地前往访问、打电话联络或寄书信联络。

1. 排列优先顺序

根据 4S 店销售人员的经验来看，按照“最有可能成为现实购买者的客户最先联系”的原则，可以先排列优先顺序，再逐个突破。

（1）老客户

老客户因为曾经在销售人员这里买过车，对其服务水平以及所购车辆的使用情况非常了解，与他们经常联系，保持长久的良好客户关系，不仅可以获取他们的购买心理和购后感受，而且极有可能使他们换车时再次成为其客户。

（2）倾向性客户

这指的是有些已经与销售人员联系或主动咨询过但还没有付诸购买行动的客户，他们是突破的重要目标，是扩大客户资源库的新生力量。

（3）潜力型客户

这些客户是在顾客资料卡里可以发现的具有较强购买能力的个人或组织，而且已表露出购买意向，通过适当地联系，可以转化为现实客户。

2. 明确目标

不论是哪种客户，在致电前都要明确联系的目标，确定联系内容，以便让客户接受拜访。

3. 电话预约

推销员在访问顾客之前用电话预约是有礼貌的表现，而且通过电话事先预约，可以使访问更加有效率。

打电话预约看似简单，有的人也许会说："不就是拿起电话，一拨号码，说几句话的事吗？"关键是如何说、怎么说和说些什么，这里面是有学问的。

打电话要牢记"5W1H"，即：When 什么时候；Who 何时；Where 何地；What 何事；Why 为什么；How 如何说。电话拨通后，要简洁地把话说完，尽可能省时省事，否则易让顾客产生厌恶感，影响预约的质量以至推销的成功。

总的来说，电话预约应抓住以下要领：①力求谈话简洁，抓住要点；②考虑到交谈对方的立场；③使对方感到有被尊重、重视的感觉；④没有强迫对方的意思。

成功的电话预约，不仅可以使对方对自己产生好感，也便于推销工作的进一步进行。

9.2 接近客户的技巧

9.2.1 初次会见潜在客户的技巧

"接近顾客的三十秒，决定了销售的成败"，这已经是推销人员的金科玉律。因此，初次会见客户，留下良好的第一印象对推销成功至关重要，这就需要从以下 3 个方面入手。

1. 选择恰当的时间

客户由于职业不同，在工作时间的安排上差异很大。如果要登门造访，应该选择合适的时间，否则即使不吃闭门羹，也会引起客户的不愉快，使推销工作难以完成。拜访不同职业者最合适的时间如表 9-2 所示。

表 9-2　　拜访不同职业者最合适的时间

职　业	最 佳 时 间
会计师	切勿在月头和月尾，最好是月中
医生	上午 11 时后和下午 2 时前，最好的日子是雨天
汽车销售员	上午 10 时前或下午 4 时后，最热、最冷或雨天会更好
导游	避免在周末拜访
行政人员	上午 10 时前后到下午 3 时为止
股票行业	避免在开市后，最好在收市后
银行家	上午 10 时前或下午 4 时后
公务员	避免在工作时间内，切勿在午饭前或下班后
艺术家	早上或中午前
药房工作者	下午 1 时至 3 时，避免在天气转变的日子
饮食行业	避免在用餐时间，最好是下午 3 时至 4 时
建筑业	大清早或收工时
律师	上午 10 时前或下午 4 时后
教师	大约在 4 时后，放学的时候
零售商	避免周末或周一，最好是下午 2 时至 3 时
工薪人士	最好在晚上 8 时至 9 时
主妇	最好在早上 10 时至 11 时
报馆或印刷业	最好在下午 3 时以后
商人	最好在下午 1 时到 3 时
忙碌的高层人士	最好是上午 8 时前，即秘书上班之前。成功人士多数是提早上班，晚上也比较晚下班

2. 充分准备

在客户联系上、预约好会见时间后，就应该为初次会见做好充分的准备。

① 明确会见的主题，并准备好相应的材料。

② 了解客户的详细情况，以便更好地沟通。

③ 考虑客户可能出现的反应，做好应对之策。

3. 准时守约

在与客户约好拜访时间后，一定要遵守约定，准时到达。应该将与客户约定地点的行程中可能出现的意外情况考虑在内，提前出发，不要以任何借口推脱迟到的责任。

9.2.2 让顾客产生好感的分析

第一次拜访客户，对方难免会存有戒心，这是人的一种自然排除心理，就比如初见陌生人总不会敞开心扉一样。所以，无论客户拒绝，还是存有戒心、没有好感都是正常的，大可不必因为客户的态度而退缩。

俗话说：万事开头难。接近客户在销售活动的整个过程中是打基础的阶段，也是最容易被拒绝的一关。如果这一关过好了，给客户留下一个不错的第一印象，以后的销售工作就事半功倍了。

那么，如何才能获取顾客的好感呢？

1. 应该了解客户的心理状态

许多推销员都存在一个思想误区：见了客户之后恨不得一下子就把自己的产品推给对方，但很多时候当滔滔不绝地谈自己产品的好处时，客户已经开始心不在焉。之所以出现这种情况，是因为不了解客户在见到自己时的心理状态。首先，客户存有戒心和防备心理；其次，客户存在先入为主的心理。

客户都有不同的性格和喜好。假如遇到一个穿着打扮与自己的审美观不符的陌生人，马上会产生一种不喜欢的直觉，无论对方的人品或其他方面如何。自然，他的言谈举止、外表相貌等都会使自己产生类似喜欢或不喜欢的直觉。

“接近客户”应该是“由接触潜在客户到切入销售主题”的阶段。在没有消除客户的这种心理状态之前，很难继续下面的销售活动。

2. 学会推销自己

日本著名的推销之神丰田汽车公司的神谷卓一说过这样一段话：“接近客户，不是一味地向客户低头行礼，也不是迫不及待地向客户说明商品，这样做，反而会引起客户逃避。当我刚进入企业做一个新销售人员时，在接近客户时，我只会销售汽车。因此，在初次接近客户时，往往都无法迅速打开客户的心防。在无数次的体验揣摩下，我终于体会到，与其直接说明商品不如谈些有关客户太太、小孩的话题或谈些乡里乡间的事情，让客户喜欢自己才真正关系到销售业绩的成败，因此，接近客户的重点是让客户对一位以销售为职业的业务主管抱有好感。”因此，在推销产品之前，要学会推销自己，当客户对自己产生了好感，接受了自己以后，产品的销售就水到渠成了。

（1）礼仪

礼仪可以塑造销售人员完美的个人形象，给顾客留下最好的第一印象，让销售人员在销售开始之前就赢得顾客好感。礼仪贯穿在销售的每个程序中，它可以帮销售人员从细节上区分顾客的心理，从而在和顾客打交道时更加得心应手。礼仪更能让销售人员在和顾客打交道时赢得顾客的好感、信任和尊重，没有什么比顾客信任更重要的事了，而只有注意了礼仪和灵活运用礼仪后才能避免或及时地挽救顾客的异议和投诉。

销售礼仪在销售中就是完善自身的点金棒、与顾客交往的润滑剂和成功交易的催化剂。

（2）放松

推销并不仅仅是推销，而是发现客户的需要和需求，因此可以采用走动式管理（management by walking around，MBWA）。当接近客户时，应该以轻松的方式与客户交流，发现客户的真正需求，为客户让渡最大的客户价值。

（3）关注

推销自己并非把重点放在自己身上，因为人们对自己的兴趣和关心要大于对他人的兴趣和关心。所以，在推销自己的时候，重点一定要放在客户身上。

① 让客户感到自己很了解他。

在做销售工作时，对于即将拜访的客户，都应尽可能地想办法从各种途径去了解他的情况：

兴趣、喜好、工作风格等，这样就很容易找到共同语言。

美国著名笑星霍普有个习惯，在对将要面对的观众没有进行彻底的研究和了解之前，绝不登台！1978年，霍普一行要赴澳大利亚佩斯市，应邀为当地一个新落成的、拥有8 300个座位的娱乐中心进行一次为时两小时的开业助兴演出。为了这两个小时，霍普等人进行了两三个星期的准备，对澳大利亚人生活的方方面面进行了细致入微的研究，从当地的历史、气候、野生动物、工业、风味美食、休闲胜地、种族构成乃至于方言俚语，一一了解。等到霍普登台的时候，不知道的人以为他是在佩斯生活了一辈子的本地人。实际上，从他开口说第一句台词起，台下的观众就在他的全盘掌握之中。

② 让客户感到自己对他有帮助。

人的价值在于被别人所需要和认同，在与客户的接触和交往中，如果他感到销售人员能给他带来帮助，销售人员自然会成为受欢迎的人。

③ 行为让客户感动。

在与客户的交往中，除了金钱生意上的关系外，还有其他被忽略的因素，比如情感、乐趣、信用等。在与客户的交往中，不能仅停留在商品的销售上，还要引起情感上的共鸣，就像本章后面的案例一中吉拉德用生日鲜花感动那位女士一样。

④ 找到共同语言。

当无法事先了解客户的情况时，面对陌生的遭遇，能否顺利过关，就要考验其观察环境和对人察言观色的能力，目的是迅速找到共同语言。

这可以从两方面考虑：第一，观察客户周围的环境。如墙上的照片、图画，桌上的摆设，柜子里的物品、图书等。第二，对客户察言观色。如说话的口头语、面部表情、身体动作等。

⑤ 善于“借路搭桥”。

人们在生活中都有这样的体会：当知道面前的这个陌生人是某某熟人介绍的，或跟某某熟人认识，对他的戒心就会减弱一些。所以，在拜访陌生客户的时候，最好尽量找到一个对方的熟人作为桥梁。也许对这个熟人并不熟甚至也不认识，但若运用得好，往往会起到良好的作用。当然，这需要把握好度，适可而止。明明不认识那个熟人，但硬要说他是自己亲戚，那就会适得其反。

9.2.3 对客户现场介绍汽车整车的技巧

1. 资料准备

汽车销售员在为客户现场介绍车辆前，应该做好充分的准备。

一方面，要准备客户资料，利用顾客资料卡等，认真了解客户的情况，以便与客户很好地沟通，拉近与客户的关系，在做介绍时有的放矢。另一方面，要准备有关汽车的知识。销售员应该对所介绍的汽车非常了解，甚至是一个行家，这样在为客户介绍时，才能解答客户提出的疑问，不然打消不了他们的疑虑，会使汽车的销售成为泡影。

2. 成功开场

在介绍时，选择一个成功的开场方式也是相当重要的。销售员可以从客户最关心的问题说开去，逐步引导客户了解汽车，给自己创造一个解说的机会，因为如果连这种机会都没有，那么销售更无从谈起。

3. 灵活运用车辆说明

成功的车辆介绍，要把握住下列两个原则：第一，介绍车辆特点带来的利益，遵循“利益→特性→优点”的陈述原则；第二，提供解决问题的方法，遵循“指出问题或指出改善现状→提供解决问题的对策或改善现状的对策→描绘顾客采用的利益”的陈述顺序。

销售员需要记住的是，销售的并不是车辆或服务，而是销售由车辆或服务所带来的利益，并且这些利益能满足客户的需求。

这里要注意以下几点：①保持简短扼要；②使用视觉手段；③运用第三者的例子。

4. 请客户试车

推销员在向客户介绍整车时，还应让顾客试车，当顾客坐上新车，而且亲身进行操作，感觉新车的诱惑时，购车欲望也就不难产生了。

9.3 谈判技巧

9.3.1 沟通技巧概论

在营销管理过程中，需要借助沟通的技巧化解不同的见解与意见，建立共识。当共识产生后，事业的魅力自然才会展现。良好的沟通能力与人际关系的培养并非全是与生俱来的。在经营“人”的事业中，绝对有机会学习沟通技巧，因此要把握任何一次学习的机会。以下提供几个有效沟通的行为法则。

1. 自信的态度

一般经营事业相当成功的人士，他们不随波逐浪或唯唯诺诺，有自己的想法与作风，但却很少对别人吼叫、谩骂，甚至连争辩都极为罕见。他们对自己了解得相当清楚，并且肯定自己，他们的共同点是自信，日子过得很开心，有自信的人常常是最会沟通的人。

2. 体谅他人的行为

这其中包含“体谅对方”与“表达自我”两方面。所谓体谅是指设身处地为别人着想，并且体会对方的感受与需要。在经营“人”的事业过程中，当想对他人表示体谅与关心时，唯有自己设身处地为对方着想才行。由于一方的了解与尊重，对方也会相对体谅其立场与好意，因而做出积极而合适的回应。

3. 适当地提示对方

产生矛盾与误会的原因，如果是出自于对方的遗忘，我们的提示正可使对方信守承诺；反之若是对方有意食言，提示就代表我们并未忘记事情，并且希望对方信守诺言。

4. 有效地直接告诉对方

一位知名的谈判专家分享他成功的谈判经验时说到："我在各个国际商谈场合中，时常会以'我觉得'（说出自己的感受）、'我希望'（说出自己的要求或期望）开始，结果常会令人极为满意。"其实，这种行为就是不讳得告诉对方自己的要求与感受，若能有效地直接告诉自己所想要表达的对象，将会有效帮助自己建立良好的人际网络。

但要切忌"三不谈"：时间不恰当不谈；气氛不恰当不谈；对象不恰当不谈。

5. 善用询问与倾听

询问与倾听，是用来控制自己，让自己不要为了维护权利而侵犯他人。尤其是在对方行为退缩、默不作声或欲言又止的时候，可用询问引出对方真正的想法，了解对方的立场以及对方的需求、愿望、意见与感受，并且运用积极倾听的方式来诱导对方发表意见，进而对自己产生好感。一位优秀的沟通好手，绝对善于询问以及积极倾听他人的意见与感受。

一个人的成功，20%靠专业知识，40%需要观察力的帮助。因此为了提升个人的竞争力，获得成功，就必须不断地运用有效的沟通方式和技巧，随时有效地与"人"接触沟通，只有这样，才有可能使事业成功。

9.3.2 谈判时应变能力的训练

1. 运用语言艺术

语言艺术的出色运用可以提高应变能力，促进谈判的成功，要点如下。

（1）针对性强

在商务谈判中，双方各自的语言都是表达自己的愿望和要求的，因此谈判语言的针对性要强，做到有的放矢。模糊、啰唆的语言，会使对方疑惑、反感，降低己方威信，成为谈判的障碍。

针对不同的商品、谈判内容、谈判场合、谈判对手，要有针对性地使用语言，才能保证谈判的成功。例如，对脾气急躁、性格直爽的谈判对手，运用简短明快的语言可能受欢迎；对慢条斯理的对手，则采用春风化雨般的倾心长谈可能效果更好。在谈判中，要充分考虑谈判对手的性格、情绪、习惯、文化以及需求状况的差异，恰当地使用针对性的语言。

（2）表达方式婉转

谈判中应当尽量使用委婉语言，这样易于被对方接受。比如，在否决对方要求时，可以这样说："您说的有一定道理，但实际情况稍微有些出入"，然后再不露痕迹地提出自己的观点。这样做既不会有损对方的面子，又可以让对方心平气和地认真倾听自己的意见。谈判高手往往努力把自己的意见用委婉的方式伪装成对方的见解，提高说服力。在自己的意见提出之前，先问对手如何解决问题。当对方提出以后，若和自己的意见一致，要让对方相信这是他自己的观点。在这种情况下，谈判对手有被尊重的感觉，他就会认为反对这个方案就是反对他自己，因而容易达成一致，获得谈判成功。

（3）灵活应变

谈判形势的变化是难以预料的，往往会遇到一些意想不到的尴尬事情，这就要求谈判者具有灵活的语言应变能力，与应急手段相联系，巧妙地摆脱困境。当遇到对方逼自己立即做出选择时，若是说“让我想想”、“暂时很难决定”之类的语言，便会被对方认为缺乏主见，从而在心理上处于劣势。此时可以看看表，然后有礼貌地告诉对方：“真对不起，9 点钟了，我得出去一下，与一个约定的朋友通电话，请稍等 5 分钟。”这样就很得体地赢得了 5 分钟的思考时间。

（4）恰当地使用无声语言

在商务谈判中，谈判者通过姿势、手势、眼神、表情等非发音器官来表达的无声语言，往往可在谈判过程中发挥重要的作用。在有些特殊环境里，有时需要沉默，恰到好处的沉默可以取得意想不到的良好效果。

2. 要有应付时间压力的措施

在销售谈判中，经常会遇到时限问题。对方可能会提出谈判最后截止期限，达不成协议就结束。或提出把原定 3 个阶段的谈判并为一起解决，加班谈判等。销售商必须具有预备措施，才不至于陷入被动。

3. 要有应付意外情况的准备

对手有可能在谈判中列举出乎己方意料之外的文件、资料、信息、证明等。对方甚至有可能利用一些特殊人物（如政府官员）来说情压价，对于此类的意外情况应早做准备，以免陷于被动。

4. 要密切留意谈判对手的反常表现

研究谈判对手的性格，可能有助于消除双方因为情绪化而产生的误会。另外，对方如果暗中运用送红包、内幕交易等违反商业道德的手段，更需要准备足够的应急措施。

9.3.3 针对不同性格客户的不同沟通技巧

如何与客户建立有效的沟通？能如愿以偿地成功销售任何产品吗？针对不同性格的客户，懂得与客户沟通的技巧吗？这些都是困惑销售人员的问题。

人与人之间最基本的交流就是沟通，如何去和别人沟通，如何与不同性格、不同地位的人沟通，如何让别人愿意与自己沟通，这是一个成功的销售人员所必须具备的能力。

在客户沟通之前，应该先了解对方的脾气、习惯，对人际差异要扬长避短。

① 对于沉默寡言的人：有一句说一句，即一字千金。

② 对于炫耀的人：赞美不少于 10 次，对他喜欢炫耀的地方仔细聆听，千万不要打断他，要因势利导。

③ 对于令人讨厌的人：不卑不亢，肯定他的优点，并对症下药。

④ 对于优柔寡断的人：多用肯定性的语言，替他下决心，引导他做出判断，站在对方立场考虑。

⑤ 对于知识渊博的人：真诚地聆听、赞美，不放弃，最后引导。

⑥ 对于讨价还价的人：要口头妥协，满足心理。

⑦ 对于慢郎中式的人：配合他的步调，因势利导。

⑧ 对于性急的人：说话简洁、明了、清晰、准确，不拖泥带水，几句话切中要害。

⑨ 对于善变的人：加强对产品的信心，推荐好产品。

⑩ 对于疑心的人：先认同他（我原来和你有同感，你的想法确实对，但是……）。有效的沟通应该从赞美开始，赞美顾客比赞美自己的商品更重要。

① 赞美女人：容貌、修养、善解人意。

② 赞美事业有成的人：

- 赞美他们的人格和精神；
- 赞美他们独特的本领和创新；
- 赞美他们的个人爱好；
- 赞美他们的家庭（成功人所具备的一定是家庭和睦）；
- 赞美他们的妻子或丈夫和孩子。

③ 赞美陌生人：

- 见年龄降 3 岁；
- 见职位表升 3 级；
- 赞美衣服；
- 赞美他的容貌，赞美他会修饰自己；
- 赞美修养。

沟通模式一般有 3 种：礼貌待客式、技巧推广式和个性服务式。哪种沟通模式更适合，取决于面对什么样的客户。一般说来，个性化的沟通模式是最有效的模式，但也要根据不同客户恰当运用。

9.3.4 针对大客户的销售技巧

大客户（key account）是“对企业具有战略意义的”消费群体。对大客户的销售应该以“为客户提供持续的个性化服务和产品”，以此来满足客户的特定需求，从而建立长期稳定的大客户关系为核心。

1. 大客户购买习惯和过程分析

因为是大客户的缘故，所以这些采购者所涉及的资金都相当庞大，其购买决策并不是一两个人就能决定的，甚至这些产品的采购（经销）会改变该公司的经营方向和盈利方式，所以其购买过程就会显得漫长和复杂。

一般地，大客户的购买（经销）类型有 3 种。

① 初次购买（经销）。这类客户的开发时间是比较长的，有的甚至超过一年。让这类客户认识自己的产品和公司本来就需要一段时间，难度也会很大，需要从头到尾的一个销售周期。

② 二次或多次购买（经销）。这是在已经购买了一个产品以后第二次购买，这个过程就相对很短了，他们在前期已经认可了该产品和公司，不需要解说最基本的东西，这是他们在出现需要时就会发生的，他们所关注的内容也会有变化，他们关心的是：服务标准变了吗？产品质量一样吗？价格能更便宜吗？等等这样的问题。

③ 购买（经销）其他产品。有时候客户需要调整公司的战略或者产品和服务，因此也要求

供应商做出相应的调整，这时候其实是对自己重要的考验，一定要把握好，一点点的失误就会前功尽弃，把原来的产品和服务一起让给了竞争对手。

2. 大客户的档案管理

正因为大客户对公司来说如此重要，所以要对大客户进行档案管理。

① 基本信息。包括客户公司电话、地址、传真、电邮、采购员、采购总监、财务总监、销售经理、配送经理、总经理、董事长等高层次人员的权限、联系方式、性格、爱好等基本信息。

② 重要信息。包括客户集团组织架构、公司发展历史、经营目标、发展方向、产品定位、销售状况，客户的竞争对手状况、客户供应商状况、客户的资源及客户状况，销售员所提供的产品销售有多少、竞争对手有多少、利润如何等。

③ 核心信息。计划和提供的策略，并检查其效果以便随时改正。

④ 过程管理信息。包括所有的谈判记录、谈判参与人的身份，在谈判过程中的回答，下一步的策略，客户产品的订购、库存增降情况的记录。

3. 大客户谈判技巧

可以说，销售谈判的成功与否意味着生意的成交与否，前面所做的所有工作都可能因为谈判的失败而导致全盘皆输，所以谈判技巧就显得无比重要了。

传统的会谈过程包括开场白（寒暄）、产品特征描述、开放和封闭的问题、异议处理、收场白（无数次地要求或暗示客户签单）。这一会谈模式风靡了整个20世纪。然而，现在顾客的购买行为越来越理性，而且压价水平越来越高，这种针对小生意的谈判自然就无法再为销售员服务了。

谈判的过程主要有以下4个步骤。

（1）初步接触

包括自我介绍和怎样开始会谈的方法，其实开场白的好坏和大客户的谈判成功与否没有很重要的联系，但也不能轻视，这里需要注意4点。

① 介绍自己是谁。来这里干什么。目的是什么。

② 问合理的背景问题（不谈产品）。

③ 尽快切入正题。在时间比什么都重要的现代社会，没有人有时间在上班时候寒暄，何况说太多无关紧要的话只会让自己谈正经生意的时间更少，这是新销售员最容易犯的错误。

④ 不要在还没有了解客户时就拿出解决方法。当还不了解客户的现状和需求时，就告诉客户："我能帮你做什么"，那除了是骗人还是骗人，而且这是最容易引火烧身的一种做法，那就是听到了可怕的异议（尤其是价格异议）。

（2）了解客户，挖掘明确需求

几乎所有的生意都是要通过提问的方式来了解客户的。在所有销售技巧中，了解客户可谓是精华中的精华，在与客户的会谈中尤其至关重要。顶级的谈判专家曾做过研究，在所有成功的销售原因中，了解客户并挖掘明确需求的提问技巧主要有以下4种。

① 问背景问题。目的是找出客户现在状况的事实，比如，"贵公司有多少人？""贵公司的销售（使用）额是多少？"建议事先做好准备工作，去除不必要的问题。

② 问难点问题。目的是找出客户现在所面临的困难和不满。比如，"贵公司的汽车安全系数会不会不够满意？"，"你的汽车是不是经常要维修？"建议以解决客户难题为导向，而不是

以产品和服务做导向。

③ 问暗示问题。目的是找出客户当前所面临的困难带来的影响。比如，“汽车的油耗太大会增加您的成本吗？”，“汽车总是维修会影响您的工作效率吗？”，“汽车的噪声会影响你们工作吗？”建议问这样的问题之前先策划好，而不会让人觉得生硬，从而影响效果。

④ 问利益问题。目的是让客户深刻地认识到并说出销售员提供的产品和服务能帮他做什么。比如，“小排量的汽车对你们有什么帮助吗？”，“如果每百千米可以减少 20%的油耗，能让你们节约都少成本？”等等。问这些问题要对客户有帮助性、建设性，并且一定要让客户自己亲口告诉销售员提供的产品和服务的利益所在。

（3）证明能力，解决异议

证明策略对客户是有帮助的有如下 3 个办法。

① 特征说明。描述一个产品和服务的事实，如“我们有 40 个技术人员和 10 个售后服务网点”。

② 优点说明。说明一个特征是如何能帮助客户的，如“我们专业的维修人员可以减少汽车故障的出现”。

③ 利益说明。说明一个利益能满足客户在前面谈判时被挖掘出来的明确需求。例如：“可以提供像你所说的每月定期上门检修一次。”这个利益说明可以让自己防止异议的出现，而不是必须“处理”异议；还有利于会谈人员帮助你在公司内部销售（真正的销售是在客户企业内部进行的!）；最重要的是能赢得会谈人员对自己策略的支持或证实。建议在证实能力之前，要先完成前面的“了解客户并挖掘明确需求”阶段，而且让客户表达出自己能满足他的明确需求。这里有几点要说明：其实异议并不是购买信号，收到的异议越多，成功就越渺茫，而且大部分异议都是由销售方自己造成的，更多的异议的产生是由于销售方在不知道客户的明确需求时过早地拿出自己的策略的缘故。

（4）总结利益，得到承诺

最后是应该把今天的会谈内容做个总结，在小生意中便可要求客户签单了，像文具这个行业，通常是一次两次的会谈就知道销售是否成功。而大客户则不是，经常出现的问题是，没有成功也没有失败，只是暂时不成交。前面说过，因为成交的金额比较大，采购汇报程序也比较复杂，但每次都可以更进一步得到自己想要的，比如“举办一个产品演示会或做一次培训”，“和上一层的领导见面”。这一阶段，通常称之为“得到进展”。

9.4 案例分析

【案例一】

乔·吉拉德的生日鲜花

乔·吉拉德被认为是“世界上最伟大的推销员”。他是如何成功的呢？

乔·吉拉德认为，卖汽车，人品重于商品。一个成功的汽车销售商肯定有一颗尊重普通人的爱心。他的爱心体现在他的每一个细小的行为中。

有一天，一位中年妇女从对面的福特汽车销售商行走进了吉拉德的汽车展销室。

她说自己很想买一辆白色的福特车，就像她表姐开的那辆，但是福特车行的经销商让她过一个小时之后再去，所以先过这儿来瞧一瞧。

“夫人，欢迎你来看我的车。”吉拉德微笑地说。

妇女兴奋地告诉他：“今天是我 55 岁的生日，想买一辆白色的福特车送给自己作为生日礼物。”

“夫人，祝你生日快乐！”吉拉德热情地祝贺道。随后，他轻声地向身边的助手交代了几句。

吉拉德领着这位女士从一辆辆新车面前慢慢走过，边看边介绍。在来到一辆雪佛莱车前时，他说：“夫人，你对白色情有独钟，瞧这两双门式轿车，也是白色的。”

就在这时，助手走进来，把一束玫瑰花交给了吉拉德。他把这束漂亮的花送给这位女士，再次对她的生日表示祝贺。

那位夫人感动得热泪盈眶，非常激动地说：“先生，太感谢你了，已经很久没有人给我送过礼物。刚才那位福特车的经销商看到我开着一辆旧车，一定以为我买不起新车，所以在我提出要看一看车时，他就推辞说需要去收一笔钱，我只好上这儿来等他。现在想一想，也不一定要买福特车不可。”

后来，这位妇女就在吉拉德那儿买了一辆白色的雪佛莱轿车。

正是这许许多多细小的行为，为吉拉德创造了空前的效益，使他的营销取得了辉煌的成功，他被《吉尼斯世界大全》誉为“全世界最伟大的销售商”，创造了 12 年推销 13 000 多辆汽车的最高纪录。有一年，他曾卖出汽车 1 425 辆，在同行中传为美谈。

【案例二】

乔·吉拉德客户介绍法之一

乔·吉拉德是世界上销售汽车最多的一位超级销售员，他平均每天要销售 5 辆汽车，他是怎么做到的呢？连锁介绍法是他使用的一个方法，只要任何人介绍客户向他买车，成交后，他会付给每个介绍人 25 美元。25 美元在当时虽不是一笔庞大的金额，但也足够吸引一些人，举手之劳即能转到 25 美元。

乔·吉拉德说：“首先，我一定要严格规定自己‘一定要守信’、‘一定要迅速付钱’。例如，当买车的客人忘了提到介绍人时，只要有人提及‘我介绍约翰向您买了部新车，怎么还没收到介绍费呢？’我一定告诉他‘很抱歉，约翰没有告诉我，我立刻把钱送给您，您还有我的名片吗？麻烦您记得介绍客户时，把您的名字写在我的名片上，这样我可立刻把钱寄给您。’有些介绍人，并无意赚取 25 美元的金额，坚决不收下这笔钱，因为他们认为收了钱心里会觉得不舒服，此时，我会送他们一份礼物或在好的饭店安排一餐免费大餐。”

哪些人能当介绍人呢？当然每一个人都能当介绍人，可是有些人的职位更容易介绍大量的客户。乔·吉拉德指出，银行的贷款员、汽车厂的修理人员、处理汽车赔损的保险公司职员，这些人几乎天天都能接触到有意购买新车的客户。

因此，汽车销售人员不能只是局限于直接顾客，要善于运用广泛的社会关系。

【案例三】

打电话、接电话的基本礼仪

① 电话的开头语直接影响顾客对自己的态度、看法。通电话时要注意使用礼貌用词，如“您好”、“请”、“谢谢”、“麻烦您”等。打电话时，姿势要端正，说话态度要和蔼，语言要清晰，既不装腔作势，也不娇声娇气。这样说出的话哪怕只是简单的问候，也会给对方留下好印象。只要脸上带着微笑，自然会把这种美好的、明朗的表情传给对方。特别是早上第一次打电话，双方彼此亲切悦耳的招呼声会使人心情开朗，也会给人留下有礼貌的印象。电话接通后，主动问好，并问明对方单位或姓名，得到肯定答复后再报上自己的单位、姓名。不要让接电话的人猜自己是谁（尤其是长时间没见的朋友、同事），以免使对方感到为难。

② 电话铃响两遍就接，不要拖时间。拿起听筒问“您好”。如果电话铃响过 4 遍后，拿起听筒要向对方说：“对不起，让您久等了。”这是礼貌的表示，可消除对方久等心情的不快。如果电话内容比较重要，应做好电话记录，包括单位名称、来电话人姓名、谈话内容、通话日期、时间和对方电话号码等。

③ 挂电话前的礼貌也不应该忽视。挂电话前，向对方说声：“请您多多指教”、“抱歉，在百忙中打扰您”等，会给对方留下好印象。

④ 打、接电话时，如果对方没有离开，不要和他人谈笑，也不要用手捂住听筒与他人谈话，如果不得已，要向对方道歉，请其稍候，或者过一会儿再与对方通电话。

⑤ 打电话时，应礼貌地询问：“现在说话方便吗？”要考虑对方的时间。一般往家中打电话，以晚餐以后或休息天下午为好，往办公室打电话，以上午 10 点左右或下午上班以后为好，因为这些时间比较空闲，适宜谈生意。

⑥ 要学会配合别人谈话。接电话时为了表示认真听对方说话，应不断地说：“是，是”、“好，好吧”等，当然，一定要用得恰到好处，否则会适得其反。根据对方的身份、年龄、场合等具体情况，应付方式各异。

⑦ 对方要找的人不在时，不要随便传话以免不必要的麻烦。如有必要，可记下其电话、姓名，以回电话。

⑧ 在办公室里接私人电话时，应尽量缩短时间，以免影响其他人工作。

【案例四】

顾客态度类型表现举例

1. 顾客态度

“你很有说服力，我的确需要节省燃料费用。”（接受）

“你很有说服力，但是它真的这样节省燃料？”（怀疑）

“我不管这车的性能如何，我不想买这个价位的车！”（异议）

“年轻人，你听着。我不打算买这个品牌，因为它的油耗太厉害。”（异议）

“这辆车具备了各种符合我需要的优点。”（接受）

“坦白说，我暂时还不需要用这样大的车。”（冷淡）

2. 应付顾客各种不同反应的方法

（1）应付顾客怀疑

当顾客显示出怀疑的态度时，应该举出实例，来证明车辆的优点的确属实。通常一般的反应次序如下：①发掘顾客的需要；②介绍车辆的特性或服务；③提出实证。

（2）应付顾客拖延

在碰到这种情况时，要继续找出顾客不直接回答原因，以便求得突破。

（3）应付顾客反应冷淡

当顾客表示冷淡、不理睬时，最好的方法是使用一连串的封闭式调查问话法来发掘他的需要，消除一般的不满，解决特定的问题，找出顾客真正的需求到底是什么。

（4）应付顾客的异议

① 当顾客存在误解时。

第一，重复顾客的误解。如“出小毛病，什么毛病？”

第二，直接答复对方，澄清误解，澄清关键问题。

第三，采取纠正方法，不直接指出错误，以免让对方无脸面。

② 当顾客指出缺点时。

第一，重复对方表示异议时所说的话。

第二，强调车辆或服务的优点、利益，以减少对方的意见。

③ 当有潜在异议时。

第一，了解其根源，询问，倾听。

第二，对症下药地解决。

【案例五】

乔·吉拉德让顾客参与操作

“我们卖的不是牛排，而是卖牛排在铁板上所发出的嗞嗞声。”

——乔·吉拉德

因为我（指乔·吉拉德，下同）的客户大都已经拥有汽车，他们几乎每天都必须用到车子，而且街上也有几近于1亿辆的车子在跑，因此，我如果只单纯推销雪佛兰汽车，可以想到绝对无法完成交易。

“究竟有什么方法可以让客户心甘情愿地购买呢？”首先，所推销的车子必须是有触感的、坐起来舒适的、令人产生拥有欲望的新车，然后即使是眼睛被蒙起，坐上去后任何人也能马上知道这是新车的那种气味，一旦坐上新车闻到那个气味，相信每一个人都会觉得飘飘然，而心想无论如何都要得到这辆车。我让客户试车的主要目的便在于此。

不过，会有很多推销员不同意这种做法，认为：“这样做并没有效果，他们又不是第一次开车，其实最重要的是价格的问题”。说这种话的人可以说一点都不了解人性。

我知道今日仍未忘记我生平第一次手上拿着电钻时的那种兴奋之情，那是邻居小朋友收到的圣诞礼物。当那位小朋友打开包装拿出崭新的电钻时，我从他手里一把抢过来，接上电源，随即迫不及待地寻找各种东西来打洞。此外，我也曾记得初次开新车时的愉悦情绪，虽然当时我已经是个大人，不过以前我所开的全都是破旧的中古车，而那一次，是在战后不久，我的一位邻居买了新车，刚开回家的当天，便应我的要求让我试开，一直到现在，我仍然没有忘记内心的深刻感触，亦即属于新车的那种气味。

基于此，我一定会让客户试车，因为我确信他们在试过车后，绝对无法抗拒新车所散发出来的味道，即使当时没有决定购买，数日后也一定会因希望能再闻那个气味，而再度到我这里来。

人经常会不按牌理出牌。

当客户上次之后，我就静坐一旁不发一语，只让他全心地试车。或许某些所谓的推销专家会认为这个时候正是推销商品特征的大好机会，但是我决不那么想，我不说话便能充分地闻气味，并享受开新车所带来的快感，而当他主动开口说话时，我就能知道他有什么感受，喜欢什么，担心的又是什么，如果客户告诉我他工作的地方、家人的事及居住处所等，我便能立即做各种判断，从而获得该客户的信用所必要的消息。

客户希望自己试车、希望用手触摸的心态，只需看加油站中的保险杆展示便可明白。这种展示是让测验者先拉已经磨损的保险杆把手，然后再拉新的保险杆把手，几乎所有的驾驶人都曾经试过这个东西，毕竟人是有好奇心的，无论购买何种物品，大多数人均会要求看实物，不过，没有比让顾客亲自试用更好的了，因为若能以客户的感觉为诉求，就能够动其感情而引起他的购买欲望。我认为，针对人性的感情来贩卖东西，比只靠理论贩卖更能成功。

如果抓着驾驶盘的客户问："要到哪里去呢？"我应回答："到你想去的地方。"但假如客户的住处便在附近，我就建议他到他家去，这样一来，他能够给自己的太太或孩子看那辆车子，而要是碰巧他的邻居在门外，那就更好了，只要看到大家你一言我一语地谈论那部车，他就能体会到自己买了之后向大家炫耀的心情，以致不得不下定决心购买，不过这时候必须注意到一点，千万不可让顾客花费太多时间。

另外，让客户到太远的地方也不好，因为推销员的时间是非常宝贵的，但一般的情况是试车的客户实际上并没有开那么远，而他们却很容易误以为跑了很远的距离，所以，我的做法是让他们尽情地开，等到他自己认为有点过久了，他就会觉得我的服务态度是那么良好，对他是那么亲切，进而对我产生谢意。

对我来说，新车的气味是一种让我心里相当兴奋的经验。或许有人会说："我最近也买了新车，怎么内心没有那种感觉？"那是因为这些人已经购买过多次，新奇感已消失了，可是对于包括我在内的许多人来说，买了新的东西，即使那是一件衬衫，也总是高兴得想一回家就马上穿上给别人看看，而假如买的是新车，那种高兴的程度则更是无法形容。

事实上，我认为只要让客户产生了这样的感觉就能够卖出车子，但许多推销员却不明白这一点，以致时常错失成交的良机，因此，必须把握造成客户闻气味而心里感觉舒适的推销机会。

附 录

2008汽车"奥运营销"案例集锦

2008北京奥运为中国带来了无限商机，而说起汽车企业奥运营销，第一个反应就是作为北京2008奥运会汽车正式合作伙伴的"大众"。参与奥运巡游、火炬传递……大众用3亿美元占尽先机，凭借"合作伙伴"的身份为旗下产品营造任何和奥运有关的营销，确实有着得天独厚的营销优势，但这是否意味着其他汽车企业就失去了"分一杯奥运羹"的机会？历史的经验告诉我们——市场，从来都是大家的……

现象：巧打奥运"擦边球"

虽然奥组委规定如"北京2008"、"2008"、"奥运会"等字样禁止未授权企业在宣传中擅自使用，但这并不代表非奥运赞助商就没有机会"乘上奥运的东风"！在铺天盖地的奥运风潮中，一些汽车企业及时调整了"奥运营销"的思路，随时而动，巧妙借力，大打奥运"擦边球"，玩转"奥运营销"。

【案例一】

运动版车型受热捧

关键词：特别定制

从2008年年初上市的东风日产骊威劲锐版、标致206炫动版、卡罗拉运动版、名爵MG7迎奥版，到近期上市的海马3运动版，随着2008年北京奥运会的临近，运动风潮一时间成为汽车时尚的最佳代言，各大车企为奥运年"特别定制"的"运动版"车型层出不穷，成为2008年车市的一道别样风景。

分析：在奥运年，"运动风"无疑是大热门，此时推出特别定制的"运动版"产品，也最容易让消费者买单。据福州海马和风4S店副总介绍，虽然不少"运动版"车型只是在原有的车型基础上，对外观和配置做出了更"运动化"的更改，但"相同的心脏、运动的外观"依然备受追求个性化和运动感的年轻消费者青睐。

【案例二】

东风悦达起亚赞助欧洲杯

关键词：体育营销

2008年除了奥运会，还有一项无数球迷都不会忽略的大赛，那就是2008年欧洲杯！关注欧洲杯的朋友们一定不会忽略电视转播中作为欧洲杯的官方合作伙伴，东风悦达起亚“畅享激情体验欧洲杯”互动营销大型主题活动也开展得如火如荼。作为“畅享激情体验欧洲杯”的子活动之一——“狮跑杯”企业 5 人制足球对抗赛也在国内掀起了“体验足球运动，感受狮跑魅力”的风暴。

分析：虽说体育营销不算什么新创意，但以赞助“欧洲杯”的方式在 2008 奥运年搭上“运动牌”，一举抓住大家的眼球，绝对是一步高招！对此，东风悦达起亚销售部副部长认为，狮跑作为一款城市 SUV，定位于充满激情的年轻消费者；而足球作为一项挑战体能、充满激情的运动，所蕴含的激情活力恰好与东风悦达起亚产品的核心价值不谋而合。

【案例三】

飞人刘翔代言凯迪拉克

关键词：明星代言

深受国人喜爱的“飞人”刘翔和上海通用汽车握手言欢，打响了“奥运明星代言”的漂亮一枪。从此，凯迪拉克凯雷德、SRX 和 CTS 成为刘翔今后训练和生活中的“指定座驾”，时刻陪伴飞人左右，亮相于各种新闻发布会场。而同时，飞人不断跨越和奔跑的瞬间也与凯迪拉克一起，定格于人们关注的目光中。

分析：将奥运营销延伸为体育营销，选择运动题材为品牌造势宣传，“体育明星代言”无疑是首选。

【案例四】

福田欧曼“护航”圣火登珠峰

关键词：公益营销

2008 年 5 月 8 日，北京奥运圣火成功登顶珠峰，书写了奥运史上的奇迹，更吸引了全世界人民关注的目光。珠峰上环境的恶劣对 CCTV 的实时直播提出了严峻的考验，而此时，福田欧曼能作为 CCTV 特种工作用车为圣火成功登顶护航。相信当时在电视机前的人们通过清晰的电视画面，感受到圣火登顶的光荣的同时，也记住了福田欧曼。

分析：通过公益赞助的方式贴合奥运主题，巧妙置入产品的宣传，实为妙招。

【案例五】

奇瑞推出“五娃”系列

关键词：“点对点”营销

在今年的北京车展上，奇瑞一举推出以奥运福娃为主题的新一代小型车平台“五娃”系列，一时惊艳四座。“五娃”系列共有 7 款车型，外形设计参考了 5 个福娃的脸谱特征，造型可爱抢眼，更兼顾了三厢车、两厢车、跑车、SUV 等多种车型，力求满足新一代都市青年追求个性的时尚消费。

分析：奇瑞推出五娃的巧妙之处在于，能通过人们对奥运的关注，把自己主要的消费者集中起来，进行“点对点”的营销活动，从而达到事半功倍的品牌推广效果。

【案例六】

雪佛兰牵手国家游泳队

关键词：事件营销

不久前，上海通用在“雪佛兰新乐骋”的发布会上，出人意料地突然宣布雪佛兰正式成为中国国家游泳队合作伙伴。届时雪佛兰将提供旗下多款产品作为国家游泳队官方用车，保证队员们在备战奥运期间出行便利。此举为上海通用“助力国家游泳队征战北京 2008”的活动拉开了序幕，上海大众终于通过“曲线救国”的方式联系上了奥运主题。

分析：在奥运年，能巧妙打造与“奥运”沾边的事件营销，为品牌打开最直接高效的宣传途径，拼的就是企业的真功夫！

复习思考题

1. 如何有效地寻找新的顾客？
2. 针对不同的顾客反应应该如何处理？
3. 如何说服顾客购买汽车？
4. 一般针对大客户的谈判技巧是什么？
5. 以小品表演形式展示所学内容，现场打分，并写一篇总结。